VfCM – Verein für Credit Management e.V./
Jan Schneider-Maessen/Matthias Schumann/Bernd Weiß (Hrsg.)

Standortbestimmung im Credit Management

Standortbestimmung im Credit Management

Der Credit Manager als der Erfolgsfaktor zur Steigerung des Unternehmenswertes

herausgegeben von

Verein für Credit Management e.V.,
Jan Schneider-Maessen, Matthias Schumann
und
Bernd Weiß

mit Beiträgen von

Joachim C. Bartels, Björn Bucher, Klaus Flück,
Erhard Gorny, Harald Hahn, Barbara Hendricks,
Werner Hladil, Andreas Stephan Huber, Rudolf Keßler,
Oleg Mänz, Rainer Meckelein, Utz Meyer-Reim,
Franz J. Michel, Gabriele Mohr, Donald Pilz, Heinz C. Pütz,
Werner Sallach, Jan Schneider Maessen, Matthias Schumann,
Iris Stadie, Thomas Tobschall, Gunther Wegner, Bernd Weiß
und Martin Winter

Economica Verlag

Bibliografische Information Der Deutschen Bibliothek

Die Deutsche Bibliothek verzeichnet diese Publikation in der Deutschen Nationalbibliografie; detaillierte bibliografische Daten sind im Internet über <http://dnb.ddb.de> abrufbar.

© 2004 Economica, Verlagsgruppe Hüthig Jehle Rehm GmbH, Heidelberg
Printed in Germany
Satz: Gottemeyer, Rot
Druck: J.P. Himmer GmbH und Co. KG, Augsburg
ISBN 3-87081-306-7

Jan Schneider-Maessen

Vorwort

Befinden wir uns schon im neuen Aufschwung und welchen Einfluss hat dieser auf unsere Tätigkeit als Credit Manager? Viele Indikatoren signalisieren die konjunkturelle Erholung. Sind wir aber auch dafür gerüstet? Bekanntlich steigt die Anzahl der Unternehmensinsolvenzen noch einmal gravierend in der Phase, in der die Konjunktur anzieht. Anlass genug, um eine Standortbestimmung vorzunehmen. Und wer könnte dies besser veranschaulichen, als die parlamentarische Staatssekretärin beim Bundesminister der Finanzen, Frau Dr. Barbara Hendricks.

Vor diesem Hintergrund versucht dieses Buch, eine Indikation darüber zu geben, welche zukünftigen Herausforderungen und Möglichkeiten uns in unserem täglichen Geschäft erwarten. Des Weiteren wird dieses Buch als Tagungsband zum Bundeskongress des Vereins für Credit Management im Oktober 2004 in Göttingen publiziert.

Welchen Ort könnte man in dieser Zeit besser wählen als Göttingen, die **„Stadt, die Wissen schafft"**. Aber auch im Hinblick auf die Herausforderungen, welche uns noch bevorstehen, bietet Göttingen eine außergewöhnliche Verknüpfung von Wissenschaft und Praxis. An dieser Stelle sei nur auf das Wirken des Immunologen Paul Ehrlich (Nobelpreisträger, Medizin 1908) hingewiesen.

Eine der wichtigsten Funktionen des Credit Managers ist es, das Immunsystem des Unternehmens zu stärken, indem er oder sie die Liquidität durch Sicherstellung der Zahlungsströme maßgeblich verbessert und für die Zukunft sicherstellt. Vor diesem Hintergrund freut es uns sehr, Ihnen anhand von „Best Practice"-Beispielen die verschiedenen Möglichkeiten rund ums Working Capital Management vorstellen zu können. Und dies gleich aus drei verschiedenen Perspektiven, so dass Sie anschließend die Möglichkeiten haben werden, Ihre internen Prozesse zu optimieren, sowie das Credit Management in Ihrem Unternehmen den heutigen Herausforderungen anzupassen. In Zeiten des wertorientierten Managements ist ein pro-aktives Credit Management inklusive zeitnaher Erfolgsmessung unabdingbar.

Vorwort Jan Schneider-Maessen

Der zweite Teil dieses Buches steht voll und ganz im Zeichen des Kunden, denn dieser ermöglicht uns allen erst unsere Daseinsberechtigung. Was ein jeder von uns niemals vergessen sollte. Da es jedoch immer wichtiger wird, neben dem richtigen Fingerspitzengefühl seine Entscheidungen auch mit qualitativen, internen und externen Messgrößen zu belegen, wird ausführlich auf die kundenerfolgsorientierte Bonitätsprüfung und Kreditlimitierung eingegangen. Denn auch die Bonitäts**bewert**ung der Kunden geht inzwischen weiter als nur die Bonität des Kunden zu analysieren. Der **Wert**, welchen der Kunde zum Unternehmenserfolg beiträgt, wird zu einer entscheidenden Messgröße.

Immer wichtiger werden natürlich die Qualität, Nutzung und das Verarbeiten von Informationen. Auch hier bietet dieses Werk Ihnen erstmals die Möglichkeit, sich in kürzester Zeit über die verschiedenen „State of the Art"-Anwendungen im Bezug auf den Austausch von Zahlungserfahrungen anhand von Erfahrungsberichten der jeweiligen Anwender zu informieren.

An dieser Stelle möchten wir uns recht herzlich bei allen bedanken, die sich die Zeit frei gemacht haben, um uns an ihrem Wissen und ihren Erfahrungen teilhaben zu lassen. Besonders danken möchten wir an dieser Stelle Frau Cornelissen, Herrn Kessler, Herrn van Koeverden, Frau Neumerkel, Herrn Tönnissen, Herrn Sallach, Herrn Strick und Herrn Schwind. Denn ohne deren Mitwirken wäre der Verein für Credit Management e.V. nicht da, wo er heute steht. Und somit wäre die Herausgabe einer solchen Publikation auch nicht möglich. Aber auch alle Sponsoren verdienen unseren besonderen Dank. Ihre Bereitschaft, den Verein für Credit Management e.V. zu unterstützen, vereinfacht vieles.

Ich wünsche Ihnen viel Spaß beim Lesen!

Jan Schneider-Maessen, B.ec,CCM
Vorsitzender

Dr. Barbara Hendricks

Grußwort

Sehr verehrte Teilnehmerinnen und Teilnehmer des Bundeskongresses 2004 des Vereins für Credit Management!

Die deutsche Wirtschaft erholt sich. Durch die aktuellen Rahmendaten wird die Wachstumsprognose der Bundesregierung von 1,5 bis 2 Prozent in 2004 und 2005 bestätigt. Zahlreiche Institutionen, darunter auch der Internationale Währungsfonds (IWF), haben inzwischen ihre Wachstumsprognosen nach oben korrigiert. Um dem Aufschwung die nötige Stabilität zu verleihen und darüber hinaus ein größeres Wachstumspotential zu erreichen, sind verlässliche Rahmenbedingungen für unternehmerisches Handeln von besonderer Bedeutung. Die Standortorientierung in Ihrem Berufsstand, der Austausch von Wissen und die hohe Professionalität sind gerade in einem strukturell und konjunkturell schwierigen Wirtschaftsumfeld von besonderem Wert. Im Hinblick auf das erhöhte Risikobewusstsein der Kreditwirtschaft und damit einhergehenden strengeren Kreditvergabeanforderungen haben alternative Finanzierungsmöglichkeiten für Ihr tägliches Forderungs- und Risikomanagement in den Unternehmen erheblich an Bedeutung gewonnen.

Der Kredit- und Kapitalmarkt hat in den letzten fünf Jahren mehr Neuerungen erfahren als in den fünfzig Jahren zuvor. Zu nennen sind Basel II und International Accounting Standards (IAS), der EU-Aktionsplan für Finanzdienstleistungen 1999–2005, der deutsche Finanzmarktförderplan 2006, das 10-Punkte-Programm der Bundesregierung zur Stärkung des Anlegerschutzes und der Unternehmensintegrität wie auch die Initiative Finanzstandort Deutschland (IFD). Eine der Maßnahmen der IFD ist dabei die Förderung des Wissensstandortes Deutschland durch die Modernisierung der Finanzausbildung. Besonders begrüße ich in diesem Kontext die Pionierarbeiten des Vereins für Credit Management bei der Realisierung des Abschlusses als Certified Credit Manager®.

Mit der Agenda 2010 hat die Bundesregierung ein umfassendes Reformprogramm gestartet. Die mit der Umsetzung dieser Reformen verbundenen Entwicklungen wirken sich auch auf Ihre Arbeit aus. Und umgekehrt leistet ein zielgerichtetes Credit Management seinerseits einen wichtigen Beitrag für eine gesunde wirtschaftliche Entwicklung.

Ich wünsche allen Teilnehmerinnen und Teilnehmern eine lebhafte Diskussion, nützliche Erkenntnisse und die Gewinnung hilfreicher Informationen, um weiterhin die unternehmerisch „richtigen" Entscheidungen treffen zu können. Damit leisten Sie auch einen wichtigen Beitrag zur Stärkung des Wirtschafts- und Finanzstandortes Deutschland und zur Steigerung von Wettbewerbsfähigkeit, Wachstum, Beschäftigung und Wohlstand.

Vorwort
Prof. Dr. Matthias Schumann

Aktives Credit Management als Beitrag zum Unternehmenswert

Der Beitrag eines aktiv gestalteten Credit Managements zur Unternehmensrentabilität wird bei immer mehr Firmen angemessen beachtet. Mit der hohen Zahl der Unternehmensinsolvenzen in den vergangenen Jahren ist deutlich geworden, wie wichtig eine sachgerechte Bonitätsprüfung mit klaren Richtlinien für die Kreditlimitvergabe und das Einräumen von Zahlungszielen ist. Dabei ist die permanente Kontrolle des Forderungsbestandes und der Kreditlinien notwendig, um mögliche Forderungsausfälle frühzeitig zu erkennen und Gegenmaßnahmen einzuleiten. Ziel muss es sein, die stark negativ auf die Unternehmensrendite wirkenden Forderungsausfälle zu vermeiden. Dieses setzt eine gute Datenqualität im Debitorenmanagement genauso voraus wie klar definierte Steuerungs- und Prüfungsprozesse sowie eine effiziente und zeitnahe Informationsversorgung.

Die Datenqualität lässt sich nur dann realisieren, wenn bereits bei der Adressanlage und -freigabe für Kunden die notwendige Sorgfalt besteht und die notwendigen Prüfungen durchgeführt werden. Dieses gilt natürlich genauso für die korrekte Pflege der Obligodaten. Hinzu kommen klare Entscheidungsprozesse und -regeln. Dabei bilden Vertrieb und Credit Management gleichberechtigte Partner. Definierte Prüfungsprozesse führen zu klaren Entscheidungsregeln bzgl. der Kreditvergabe. Bei den Konditionen gilt es, überall dort wo es sich am Markt durchsetzen lässt, das mit einer Kreditvergabe einhergehende Risiko auch in der Konditionengestaltung zu berücksichtigen. Im Idealfall müssen die erwarteten Ausfälle über die in den Forderungen berücksichtigten Risikokosten verdient werden.

Aktuelle Informationen über die finanzielle Situation der Debitoren bilden die wichtigste Quelle für ein einzelrisikoorientiertes Kreditmanagement. Traditionell werden dazu Auskünfte der Informationsdienstleister herangezogen. Dabei muss berücksichtigt werden, dass die eigenen Debitorendaten sehr aktuelle Informationen über das Zahlungsverhalten der Kunden liefern. In diesem Bereich liegen häufig noch ungenutzte Steuerungspotentiale. Dieses setzt aber zumeist eine automatisierte

Analyse und Kontrolle dieser Daten voraus, um relevante negative Entwicklungen herauszufiltern.

In jüngerer Zeit wird verstärkt die Beteiligung an Zahlungserfassungspools diskutiert, in die Unternehmen anonym ihre Debitorenerfahrungen und Negativinformation einmelden und umgekehrt aus dem Pool auch Informationen und Warnhinweise über ihre Kunden erhalten. Hier gilt es, die Potentiale solcher Pools abzuschätzen, Einsatzmöglichkeiten aufzuzeigen und Grenzen zu identifizieren. Bei sachgerechter Anwendung ergeben sich damit neue Steuerungsinformationen.

Sämtliche dieser Aspekte können nur effizient mit DV-gestützten Werkzeugen abgewickelt werden. Die DV-Systeme tragen dazu bei, manuelle Tätigkeiten zu automatisieren und ein permanentes Monitoring des Kundenbestandes zu unterstützen. Bedeutsam ist bei diesen Aktivitäten auch die aktive Steuerung und Kontrolle der Informationsbeschaffungskosten. Dazu ist die Sicherheit der Entscheidung im Verhältnis zu den Informationskosten zu betrachten.

Neben dem Einzelrisiko können die DV-unterstützten Lösungen auch einen Beitrag zur Optimierung des gesamten Risikoportefeuilles leisten. Dabei gilt es, wenn möglich, das Kreditportefeuille so zu gestalten, dass durch entsprechende Diversifikation ein Risikoausgleich erfolgen kann.

Vor dem Hintergrund einer zukünftig von den Banken auf der Basis von Basel II gesteuerten Kreditvergabe ist es für die Refinanzierung der Unternehmen ein wichtiger Aspekt, die eigenen Risiken im Debitorenmanagement gut im Griff zu haben. Dieses wird sich auf die zu zahlenden Kreditzinsen und damit die Refinanzierungskosten positiv auswirken. Damit ist auch gegenüber den Kreditinstituten das Risikomanagement in diesem Bereich zu dokumentieren.

Dabei sind auch Alternativen zur Risikoreduktion, wie Warenkreditversicherungen oder zum schnellen Ausgleich der Forderungspositionen z.B. das Factoring zu betrachten. Relevant sind hier einerseits die Kosten der jeweiligen Instrumente, andererseits müssen z.B. die mit Bilanzverkürzungen einhergehenden Effekte insb. bei Kennzahlen und letztlich bei der Unternehmensbewertung berücksichtigt werden.

Auch neue Refinanzierungsinstrumente müssen in die Betrachtung einbezogen werden und schaffen weitere Handlungsoptionen.

Die veränderte Kreditvergabepolitik der Banken bei geringen Eigenkapitalquoten des Groß- und Einzelhandels schafft in diesen Branchen Finanzierungslücken. Die Finanzierungsfunktion wird damit in Teilen die Industrie übernehmen müssen. Dieses schafft neue Herausforderungen im Credit Management. Notwendig ist dazu ein umfassendes Kundenwertmanagement. Wichtig ist dabei eine Prognose des Kundendeckungsbeitrags über den erwarteten Kundenlebenszyklus unter Berücksichtigung der Debitorenkreditkosten. Das Credit Management ist dabei ein ganz wichtiger Baustein des Unternehmensmanagements.

Auch auf der Einkaufsseite ist ein aktives Credit Management von immer größerer Bedeutung. Moderne Einkaufsprozesse sind mit einer geringen Zahl an Schlüssellieferanten verbunden. Damit wird die Abhängigkeit von diesen Lieferanten größer. Der Ausfall eines solchen Lieferanten durch Insolvenz hat große Konsequenzen für den Abnehmer. Hohe Wechselkosten eines Lieferanten, evtl. mit eigenen Lieferausfällen, wären die Konsequenz. Dieses bietet ein weiteres wichtiges Betätigungsfeld für das Credit Management.

Damit zeigt sich: Das Credit Management muss sich neuen Aufgaben stellen, neue Markterfordernisse berücksichtigen und bei härteren Wettbewerbsanforderungen bestehen.

Der Verein für Credit Management e.V. und diese Jahrestagung wollen einen Beitrag dazu leisten, die dargestellten Herausforderungen offensiv anzugehen und zu bewältigen.

Inhaltsverzeichnis

Jan Schneider-Maessen
Vorwort   V

Dr. Barbara Hendricks
Grußwort   VII

Vorwort
Prof. Dr. Matthias Schumann
Aktives Credit Management als Beitrag zum
Unternehmenswert   IX

Dr. Barbara Hendricks
Zielgerichtetes Kredit-/Forderungsmanagement
und Qualität des Standortes Deutschland:
Eine Wechselbeziehung   1

Donald Pilz
Nutzen des Credit Managements am Beispiel eines
global operierenden Unternehmens   5

Martin Winter
„Working Capital Management": Mobilisierung interner
Finanzierungsquellen   11

Klaus Flück
Liquidität sichern/Risiko minimieren
Kreditversicherung, Informationsmanagement, Factoring   29

Inhaltsverzeichnis

Dr. Utz Meyer-Reim/Oleg Mänz Verbriefung von Handelsforderungen durch ABS – besser als Factoring?	41
Franz J. Michel Factoring: Schnelle Liquidität für mehr Wachstum	45
Andreas Stephan Huber Portfoliooptimierung zur Steigerung des Unternehmenswertes	53
Gabriele Mohr Kundenerfolgsorientierte Bonitätsprüfung und Kreditlimitierung	59
Prof. Dr. Bernd Weiß Zur Bedeutung von gepoolten Zahlungsinformationen für das Creditmanagement	69
Joachim C. Bartels Emerging Markets: „Der Informationsstand"	73
Björn H. Bucher Professionelles Risikomanagement ist unerlässlich	83
Iris Stadie/Thomas Tobschall Datenpooling – Zahlungserfahrungen im Kredit Management Vereinter Schutz gegen Ausfallrisiken	87
Erhard Gorny Erfahrungen der Ingram Micro Distribution GmbH über die Motivation zur Teilnahme am Zahlungserfahrungspool von Creditreform	99
Rainer Meckelein Neue Einsatzmöglichkeiten moderner Kreditrisikosteuerung durch Vervollständigung der Datenbasis	109

Harald Hahn
Entscheidungshilfe für Entscheider!
Kreditmanagement SAP systemintegriert mit Datenpooling 123

Gunther Wegner
Aktives softwareunterstütztes Kreditrisikomanagement
mit dem Credit Application Manager (CAM) 131

Alexander Kraus
Expertensysteme zur Früherkennung von Insolvenzrisiken
– Kreditrisiken erfolgreich bewältigen 149

Dr. Werner Hladil
Liquiditätssicherung per Mausklick: Online-Angebote
bieten schnelle und einfache Unterstützung 179

Rudolf Keßler
Die Einbindung von den verschiedenen Informations-
quellen und Zahlungserfahrungen am Beispiel des
Kreditmanagements der BayWa AG 181

Werner Sallach
Credit & Collection und Kundenbeziehung 191

Heinz C. Pütz
Nur optimale Informationen reduzieren Kosten und
Verluste im Forderungsmanagement – Checklisten
und Praxistipps 209

Autorenverzeichnis 223

Wer ist der Verein Credit Management e.V.? 233

Sponsoren 235

Dr. Barbara Hendricks

Zielgerichtetes Kredit-/Forderungsmanagement und Qualität des Standortes Deutschland: Eine Wechselbeziehung

Günstige gesamtwirtschaftliche Rahmenbedingungen sind für die wirtschaftliche Entwicklung eines Landes von entscheidender Bedeutung. Um hier immer besser werden zu können, ist ein kritischer Blick auf bestehende Verhältnisse und gegebenenfalls auch Fehlentwicklungen unerlässlich. Vor unbestritten notwendigen Neuerungen dürfen jedoch die Stärken des Standortes nicht in den Hintergrund geraten.

In US-Dollar gerechnet kehrt Deutschland im Jahr 2004 zurück an die Spitze als weltweit **größte Exportnation.** Deutsche Unternehmen gehören zu den führenden Produzenten und Exporteuren höherwertiger Technologie. Und auch wechselkursbereinigt hat Deutschland seinen Weltmarktanteil seit Mitte der neunziger Jahre von 9 % auf inzwischen 10 ½ % ausbauen können. Kein Land der Eurozone hat hier eine günstigere Entwicklung zu verzeichnen. Bewegung ist auch in die Lohnstückkosten gekommen. Die **realen Lohnstückkosten** haben sich in Deutschland in den letzten Jahren im internationalen Vergleich günstig entwickelt. Dies hat zur internationalen Wettbewerbsfähigkeit der deutschen Wirtschaft nicht unwesentlich beigetragen. Mit seinem gut ausgebauten Verkehrswegesystem hat der Standort Deutschland darüber hinaus eine **moderne Infrastruktur** aufzuweisen. Die Märkte für Telekommunikation, Strom, Gas und andere Energien sowie Post- und Logistikdienste wurden rascher geöffnet als es die EU-Richtlinien verlangen und so die Voraussetzungen für mehr Wettbewerb, höhere Qualität und niedrigere Preise verbessert.

Ein Beleg für die Standortqualitäten Deutschlands ist auch die gute Entwicklung der **Direktinvestitionen.** Deutschland hat als Investitionsstandort wieder an Attraktivität gewonnen. Entgegen dem globalen Trend sind die ausländischen Direktinvestitionen auch im letzten Jahr weiter spürbar angestiegen. In internationalen Rankings der für Auslandsinvestitionen attraktiven Ziele steht Deutschland weit oben. Die **technologische Leistungsfähigkeit** Deutschlands ist nach wie vor hoch. Auch die gesamtwirtschaftliche Forschungs- und Entwicklungs-Intensität (= Ausgaben für Forschung und Entwicklung bezogen auf das Bruttoinlandsprodukt) kann sich bei uns mit rund 2 ½ % im Vergleich zu anderen großen Industrieländern in Europa (Frankreich: 2,2 %, Großbritannien: 1,8 %) sehen lassen.

Entgegen der landläufigen Meinung weist Deutschland eine **Steuer- und Abgabenquote** auf, die insgesamt den Vergleich mit anderen europäischen Staaten nicht scheuen muss. Ferner ist auch das hohe **Maß an sozialem Frieden** ein wichtiger Faktor. In Deutschland gibt es im europäischen Vergleich die mit Abstand wenigsten Streiktage. Nicht zuletzt zeigt Deutschland mit der Umsetzung umfassender Reformen, dass es reformfähig ist.

Gleichwohl sind Politik, Wirtschaft und Bürger weiter gefordert. Die Herausforderungen der Globalisierung und die vorhersehbare demographische Entwicklung erfordern weitere Maßnahmen, um die Attraktivität als Investitions- und Wirtschaftsstandort zu wahren und zugleich das deutsche System der sozialen Sicherung zukunftstauglich zu gestalten. Wichtig ist dabei auch, die Lohnnebenkosten zu stabilisieren und möglichst zurückzuführen. Dies sind vorrangige Ziele der **Agenda 2010**. Sie ist das Ergebnis kritischer Analysen und beinhaltet insbesondere auf dem Arbeitsmarkt aber auch im Gesundheits- und Alterssicherungssystem umfassende Reformen. Derart weitgehende Reformen hat bisher noch keine andere Bundesregierung in Angriff genommen.

Über die Gestaltung geeigneter Finanzierungsmodalitäten nimmt das Kreditgewerbe Einfluss auf die wirtschaftliche Entwicklung eines Landes, während sich umgekehrt die wirtschaftliche Entwicklung auch in den Büchern des Kreditgewerbes niederschlägt. Der **deutsche Kredit- und Kapitalmarkt** gilt als vergleichsweise effizient. Es herrscht Wettbewerb, staatliche Regulierungen werden zurückgenommen, die Transparenz wird erhöht. Abgestimmt mit dem **EU-Aktionsplan für Finanzdienstleistungen 1999–2005** finden sich die legislativen Konzepte für den deutschen Finanzmarkt im **Finanzmarktförderplan 2006**, den Bundesfinanzminister Hans Eichel im März 2003 vorgestellt hat, sowie im **10-Punkte-Programm zur Stärkung des Anlegerschutzes und der Unternehmensintegrität**. Ziel dieser Initiativen ist es, den deutschen Kapitalmarkt – auch im Verhältnis zu seiner internationalen Konkurrenz – weiter zu stärken.

Mit dem am 1. Januar 2004 in Kraft getretenen **Investmentmodernisierungsgesetz** ist eine moderne und zukunftsorientierte Ausgestaltung des gesetzlichen Rahmens für einen wichtigen Wachstumssektor des Finanzmarktes Deutschland gelungen. Mit diesem Regelwerk werden der deutschen Fondsindustrie neue und anspruchsvolle Geschäftstätigkeiten mit Hedge Fonds und die Abrundung der Produktpalette ermöglicht. Aber auch dem deutschen Anleger wird eine weitere Diversifikation der Vermögensbildung eröffnet.

Zielgerichtetes Kredit-/Forderungsmanagement und Qualität

Auch im Bereich der **Mittelstandsfinanzierung** geht Deutschland mit der seitens des Bundesfinanzministeriums intensiv begleiteten „**True Sale Initiative**" der KfW und 13 weiterer Kreditinstitute neue Wege. Mit der Schaffung der Möglichkeit echter Forderungsverkäufe wird ein Stück Kapitalmarkt der bisher von Intermediation gekennzeichneten Unternehmensfinanzierung hinzugefügt. Gleichzeitig wird den Kreditinstituten zusätzlicher Spielraum gegeben, auch vor dem Hintergrund der modifizierten Eigenkapitalvorschriften nach Basel II ausreichend Kredite zur Verfügung stellen zu können.

Das neue **Pfandbriefgesetz** wird dazu beitragen, die Benchmark-Funktion des Pfandbriefes als besonders sicheres Investment für nationale und internationale Investoren weiter zu festigen. Zukünftig soll allen geeigneten Kreditinstituten die Möglichkeit offen stehen, Pfandbriefe zu emittieren. Das besondere Potenzial dieser Maßnahme ist vor allem vor dem Hintergrund zu sehen, dass der deutsche Pfandbrief an den internationalen Kapitalmärkten hohe Anerkennung genießt und den Emittenten zudem günstige Finanzierungsbedingungen verschafft.

Auch im **Versicherungsbereich** hat die Bundesregierung gesetzliche Schritte unternommen, die internationale Wettbewerbsfähigkeit sowie die Stabilität der deutschen Versicherungswirtschaft zu stärken. Mit der Novelle des **Versicherungsaufsichtsgesetzes** sollen u.a. die Aufsicht über die Rückversicherer gestärkt, eine gesetzliche Grundlage für Sicherungsfonds der Lebens- und Krankenversicherungen geschaffen sowie Versicherungs-Holdings und bestimmte Zusatzversorgungskassen unter Aufsicht gestellt werden.

Das **Anlegerschutzverbesserungsgesetz** erhöht die Transparenz im Bereich der Kapitalmarktinformationen sowie den Schutz vor unzulässigen Marktpraktiken. Ziel der Umsetzung der **EU-Marktmissbrauchsrichtlinie** ist es, einen europaweiten Standard bei der Bekämpfung von **Insiderhandel** und Marktmissbrauch an den Kapitalmärkten zu schaffen. Deshalb ist künftig bereits der Versuch eines Insiderhandels unter Strafe gestellt.

Eine lange Kette von Unternehmensskandalen im In- und Ausland hat deutlich gemacht, dass auch im Bereich der Bilanzkontrolle dringender Handlungsbedarf besteht. Das **Bilanzkontrollgesetz** sieht daher vor, dass Unternehmensabschlüsse kapitalmarktorientierter Unternehmen zukünftig verstärkt geprüft werden. Diese Aufgabe soll in erster Linie von einer privat organisierten **Enforcement**-Stelle übernommen werden. Diese Prüfstelle wird tätig, wenn Anhaltspunkte für Bilanzfehler vorliegen. Außerdem führt sie stichprobenweise Prüfungen durch und wird auch auf Verlangen der Bundesanstalt für Finanzdienstleistungsaufsicht tätig. Mit einem Blick über die Grenzen muss man selbstverständlich auch die Regelwerke anführen, die für alle Kreditinstitute quasi global einheitliche Rahmenbedingungen für Gleichheit der Wettbewerbschancen vorgeben. Von besonderer Bedeutung sind hier die Einigung auf **internationale Rechnungslegungsstandards IAS** und der Komplex **Basel II.** Die Verhandlungen im Baseler Ausschuss für Bankenaufsicht zur Neufassung der internationalen Eigenkapitalvereinbarung sind am 26. Juni 2004 zu einem erfolgreichen Abschluss gebracht worden. Die Anerkennung bankinterner Ratingsysteme stellt auch das Verhältnis zwischen Bank und Credit Manager auf eine stärker empirisch fundierte und transparentere Basis.

Um den Finanzstandort Deutschland in der EU und darüber hinaus weiter zu fördern, müssen wir im **internationalen Wettbewerbsumfeld** wettbewerbsfähige Produkte präsentieren und ausreichenden Anlegerschutz garantieren. Die aktuelle **Initiative Finanzstandort Deutschland (IFD)** stärkt durch innovative Ideen und konkrete Projekte unsere Wettbewerbsfähigkeit und stellt maßgebliche Weichen für unsere weitere Entwicklung. Die Mittelstandsfinanzierung kann seit April 2004 von modernen **Mezzanine**-Produkten profitieren. Ab Herbst 2004 startet mit dem Hessenfonds zudem eine **Private-Equity-Initiative.** Mit einer Modernisierung der Finanzausbildung soll Deutschland auch als **Wissensstandort** gefördert werden.

Der deutsche Finanzsektor ist damit gut gerüstet für zukünftige Herausforderungen. Das bescheinigt auch der Internationale Währungsfonds. Er stellt der deutschen Kreditwirtschaft in puncto Sicherheit und Stabilität durchweg ein positives Zeugnis aus. Und ein solider Finanzmarkt ist ein asset für einen prosperierenden Standort. Die Bundesregierung wird den Weg weiterverfolgen, den Wirtschaftsstandort Deutschland insgesamt für zukünftige Herausforderungen besser zu wappnen. Den eingeschlagenen Reformkurs würdigt der Sachverständigenrat zur Begutachtung der gesamtwirtschaftlichen Entwicklung: „Mit der Agenda 2010 hat die Bundesregierung mutige und in einzelnen Bereichen weit reichende Reformen auf den Weg gebracht. Das verdient Anerkennung." Wir sind auf dem Weg und dürfen uns auch nicht durch Hindernisse beirren lassen. Denn: Wunder geschehen sofort – umfassende Reformen dauern etwas länger.

Donald Pilz

Nutzen des Credit Managements am Beispiel eines global operierenden Unternehmens

Wie ist der Nutzen des Credit Managements für ein Unternehmen messbar?

Diese Leitfrage stellt sich bereits nach dem Lesen der Überschrift. Üblicherweise umfasst die Funktion „Credit Management" eines Unternehmens nicht Prozesse. Der herkömmlichen Auffassung nach beschäftigt sich das Credit Management mit der Realisierung offener Forderungen – unter Einbezug der risikorelevanten Elemente.

Credit Manager betrachten häufig die fehlende Qualität innerhalb der vorgelagerten Prozesse als Hindernis für ein nachhaltig erfolgreiches Credit Management.

Wie kann das Credit Management zu einem effizienten Prozess Management beitragen? Und warum ist dies überhaupt notwendig?

Credit Management als Teil des Quality Managements

Die besten Antworten auf diese Fragen lassen sich anhand der Prinzipien für Business Excellence ableiten, die von der European Foundation for Quality Management (www.efqm.org) entwickelt wurden.

Das Modell basiert auf der Erkenntnis, dass eine Vielzahl von Einflussfaktoren zu berücksichtigen ist, um nachhaltig Business Excellence zu erzielen. Neun Kriterien wurden ermittelt, die als „Befähiger" und „Ergebnisse" Business Excellence beeinflussen. „Ergebnisse" werden ermöglicht durch die „Befähiger" und Erkenntnisse, die sich aus den „Ergebnissen" ablesen lassen, unterstützen ihrerseits den Verbesserungsprozess der „Befähiger".

Die EFQM Organisation definiert es wie folgt: „Excellent results with respect to Performance, Customers, People and Society are achieved through Leadership driving Policy and Strategy, that is delivered through People Partnerships and Resources, and Processes".

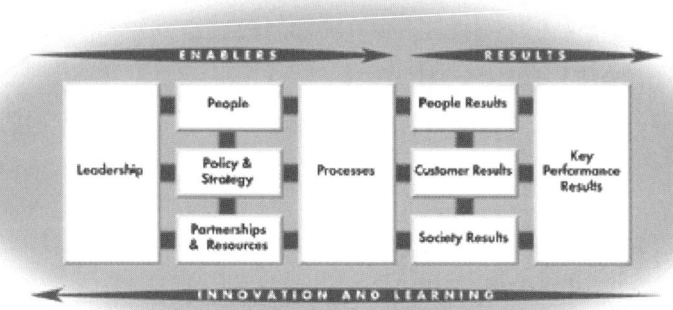

Das Credit Management als wichtiger Teil einer exzellenten Organisation muss sich demnach im Selbstverständnis in die übergreifende Aufbau- und Weiterentwicklungsarbeit der Haupt- und Unterprozesse mit einbringen.

Als Hauptprozess für die Credit Management Funktion lässt sich der „Order-to-Cash Prozess" definieren – häufig auch OtC genannt.

Prozesse und Organisation

OtC – Einer der Hauptprozesse des Unternehmens

Bei genauerer Betrachtung wird schnell klar, dass auch der OtC-Prozess eine Schnittstellenfunktion zu allen übrigen Unternehmensprozessen eines Unternehmens vorweist.

Jeder Kernprozess hat Kontaktpunkte zu den übrigen Prozessen. Für eine lernende Organisation ist es daher wichtig zu verstehen, dass spezifische Aktivitäten in einem Bereich den Erfolg aller anderen Bereiche und das Unternehmensergebnis nachhaltig beeinflussen können.

Deshalb ist es umso wichtiger eindeutige Prozessverantwortlichkeiten zu definieren. Die Prozessverantwortlichen haben demzufolge die Zusammenarbeit und Kommunikation mit den übrigen Bereichen sicherzustellen.

Beim gewählten Beispiel ist der OtC-Prozess zunächst vereinfacht dargestellt nichts anderes als der Anspruch „eindeutige Rechnungen auszustellen und pünktliche Zahlung zu gewährleisten".

Die Wichtigkeit dieses Prozesses wird jedoch deutlicher bei der Betrachtung der Leitgedanken „Value Based Management". Das Working Capital als ein wesentlicher Werttreiber ist hier als Befähiger zu verstehen, untermauert durch die TNT Kernaussagen zum Working Capital.

Die organisatorische Einbettung

Anlehnend an die dezentrale Struktur der Unternehmensorganisation war es wichtig für den verantwortlichen Bereich eine zielführende Struktur zu entwickeln und zu implementieren.

Diese lehnt sich an die übrige, vertriebsorientierte Struktur an. Demzufolge ist in jeder TNT Niederlassung der Bereich Administration mit einem kleinen Team personell besetzt.

Als Mitglied des Management Teams wahrt der Depot Administration Manager die Zielsetzungen des Working Capital Managements im Gleichklang mit den Zielsetzungen der übrigen Werttreiber.

Diese Zielsetzungen sind in einer straffen Credit Policy verankert und werden im Tagesgeschäft durch detaillierte Verfahrensanweisungen in ihrer Anwendung unterstützt.

Ein weiterer Erfolgsfaktor ist die auf den Bereich Administration ausgedehnte Kundenorientierung. Sie stützt sich in erster Linie auf eindeutige und für den Kunden nachvollziehbare Zielsetzungen und Handlungen.

Nutzen des Credit Managements für ein global operierendes Unternehmen

Kundenorientierung – Blickwinkel Administration

- Direkte Ansprechpartner auf Rechnungen und Mahnungen
- Taggleiche Erledigung von Kundenanfragen als Standard
- Maximale Erledigungsfrist für Kundenanfragen 1 Woche
- Konkretes Feedback zu Kundenanfragen im Gutschriftsbeleg
- Spezieller Prozess für „Schwere Kundenbeschwerden"
- Sämtliche Auftragsdetails auf Rechnung ersichtlich (Rechnungsprüfung)
- Rechnungserklärung im Internet zur Optimierung der Prüfung
- Rechnungslayout als TNT-Produkt definiert
- Vielfältige Möglichkeiten zur Rechnungspräsentation (Papier, Internet, Excel, etc.)
- Kundenbefragung zur Rechnungsqualität

Reporting und Erfolgsmessungen

Measurements are key

If you cannot measure it,
you cannot control it,
if you cannot control it,
you cannot manage it,
if you cannot manage it,
you cannot improve it.

Harrington

Messbarkeit ist also die Quelle, aus der sich kontinuierliche Verbesserungen speisen lassen. Und ebenso wird deutlich, wie wichtig es ist, die erfolgskritischen Faktoren zu kennen und die daraus resultierenden Abhängigkeiten herauszustellen, damit tatsächlich Verbesserungen erzielt werden.

Nachfolgend einige Beispiele für kritische Erfolgsfaktoren, die in einer Balanced Scorecard Verwendung finden könnten.

Nutzen des Credit Managements für ein global operierendes Unternehmen

Erfolgsmessung – One – Two – Three

Das Kennzahlen-Modell als Basis für eine Balanced Scorecard

Kennzahlenmodell (Beispiel)							
Finanzen		Kunden		Prozesse		Lernen	
Ziele	Messgrößen	Ziele	Messgrößen	Ziele	Messgrößen	Ziele	Messgrößen
• minimaler Zinsaufwand	- durchschnittliche Außenstandstage	• Kundenzufriedenheit	- Rechnungsanfragen-Quote allgemein	• minimale Durchlaufzeiten	- Durchlaufzeiten ausgewählter Prozesse	• kompetentes Verhalten der Mitarbeiter	- Durchlaufzeit Kundenanfragen bearbeitung
• maximale Umsatzrendite	- Forderungen älter 60 Tage	• einfache Abwicklungsmodalitäten	- Anzahl fehlerhafte Zahlungseingänge	• maximale Prozeß-Qualität	- Ausprägungen / Fehlerquote ausgewählter Prozesse	Steigerung der Verhaltenssicherheit	- Kundenzufriedenheit
• optimaler Cash Flow	- Forderungsausfallquote	• qualitativ hochwertige und nachvollziehbare Rechnungslegung	- Anzahl Rechnungsanfragen			• Steigerung der Sensibilität für das Erkennen von Fehlerquellen	- Anzahl der erfolgreich umgesetzten Verbesserungsvorschläge
	- Durchlaufzeit Rechnung > Geldeingang						

1 % + 60 Tage Forderungen
2 % Kundenanfragen hinsichtlich der Rechnungsstellung
3 Weeks WSO (Weeks Sales Outstanding)

Nur zeitnah verfügbare und verlässliche Informationen unterstützen tatsächlich den kontinuierlich nachhaltigen Verbesserungsprozess.

Die sinnvollste Methode ist die Sicherstellung von wöchentlichen Erfolgsmessungen. Schon allein, um zu gewährleisten, dass Korrekturmaßnahmen zeitnah implementiert und ergebniswirksam werden. Zudem beschleunigt diese Vorgehensweise den Verbesserungsprozess und führt zu einem proaktiven Prozess-Management – der richtige Weg gemäß der Devise: „Agieren statt reagieren".

Die hierdurch verfügbaren Daten sind eine ideale Plattform um faktenbasierte Gespräche mit den angrenzenden Bereichen für weitere Verbesserungsmaßnahmen zu führen. Die zeitnahe Verfolgung der vereinbarten Korrekturmaßnahmen wird den übrigen Prozessverantwortlichen wiederkehrend verdeutlichen, welchen Einfluss die Anpassungen auf den Erfolg des Credit Managements ausüben.

TNT verwirklicht diesen Anspruch durch monatliche Lenkungsausschüsse.

Das zuvor beschriebene, straffe Prozessmanagement unter Berücksichtigung der Value Based Management Prinzipien, hat TNT in die Lage versetzt, sich mit der Anwendung der EFQM Richtlinien eine hervorragende, zukunftsorientierte Plattform für ein weiterhin erfolgreiches Wertewachstum zu schaffen. Beleg für die kontinuierlichen Verbesserungen: Seit 1999 konnten die Ertragserwartungen immer wieder übertroffen werden.

Selbst im TNT internen Vergleich steht die deutsche TNT Organisation mit ihren Working Capital Kennzahlen unangefochten an der Spitze und ist zudem ein wichtiger Benchmark als „Best in Class".

Insofern profitieren auch die anderen TNT-Landesgesellschaften von den Fähigkeiten der deutschen Organisation – insbesondere unter dem Blickwinkel, dass in einem global agierenden Unternehmen Prozesse einem länderübergreifenden Standard folgen sollten bzw. im Kundeninteresse existieren müssen.

Die Anforderungen global agierender Kunden machen es erforderlich, dass Dienstleistungen und Produkte weltweit im gleichen Maße, und mit gleich hoher bereichsübergreifender Servicequalität verfügbar sind. Zutreffend also auch auf die Credit Management Funktion.

Die kürzlich erfolgte EU-Erweiterung stellt ähnliche Anforderungen an jede Landesorganisation in Osteuropa. Ein Grund mehr für die Standardisierung der globalen Prozesse in Anlehnung an die Qualitätsprinzipien, wie sie das EFQM Modell für Business Excellence definiert. Insofern ist mit Blick in die Zukunft eines klar: Man muss gewappnet sein. Denn die DIN EN ISO Zertifizierung wird allein nicht ausreichen, um Stakeholder – allen voran die Kunden – von der hohen Qualität der eigenen Leistungen und von der Innovationsfähigkeit zu überzeugen. Die Entwicklung geht also vielmehr in die Richtung nachweisbarer Erfolgsfaktoren. Nur so erlangt man künftig eine realistische Chance den Status „Preferred Supplier" zu erhalten.

Ein richtiger Schritt auf diesem Weg kann also durchaus die Implementierung des EFQM Modells sein. Nachdem Total Quality Management (TQM) erfolgreich implementiert wird, ist der logische Folgeschritt die Einführung globaler einheitlicher und akzeptierter Standards.

Den European Quality Award (EQA) zu erhalten, kommt einem Zertifikat gleich, das Unternehmen ein neues Alleinstellungsmerkmal am Markt bescheinigt und Wettbewerbsvorteile hervorhebt. Das deutsche Pendant hierzu – den Ludwig-Erhard-Preis als höchste Auszeichnung der deutschen Wirtschaft für Spitzenleistungen – sicherte sich TNT Express im Jahr 2003 in der Kategorie „große Unternehmen".

Bestätigung und Ansporn zugleich, sich nicht auszuruhen, sondern weiter an Verbesserungen zu feilen. Getreu der TNT Devise: **„We deliver more".**

Martin Winter

„Working Capital Management": Mobilisierung interner Finanzierungsquellen

Die aktuellen Insolvenzzahlen sprechen eine deutliche Sprache: Deutschen Unternehmen geht immer öfter die Luft aus. Seit über 10 Jahren gibt es in Deutschland steigende Unternehmensinsolvenzzahlen, im letzten Jahr ein Rekordhoch von fast 40 000. Der Gesamtschaden aus Insolvenzen beläuft sich auf über 40 Mrd. Euro im Jahr.

Die Gründe für die hohen Insolvenzzahlen bei Unternehmen sind vielfältig: Angefangen von der hohen Anzahl so genannter Start-Up's, die wirtschaftlich von Anfang an nicht auf gesunden Füßen stehen, über die „allgemeine Konjunkturtalfahrt" und ungünstige standortpolitische Rahmenbedingungen werden auch Bürokratie und unsachgerechte Förderungen als Ursachen der Insolvenzrekorde genannt.

Die restriktive Kreditvergabe durch Banken und sinkende Margen im operativen Geschäft, bedingt durch immer stärker werdenden Wettbewerb, zwingen die Unternehmen zur Reorganisation ihrer eigenen Strukturen und Prozesse, auch im Finanzbereich. Vorteilhafte Ausgestaltung beeinflussbarer Rahmenbedingungen sowie eine optimale Steuerung der Unternehmensliquidität fördern oftmals signifikante Einsparungspotenziale zu Tage.

Unter dem Begriff „Working Capital Management" verbergen sich eine ganze Reihe von Maßnahmen, mit denen sich die Liquiditäts- und Ergebnissituation eines Unternehmens wesentlich verbessern lassen.

Was versteht man genau unter „Working Capital Management"? Welche liquiditätsverbessernden Maßnahmen kann ein Unternehmen im Einzelnen ergreifen? Wie wirken sich solche Maßnahmen auf die Finanzierungsstruktur und die Bilanz aus? Wie definieren sich die „Best Practices" in den relevanten Bereichen und was ist in Unternehmen konkret zu tun?

Rahmenbedingung Unternehmensfinanzierung

Die Kreditvergabe seitens Banken wird zunehmend restriktiver gehandhabt. Während früher Kredite im Wesentlichen auf Grund persönlicher Kontakte und Beziehungen vergeben wurden, zählen heute sachliche Gründe und Fakten.

Das Ausfallrisiko stellt für Banken den größten Risikofaktor dar, sind sie es doch, die einen großen Anteil des gesamten Insolvenzschadens tragen. Dieser Gefahr müssen Banken mit ausreichendem Kapital vorbeugen. So trat bereits 1988 die bis jetzt gültige Solvabilitätsbestimmung (sog. BASEL I) in Kraft, wonach Banken ihre risikogewichteten Kreditpositionen an alle Kreditnehmer (Ausnahme: OECD-Staaten und Banken) mit 8 % Eigenkapital unterlegen müssen.

Bezüglich dieser Risikoklassifizierung wurde BASEL I immer eine zu starke Vereinfachung der ökonomischen Gegebenheiten vorgeworfen. Der Kritik soll mit dem neuen Entwurf Basel II begegnet werden, der eine differenziertere Risikobewertung entsprechend der Bonität des Schuldners vorsieht.

Die neuen Vorschläge im Rahmen von BASEL II sehen vor, dass ab 2006 die zukünftige Eigenkapitalunterlegung nicht pauschal mit 8 %, sondern nach der Bonität des Kreditnehmers zu erfolgen hat. Die Bonitätseinstufung soll durch externe Ratings (z.B. Standard & Poors, Moodys) bzw. durch bankinterne Ratings erfolgen. Die Eigenkapitalunterlegung der Banken wird dann je nach Bonität des Kreditnehmers zwischen 1,6 % und 12 % variieren.

Banken argumentieren, dass die neuen Anforderungen zwingend dazu führen werden, Kredite an Unternehmen schlechterer Bonität zu verteuern, da eine höhere Eigenkapitalunterlegung zusätzliche Kosten verursacht. Auch wenn diese Argumentationskette nicht notwendigerweise auf BASEL II zurückzuführen ist – risikoreiche Kredite waren schon immer teurer als risikoarme –, wird es so sein, dass Kredite an mittelständische Unternehmen in Zukunft teurer werden. Gründe sind aber wohl eher in den ungünstigen Kostenstrukturen der Banken sowie internen Quersubventionen von Bankprodukten zu sehen.

Um die Verteuerung in einem tragbaren Rahmen zu halten, haben insbesondere Mittelständler einige Hausaufgaben zu erledigen. Banken werden in Zukunft wesentlich mehr Transparenz von ihren Kunden fordern und die Unternehmen werden diesen Ansprüchen durch ein professionelles Finanzmarketing Rechnung tragen müssen. Letztlich ist der Mittelstand in Deutschland auf Bankenkredite angewiesen, eine Kapitalmarktfinanzierung ist wohl für die Masse der Unternehmen auf Grund

der geringen Größe nicht möglich (über 99 % der umsatzsteuerpflichtigen Unternehmen haben einen Jahresumsatz von weniger als 50 Mio. EUR). Das Anforderungsprofil an Unternehmen wird unter diesen Aspekten um folgende Elemente erweitert:
- Professionelle Handhabung des Cash- und Liquiditätsmanagements
- Unternehmensweit einheitliche und zeitnahe Berichterstattung
- Finanz- und Liquiditätsplanung mit regelmäßigen Soll-Ist-Vergleichen
- Reduzierung der externen Finanzierung durch interne Liquiditätsgenerierung mit Hilfe von Maßnahmen im „Working Capital"

Einführung in die Thematik „Working Capital Management"

In diesem Artikel wird im Folgenden nun explizit auf die Maßnahmen im „Working Capital" eingegangen. Ziel einer jeden Maßnahme ist die Realisierung von Einsparungspotenzialen und Liquiditätseffekten in den Bereichen Debitoren, Kreditoren und Lager.

„Collect fast, pay slow" ist wohl die prägnanteste Zusammenfassung der Zielsetzung im "Working Capital Management". Es geht hierbei um eine maximale valutarische (!) Beschleunigung der Einzahlungen und Verlangsamung der Auszahlungen ohne Beeinträchtigung der Kunden- und Lieferantenbeziehungen. Im Bereich des Lagers sollte so wenig Kapital wie möglich gebunden werden.

Die Zahlungs- bzw. Warenströme in diesen Bereichen lassen sich wie folgt skizzieren:

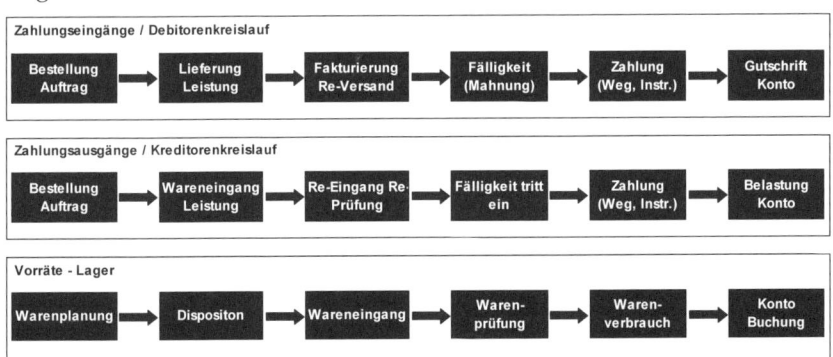

Wesentliche Erkenntnis im Vorfeld ist, dass „Working Capital Management" in besonderem Maße eine Frage der internen Organisation und nur ein geringer Teil der Einsparungsmöglichkeiten im Zahlungsverkehr mit Banken zu suchen ist.

Im Folgenden behandeln wir schwerpunktmäßig mögliche Einsparungspotenziale im Debitoren- und Kreditorenzyklus. Den Bereich Vorräte/Lager klammern wir aus, da die Bedingungen zu Optimierungen oftmals technischen Gegebenheiten im Unternehmen unterliegen und von daher nur schwer mit kaufmännischen Augen isoliert zu betrachten sind.

Vor der Realisierung von Maßnahmen in den genannten Bereichen sollte eine profunde Zahlungsstromanalyse im Unternehmen durchgeführt werden. Es geht hierbei darum, die verschiedenen Etappen in den genannten Bereichen minutiös zu durchleuchten und mögliche Verbesserungspotenziale aufzuzeigen. Erst nachdem die Möglichkeiten evaluiert, unternehmensintern besprochen und die jeweiligen Konsequenzen durchdacht sind, werden die Maßnahmen sukzessive angegangen und umgesetzt. Es sei an dieser Stelle davor gewarnt, in Umsetzungsaktionismus zu verfallen und dadurch großen Schaden anzurichten.

Netto-Umlaufvermögen und Bilanz

„Working Capital Management" beinhaltet die aktive Steuerung des Netto-Umlaufvermögens eines Unternehmens. Das Netto-Umlaufvermögen lässt sich leicht aus einer Bilanz ableiten und gibt Aufschluss über das im Unternehmen gebundene Kapital.

Die gelb markierten Positionen nachstehender Bilanz sind die Bestandteile des „Working Capital":

Bilanz			
Anlagevermögen	212	Eigenkapital	90
Umlaufvermögen		Rückstellungen	148
Vorräte	173	Verbindlichkeiten	
Forderungen LuL	150	Verbindlichkeiten LuL	81
Sonstige	121	Banken	114
Banken	20	Sonstige	243
Summe	**676**	**Summe**	**676**

Löst man die Bestandteile des „Working Capital" aus der Darstellung heraus, erhält man folgendes Bild:

„Working Capital Management": Mobilisierung interner Finanzierungsquellen

Working Capital			
Forderungen aus LuL	150	Verbindlichkeiten aus LuL	81
Vorräte	173	Bank	114
Bank	20	Netto-Umlaufvermögen	148
Summe	343	Summe	343

Das Netto-Umlaufvermögen bestimmt sich demnach als Residualgröße zur Summe der größeren Seite.

Die beiden Bankpositionen auf der Aktiva und Passiva Seite werden üblicherweise dem Netto-Umlaufvermögen im weiteren Sinne zugerechnet. Maßnahmen zur Optimierung dieser Position gehören jedoch in den Bereich „Cash Management". Auch hier gibt es im obigen Beispiel Ansatzpunkte, denn Bankguthaben i.H.v. 20 bei einer Nettoverschuldung machen wenig Sinn und sind teuer.

Vereinfacht man nun dieses Bild und reduziert die Darstellung auf die Cash-bestimmenden Bestandteile des „Working Capital", gelangen wir zum Kern unserer Betrachtungen: Das „Net Circulating Capital (NCC)":

Circulating Capital			
Forderungen aus LuL	150	Verbindlichkeiten aus LuL	81
Vorräte	173	Net Circulating Capital	242
Summe	323	Summe	323

Forderungen und Verbindlichkeiten aus Lieferungen und Leistungen sowie Lager müssen durch geeignete Maßnahmen optimiert werden, was bedeutet, die Komponenten auf der Aktivseite der Bilanz zu reduzieren und auf der Passivseite der Bilanz zu erhöhen. Dadurch lässt sich das gebundene Kapital reduzieren und die Kennzahl „NCC" verkleinern.

Das Nettoumlaufvermögen (auch das NCC) in Relation zur Bilanzsumme dient den Banken bei der Kreditvergabe als wichtiges Bonitätskriterium. Durch verbessernde Maßnahmen lassen sich von daher zwei Fliegen mit einer Klappe schlagen: Liquiditätsgenerierung von innen heraus und bessere Konditionen bei der Fremdkapitalbeschaffung.

Maßgebend für die Güte des eigenen WCM ist die Nettokapitalbindungsdauer (Cash Conversion Cycle). Diese misst, wie schnell sich das im Geschäftsprozess eingesetzte Kapital wieder „in Geld verwandelt". Vor dem Ergreifen von Maßnahmen sollte von daher die Umschlagsgeschwindigkeit gemessen werden. Hierzu benötigt man die Bindungsfristen in den genannten Blöcken, die sich leicht berechnen lassen:

+ Kundenkredittage (Days Sales Outstanding - DSO)	$= \dfrac{\text{Forderungen aus LuL}}{\text{Umsatz}}$	x Tage
+ Lagerdauer (Days Inventories Outstanding - DIO)	$= \dfrac{\text{Lagerbestand}}{\text{Materialaufwand}}$	x Tage
- Lieferantenkredittage (Days Payable Outstanding - DPO)	$= \dfrac{\text{Verbindlichkeiten aus LuL}}{\text{Kreditorischer Aufwand}}$	x Tage
= Dauer Nettokapitalbindung (Cash Conversion Cycle)		

Interpretation: Die Dauer der Kapitalbindung berechnet sich aus der Summe von Forderungs-Außenstandstagen (DSO) und Lagerdauer (DSI) abzüglich der Frist, in der die Lieferanten gezahlt werden.

Beide Kennzahlen, Nettoumlaufvermögen und Nettokapitalbindungsdauer, hängen somit eng zusammen. Während Erstere die Kapitalbindung in Geldeinheiten bestimmt, definiert die Zweite die Geschwindigkeit des Geldumschlags. Für beide gilt: Je kleiner desto besser!

Sinnvoll ist die Analyse dieser Kennzahlen in einer Zeitreihe oder auch im Branchenvergleich. Isoliert für einen Monat haben die Ratios wenig Aussagekraft. Bei einer Zeitreihenanalyse ist es ratsam, jeweils Durchschnittswerte im Monat der Bilanzpositionen (also Forderungen, Lagerbestand und Verbindlichkeiten) zu nutzen und keine Stichtagswerte, da diese das Gesamtbild verfälschen können.

Einsparungspotenzial und Liquiditätseffekte

„Raiding a company's hidden cash: It's the latest in doing more with less! Pioneering managers are raising profits and efficiency by mining an over-looked trove – working capital." Fortune, August 22, 1994

Maßnahmen im Bereich des Netto-Umlaufvermögens zielen darauf ab, Zahlungseingänge zu beschleunigen und Zahlungsausgänge zu verlangsamen. Diese Maßnahmen müssen selbstverständlich im Rahmen der bestehenden Verträge und Bedingungen gegenüber Kunden und Lieferan-

„Working Capital Management": Mobilisierung interner Finanzierungsquellen

ten realisiert werden, doch zeigt die Praxis, dass in der Summe durch mangelhafte oder zumindest verbesserungsfähige Organisation der Prozesse im Unternehmen einiges verloren geht.

Basis zur Berechnung des Einsparungspotenzials ist die klassische Zinsformel, da sich die Einsparungen im Bereich des Zinsergebnisses (also Verringerung des Zinsaufwandes bei einem nettoverschuldeten Unternehmen oder Erhöhung des Zinsertrags bei einem nettoanlegenden Unternehmen) niederschlagen.

Der Liquiditätseffekt ermittelt sich durch Auflösen der Zinsformel nach dem Kapital.

$$\text{Einsparungspotenzial} = \frac{\text{Volumen} \times \text{Zinssatz (in \%)} \times \text{Tage}}{360}$$

$$\text{Liquiditätseffekt} = \frac{\text{Einsparungspotenzial}}{\text{Zinssatz (in\%)}}$$

Folgendes Beispiel zur Verdeutlichung:

Zahlungseingänge	p.a.	100 Mio. EUR
Zinssatz		5,00%

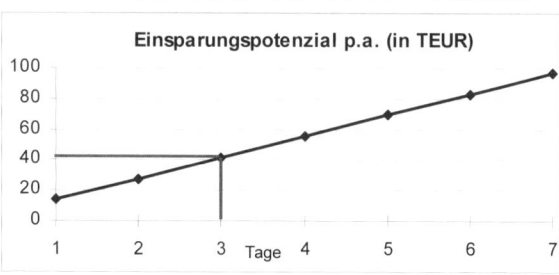

Tage	Einsparungspotenzial
1	14
2	28
3	42
4	56
5	69
6	83
7	97

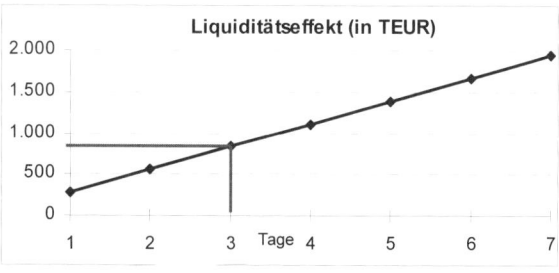

Tage	Liquiditätseffekt
1	278
2	556
3	833
4	1.111
5	1.389
6	1.667
7	1.944

alle Angaben in TEUR

Ein Unternehmen hat im Jahr 100 Mio. EUR Zahlungseingänge zu verzeichnen. Der Opportunitätszinssatz zur Finanzierung des Unternehmens liegt annahmegemäß bei 5 %.

Die obere Tabelle und Grafik verdeutlichen das (Zins-) Einsparungspotenzial, wenn es gelingt die Zahlungseingänge um einen, zwei, drei bis hin zu sieben Tagen zu beschleunigen. Bei drei Tagen liegt das jährlich wiederkehrende Einsparungspotenzial bei 42 TEUR.

Die untere Tabelle und Grafik verdeutlichen den daraus resultierenden einmaligen Liquiditätseffekt, der bei dreitägiger Zahlungseingangsbeschleunigung bei 833 TEUR liegt.

„Best Practices" im Bereich „Kreditoren"

Im Vorfeld sei darauf hingewiesen, dass nicht alle nachfolgend aufgeführten Standards in jedem Unternehmen jeder Branche zu 100 % angewandt oder umgesetzt werden können. Ziel ist es hier vielmehr, Handlungsalternativen aufzuzeigen, die zumindest zu einem gewissen Anteil zu den gewollten Zahlungsverschiebungen führen. Die Summe der Einzelwirkungen ist keinesfalls zu unterschätzen und generiert letztlich die oben dargestellten Einsparungen und Liquiditätseffekte.

Klare interne Regelungen - Kreditorenrichtlinie

Zuständigkeiten, Kompetenzen, Limite und Abläufe im Kreditorenmanagement sollten in einer kurzen, pragmatischen Richtlinie geregelt sein (die Richtlinie kann als „Working Capital Management" Richtlinie konzipiert sein und alle Teilbereiche regeln). Die Regelungen sollen keinesfalls interne Prozesse belasten oder gar Bürokratie aufbauen. Vielmehr soll die Richtlinie den Mitarbeitern des Einkaufs und des Rechnungswesens Sicherheit und Klarheit über interne Abläufe und Handlungsspielräume geben.

Vorteilhafte „Allgemeine Einkaufs- und Geschäftsbedingungen"

Unternehmensweit einheitliche Einkaufsbedingungen (einfach und pragmatisch in die AGB eines Unternehmens zu integrieren) regeln eindeutig Rechnungsstellung, Fälligkeitsermittlung und Zahlungen. Individualregelungen sind vertraglich fixiert und berücksichtigen Rechnungslegung, Fälligkeitsermittlung und Zahlung sowie Regelungen bei Mängeln aller Art.

- **Rechnungsstellung:** Eindeutige Regelungen für die Rechnungslegung durch die Lieferanten sollen vor allem dazu beitragen, die Abläufe zu vereinfachen und den Aufwand für Abstimmung und Rechnungskorrekturen zu minimieren. Spätestens bei Einführung elektronischer Datenübermittlung mit den Lieferanten ist es ohnehin immer notwendig, absolute Genauigkeit bei der Rechnungslegung zu verlangen.
- **Fälligkeitsermittlung:** Die Festlegung der Fälligkeitsermittlung dient der Sicherstellung ausreichender Abwicklungszeit für die Rechnungsprüfung und -bearbeitung und stellt einen Konditionenbestandteil dar (Zinsersparnis). Darüber hinaus dient die Vereinbarung eines möglichst langen Nettozahlungszieles als Alternative zur Skontozahlung nicht zuletzt auch der Sicherung der Liquidität.
- **Zahlung:** Anzustreben ist hier eine Reduzierung des Verwaltungsaufwandes im Zusammenhang mit der Durchführung der Zahlungen sowie Flexibilität bezüglich der Wahl des Zahlungsinstrumentes und -termins.

Rechnungsdatum vs. Rechnungseingangsdatum

Basis der Zahlungsfristenermittlung sollte stets das Rechnungseingangsdatum und nicht das Rechnungsdatum einer Rechnung sein. Wenn dies eindeutig in den AGB geregelt ist (siehe oben) spricht nichts dagegen, die Postlaufzeit einer Rechnung von 2–3 Tagen für sich in Anspruch zu nehmen. Mit dieser Regelung schützt sich das Unternehmen zusätzlich vor Lieferanten, die ihre Rechnung zurückdatieren oder nicht zeitnah versenden.

Notwendige Bedingung bei dieser Vorgehensweise ist, dass jede Rechnung mit einem Posteingangsstempel versehen wird und das Rechnungseingangsdatum erfasst und systemseitig als Zahlungsfristenbasisdatum erkannt wird.

Keine Zahlung vor Fälligkeit

Lieferantenzahlungen erfolgen nicht vor der berechneten Fälligkeit (kein Fälligkeitsvorgriff im Zahlungslauf). Diese eigentlich selbstverständliche Regel wird oftmals in Unternehmen nicht beherzigt, meist ohne dass dies dem verantwortlichen kaufmännischen Leiter bewusst ist. Wird ein wöchentlicher Zahllauf beispielsweise am Dienstag angestoßen und mit Valuta Mittwoch bankseitig ausgeführt, dann sollten maximal am Mittwoch fällige Rechnungen beim Zahllauf berücksichtigt werden. Fälligkeiten von Donnerstag und Freitag dieser Woche werden erst mit dem folgenden Zahllauf beglichen.

Systemseitig sind solche Details voreingestellt. Es bedarf auch hier einer konkreten Prüfung des Ist-Zustandes, um eine konkrete Aussage machen zu können.

Ein Zahllauf pro Woche

Ein wöchentlicher Zahllauf hat sich als Industriestandard etabliert. Je nach Branche und Größe des Unternehmens kann sich dies bis zu einem monatlichen Zahllauf verlängern. Tägliche Zahlläufe, wie sie oftmals in mittelständischen Unternehmen noch durchgeführt werden, sind sowohl von der Abwicklungsseite als auch von der Zinsaufwandsseite nicht sinnvoll.

Zahlläufe mit Bankbelastung an einem Freitag gehören zu den größten Fehlern, absorbiert doch dann die Bank einen großen Teil des Zahlvolumens über das Wochenende (=3 Zinstage) und leitet das Geld erst am Montag der Folgewoche an die Lieferanten weiter.

Wichtig erscheint der Hinweis, dass eine Umstellung in Unternehmen von täglichen auf einen wöchentlichen Zahllauf behutsam durchgeführt werden muss und einer profunden Analyse der „kritischen" Lieferanten bedarf. Sinnvoll ist es sicherlich, sukzessive einen Zahltag zu eliminieren und die Lieferanten von denen eine Abhängigkeit besteht, im Vorfeld zu informieren und ggf. Ausgleichregelungen zu finden.

Gewährte Skonti immer ziehen

Skonti sind extrem günstige Regelungen, die der Einkauf verhandelt und die grundsätzlich in Anspruch genommen werden sollten. Einer Zahlungsbedingung „30 Tage netto, 15 Tage 2 %" liegt immerhin ein Zinssatz von rd. 48 % zugrunde, eine Finanzierungsquelle, die man sich nicht entgehen lassen sollte.

Die internen Arbeitsprozesse müssen daher so ausgerichtet sein, dass es grundsätzlich möglich ist, alle skontierfähigen Rechnungen innerhalb der Skontofrist (ggf. verlängert gem. den in den AGB bzw. individuellen Verträgen manifestierten Regeln) zur Zahlung freizugeben.

Scheckzahlungen erst ab einer angemessenen Scheckuntergrenze

Grundsätzlich sind Scheckzahlungen in Deutschland nicht mehr zeitgemäß. Die finanziellen Vorteile in Form einigen Valutatagen, bewirkt durch die Postlaufzeit und die Dauer bis der Scheck vom Lieferanten eingereicht und auf dem Bankkonto abgebucht wird, werden oftmals von den internen Kosten der Scheckerstellung und -bearbeitung und externen Bankgebühren um ein Vielfaches kompensiert.

Dennoch kann es sich ab einem angemessenen Betrag lohnen, eine Rechnung nicht mittels elektronischer Überweisung, sondern per Scheck zu zahlen. Eine entsprechende break-even-Berechnung kann leicht angestellt werden. Die Behandlung von Scheckzahlungen sollte in der Kreditorenrichtlinie dokumentiert werden und regelmäßig auf den Prüfstand gelangen.

„Best Practices" im Bereich „Debitoren"

Als oberstes Ziel des Debitorenmanagements ist sicherlich die Sicherstellung der Werthaltigkeit des Forderungsbestandes als eines der bedeutendsten Vermögensbestandteile eines Unternehmens zu betrachten. Credit Manager sorgen sich von daher um die Erhaltung der Kreditwürdigkeit (Bonität) und die Finanzierungsspielräume des Unternehmens. Bonitätsprüfungen, Scoring, Limitvergaben und -überwachung sind Aufgaben im Hinblick auf die Zielerreichung.

Parallel ist die Optimierung des Geldeingangs im Rahmen eines effizienten „Working Capital Managements" als wesentliches Ziel zu sehen. Die nachstehenden Standards im Debitorenmanagement geben einen Überblick über vorteilhafte Regelungen, sind jedoch sicherlich kaum vollumfänglich in allen Bereichen umsetzbar. Aufgabe des „Working Capital Managers" ist es, passende Regeln zu identifizieren und in geeigneter Weise im Unternehmen zu realisieren.

Klare interne Regelungen – Debitorenrichtlinie

Die Debitorenrichtlinie sollte unternehmensintern die Ziele, Grundsätze, Zuständigkeiten, Kompetenzen, Limite und Abläufe schriftlich regeln. Unerlässlich sind klare Regelungen und Abgrenzungen der Aufgabengebiete von Vertrieb und Debitorenmanagement. Nachstehende Grafik fasst wesentliche Zuständigkeiten zusammen:

„Working Capital Management": Mobilisierung interner Finanzierungsquellen

Zuständigkeiten Vertrieb	Zuständigkeiten Debitorenmanagement

• Bestimmung eines Kundenverantwortlichen (Vertriebsorganisation, Verkaufsinnendienst, Debitorenmanagement)
  • für jeden Kunden,
  • zur Übernahme der Verantwortung für die Maßnahmen zur Cash-Realisierung des Umsatzes
  • für die Stammdatenqualität
	• Entwicklung und Monitoring der Umsetzung der Debitorenmanagement-Richtlinien (ggf. im Rahmen einer Working Capital Richtlinie)

• Bereitstellung aller notwendigen Informationen
  • für die Kreditbeurteilung
  • und Stammdatenverwaltung (Mitverantwortung)
	• Aktive Unterstützung bei der Gestaltung und Steuerung von
	  • Absatzfinanzierungs- und Absicherungsmöglichkeiten
	  • Information und Schulung des Vertriebes

• Initiativverantwortung für rechtzeitige Kreditlimitbeantragung vor Angebotslegung	• Umsetzung der zentralen Stammdaten-Verwaltung zur Sicherstellung einer einheitlichen Kunden-Stammdatenbasis
• Initiativverantwortung für die Weitergabe relevanter Informationen zur aktuellen Entwicklung der Kundenbonität	• Limiteinräumung gemäß Vorgaben

• Einhaltung
  • der Kundenlimite,
  • Zahlungskonditionen und -ziele
  • sowie sonstiger Bedingungen
	• Sicherstellung des Berichtswesens (Außenstand, DSO, Credit-at-Risk-Bericht, etc.)

• Aktive Außenstandsbetreibung zur Sicherstellung eines termingerechten Cash-Eingangs aus den Forderungen (nicht nur Umsatzverantwortung)	• Kreditverwaltung und Durchführung aller damit zusammenhängenden Maßnahmen (wie z.B. Auskünfte, Zessionen und Sicherungsverwaltung wie z.B. Wechsel, Garantien, Dokumentengeschäft etc.).
• Aufbereitung ordnungsgemäßer Dokumente im Rahmen des Dokumentengeschäftes zur Vermeidung interner und externer Vorbehalte	• Sicherstellung einer tagfertigen Debitorenbuchhaltung und aller damit zusammenhängenden Maßnahmen (Kontenabstimmung, Mahnläufe, Saldenbestätigungen etc.)

Ohne die einzelnen Punkte detailliert zu besprechen, ist es wichtig hervorzuheben, dass Vertrieb und Debitorenmanagement in kollektiver Zusammenarbeit die Aufgaben angehen müssen. Selbstverständlich muss das Debitorenmanagement unabhängig vom Vertrieb arbeiten.

Hilfreich ist dabei auch, die Entlohnungskomponenten von Vertriebsmitarbeitern nicht nur auf Umsatz, sondern auch auf Geldeingang und Verkürzung von Außenstandstagen abzustellen. Eine widersprüchliche Zielsetzung zwischen Vergütungs-/Anreizsystem und der Debitorenmanagementstrategie verhindert deren Umsetzung!

Vorteilhafte „Allgemeine Einkaufs- und Geschäftsbedingungen"

Die AGB sollten eindeutig den Eintritt der Rechnungsfälligkeit und zulässige Zahlungsmittel regeln. Die Frage, wann eine Zahlung als rechtzeitig geleistet gilt, ist zu definieren und die Konsequenzen aus Zahlungsverzug sind zu bestimmen.

Sinnvoll ist es, die AGB gegenüber Kunden systematisch anzuwenden und nach Möglichkeit nur wenige Ausnahmen zuzulassen. Individualregelungen regeln gemäß den heutigen Standards für das „Working Capital Management" relevante Faktoren vorteilhaft (Zahlungskonditionen, -mittel, -weg, Fakturierung u.ä.).

Bonitätsprüfung und Limitvergabe für jeden Kunden

Mit der Einräumung von Zahlungszielen übernimmt das Unternehmen eine Kreditgeberfunktion. Von daher sollte jeder Neukunde vor Aufnahme der Geschäftsbeziehung einer Bonitätsprüfung unterzogen werden. Es geht hier nicht darum, bürokratische Abläufe zu installieren, sondern vielmehr der kaufmännischen Sorgfaltspflicht Genüge zu tun.

Bankähnliche Abläufe in der Bonitätsprüfung, die stark variieren je nach Darlehenshöhe von „Sofortdarlehen" für Privatpersonen bis hin zu komplexen syndizierten Krediten für Konzerne zeigen die unterschiedlichen Handhabungsmöglichkeiten auf. Ziel ist es die Kreditausfallrisiken richtig einzuschätzen, zu bewerten und bewusst einzugehen und zu steuern.

Aus der Bonitätsprüfung sollte eine Bonitätsklasse abgeleitet, ein adäquates Limit ermittelt und systemseitig erfasst werden. Regelmäßige Bonitätsprüfungen bei Bestandskunden sollen gewährleisten, dass Veränderungen erkannt und in der Geschäftsbeziehung berücksichtigt werden.

Lieferungen erfolgen dann ausschließlich unter Einhaltung des eingeräumten Kundenkreditlimits oder, falls dieses überschritten ist, gegen Vorkasse/Barzahlung.

Rechnungslegung

Rechnungen sollten je nach Geschäftstätigkeit des Unternehmens am Tag der Warenlieferung erstellt und versendet werden. Rechnungsavise per Fax oder e-mail bei signifikanten Rechnungsbeträgen oder Abrechnung mit Großkunden sind vorteilhaft. Ausgangsrechnungen sind fehlerlos, d.h. Rechnungsanschrift, Rechnungsinhalte, Anzahl und Anhänge (bspw. Lieferscheine) sind richtig und vollständig. Bei der Stammdatenverwaltung ist von daher größte Sorgfalt walten zu lassen.

Das Fälligkeitsdatum sollte konkret genannt werden (21. Okt. 2004, nicht „in 30 Tagen"). Die konkrete Benennung eines Ansprechpartners kann die Bearbeitung beschleunigen. Weiterhin sollte nach Möglichkeit nur ein Bankkonto auf der Rechnung angeführt werden.

Optisch ansprechende und inhaltlich klare und korrekte Rechnungen vermeiden Reklamationen seitens der Kunden und führen daher zu schnellerem Geldeingang.

Bei größeren Rechnungsbeträgen (z.B. Abschlags- oder Schlussrechnungen im Bau und Anlagenbau) ist es durchaus legitim vor Fälligkeit telefonisch zu erfragen, ob es Fragen oder Beanstandungen zur Rechnung gibt. Wird dies verneint, hat der Kunde eine gewisse moralische Verpflichtung die Rechnung auch pünktlich zu begleichen.

Mahnwesen

Die Verantwortung des Mahnwesens sollte vollständig losgelöst vom Vertrieb liegen. Mahnungen sollten grundsätzlich in geeigneter Form an die Kunden mit überfälligen Forderungen ergehen, Mahnsperren können im Vorfeld punktuell gesetzt werden. Elementare Voraussetzung für ein effizientes Mahnwesen ist eine tagfertige Buchhaltung, bedeutet alle Geldeingänge werden gleichtägig gebucht, so dass offene Posten korrekt ermittelt werden können.

Mahnungen sollten selbstverständlich nur an die Kunden ausgesendet werden, die tatsächlich schuldhaft mit der Zahlung in Rückstand geraten sind. Das Anmahnen von Kunden, die zurecht die Zahlung auf Grund von falscher, fehlerhafter oder unvollständiger Leistung oder Lieferung zurückhalten, zeugt von Unprofessionalität und mangelnder interner Koordination und Abstimmungsproblemen von Vertrieb, Produktion und Debitorenmanagement.

Bei täglicher Rechnungsstellung sollte zwingend auch ein täglicher Mahnlauf stattfinden. Eine Kulanzfrist von rd. 5 Arbeitstagen nach Fälligkeit der Rechnung verhindert und reduziert sicherlich eine Überschneidung von Zahlung und Mahnung und ist gängige Praxis. Bleibt die erste Mahnung ohne Reaktion, kann durchaus nach weiteren 8–10 Arbeitstagen die zweite Mahnung ausgesendet werden. Diese Mahnung sollte bereits Mahngebühren und Verzugszinsen ausweisen und handfeste Konsequenzen (Einschaltung eines Anwalts oder Inkassobüros) beinhalten. Weitere Mahnungen bringen in der Regel wenig im Verhältnis zum Aufwand eines kompletten Mahnlaufs und werden von vielen Unternehmen immer seltener ausgeführt.

Das Mahnwesen sollte vollautomatisiert erfolgen, manuelle Schreiben sind nur in Ausnahmefällen unter Kostengesichtspunkten sinnvoll. Die Formulierung des Mahnschreibens sollte stets höflich aber bestimmt sein, auch bei „großen" Kunden. Telefonische Interventionen, auch vom zuständigen Vertriebsmitarbeiter, sind oftmals zielführender als standardisierte Massenschreiben.

Optik und Aufbereitung spielen insbesondere bei Mahnschreiben eine wichtige Rolle. Strikt zu vermeiden sind veraltete Nadelausdrucke, besser sind individuell wirkende Schreiben.

„Working Capital Management": Mobilisierung interner Finanzierungsquellen

Mahngebühren und Verzugszinsen werden zwar trotz Ausweis selten gezahlt, sollten aber dennoch Bestandteil der (zweiten) Mahnung sein. Als sinnvoll hat es sich erwiesen, die Positionen nicht buchhalterisch zu erfassen, sondern zunächst nur auszuweisen. Die Anzahl der Stornierungsbuchungen würde den Aufwand nicht lohnen. Bei Zahlung dieser Positionen durch den Kunden kann eine entsprechende Buchung erfolgen.

Die Handhabung von ungerechtfertigt einbehaltenen Skonti ist vielfältig. Ein Abwägen von Kosten und Nutzen führt oftmals zur Einführung von Bagatellgrenzen. Wenn die Kunden jedoch dies erkennen und aktiv nutzen, sollte seitens des Debitorenmanagements gehandelt werden. Ein adäquates Berichtswesen ist dahingehend zwingend nötig. Denkbar ist eine jährliche Auswertung dieser Positionen und Ansprache beim Kunden im Jahresgespräch.

Die Konsequenz der Nichtzahlung ab der zweiten Mahnung lautet „Liefersperre". Nur so wird das Risiko begrenzt.

Sofortige Einreichung von Schecks

Scheckzahlungen werden in Deutschland auf Grund des Bearbeitungsaufwands immer seltener. Dennoch nutzen gerade Unternehmen mit steigenden Liquiditätsproblemen gerne diese Art der Bezahlung, können sie doch die Postlaufzeit und die Dauer bis zur Bankbelastung für sich nutzen.

Zum guten Debitorenmanagement gehört es von daher, eingehende Schecks zeitnah, also gleichtägig, spätestens am Folgetag auf der Bank einzureichen. Ideal ist es, wenn die Schecks auf dem gleichen Institut oder Institutsgruppe eingereicht werden, das beschleunigt die valutarische Gutschrift.

Abschließend sollte der Debitorenmanager kritisch zur Kenntnis nehmen, wenn ein sonst auf elektronische Weise zahlender Kunde plötzlich auf Scheckzahlung umstellt. Die Vermutung von akuten Liquiditätsproblemen liegt hier sehr nahe. Diese Information sollte dann umgehend Einfluss in die Bonitätseinschätzung des Kunden nehmen.

Regelmäßige Außenstandsbesprechungen

In vielen Unternehmen mit funktionierendem Debitorenmanagement gehört sie längst zum Alltag: Eine monatliche Außenstandsbesprechung unter Leitung des Debitorenmanagers. Die Vertriebsleitung und die Außendienstmitarbeiter besprechen die akuten Problemfälle pro Bereich,

Sparte oder Vertriebsmitarbeiter. Zur Sprache sollten aber auch allgemeine Kennzahlen wie DSO, Fälligkeitsstruktur, Mahnstatistik und Branchenvergleiche sowie interne Benchmarks kommen. Detailanalysen wie Struktur der gewährten Skonti, Bonitätsklassen sowie entsprechende Ausfallsrisikoeinschätzungen runden die Themengebiete ab.

Der Debitorenmanager übernimmt in solchen Runden die Funktion des Moderators, erstellt die Agenda, übernimmt die Organisation und stellt adäquate Auswertungen bereits im Vorfeld zur Verfügung. Wichtig ist, dass die Besprechungen in konkrete Maßnahmen mit Terminen und Verantwortlichen münden und nicht nur Plauderrunden darstellen.

Die Geschäftsleitung nimmt an diesen Sitzungen teil oder erhält zumindest ein Protokoll mit den geschlossenen Maßnahmen, Terminen und Verantwortlichen.

Berichterstattung an die Geschäftsleitung

Mit einem adäquaten Berichtswesen an die Geschäftsleitung ist zwar keine unmittelbare Beschleunigung von Geldeingängen zu erwarten, doch sensibilisieren „gute" Berichte für dieses Thema. Ziel muss es sein, die Geschäftsleitung voll und ganz hinter das Thema Debitorenmanagement zu bringen, ist es doch in vielen Unternehmen so, das Umsatzmaximierung und Kundenakquisition weit höhere Priorität genießen als Risikobeurteilung von (Neu-)Kunden und Beschleunigung von Zahlungseingängen.

Die Realität zeigt jedoch, dass es oftmals besser gewesen wäre, hätte man den einen oder anderen Kunden seinerzeit nicht akquiriert und keine Umsatzsteigerungen erzielt. Der Forderungsverlust kann die Gewinnmarge zumindest einzelner Monate oder Quartale schnell auffressen.

Fazit

„Working Capital Management" wird in Zeiten ungünstiger wirtschaftlicher Rahmenbedingungen immer wichtiger. Rasches Handeln und konsequentes Nachhalten geeigneter Maßnahmen bei Unstimmigkeiten in den Bereichen des „Working Capital" sichern Unternehmen mit Liquiditätsengpässen oftmals das Überleben.

Klar erscheint, dass man in einem Unternehmen nicht alle Maßnahmen zu 100 % umsetzen wird können. Erfahrungen aus der Praxis zeigen jedoch, dass in jedem Teilbereich der eine oder andere „Tag" zu holen ist und somit Einsprungspotenziale und Liquiditätseffekte zu realisieren sind.

Weitere Erkenntnis ist das Faktum, dass der gewonnene Vorteil durch Umsetzen einer Maßnahme beim entsprechenden Geschäftspartner zu einem Nachteil wird. Umso wichtiger ist es daher, seine eigenen Strukturen und Prozesse schneller adäquat auszurichten, als es Konkurrenten, Lieferanten und Kunden tun. Gesamtwirtschaftlich wird kein Mehrwert geschaffen, der Unternehmenswert einer einzelnen Gesellschaft kann jedoch durch die geeigneten Maßnahmen gesteigert werden. „Working Capital Management" schafft Unternehmenswert!

Klaus Flück

Liquidität sichern/Risiko minimieren Kreditversicherung, Informationsmanagement, Factoring

1. Die Kreditversicherer

1.1 Der Kreditversicherungsmarkt

Der Kreditversicherungsmarkt hat sich in den letzten Jahren stark verändert, gleichzeitig ist die Bedeutung der Kreditversicherung für viele Unternehmen vor dem Hintergrund ständig ansteigender Insolvenzzahlen deutlich gestiegen.

Die aktuelle Situation in der Kreditversicherungsbranche ist dadurch gekennzeichnet, dass drei große Internationale Kreditversicherungsgruppen den nationalen sowie internationalen Markt beherrschen. Diese Entwicklung fand im Jahr 2003 zunächst ihren Abschluss durch den Zusammenschluss der Hermes Kreditversicherungs-AG mit der Euler Gruppe zur Euler Hermes Kreditversicherungs-AG, sowie durch den Verkauf der Mehrheit der Gerling NCM Kreditversicherungs-AG an die neuen Hauptaktionäre Swiss Re (47,5 %) und Deutsche Bank (35,32 %). Im Zuge der Entflechtung der Gerling Kreditversicherungsgruppe aus dem Gerling Konzern firmierte Gerling NCM in Atradius um. Gleichzeitig hat der weltweit viertgrößte Kreditversicherer die Crédito y Caución S.A. aus Spanien sich an dem neuen Kreditversicherungskonzern beteiligt mit dem Ziel einer engen Kooperation. Eine weitere Bereinigung wurde dadurch vollzogen, das die Gothaer Credit Versicherung ihr operatives Geschäft im Jahr 2002 eingestellt hat und sich diese Marktanteile auf die verbliebenen Kreditversicherer verteilt haben.

1.2 Die Marktanteile der Kreditversicherungsgesellschaften

Auf dem deutschen Kreditversicherungsmarkt rangiert im reinen Delkrederebereich die Euler Hermes Kreditversicherungs-AG mit einem Marktanteil von rund ca. 46 % auf dem ersten Platz, dahinter folgen Atradius und die Allgemeine Kredit Coface AG mit jeweils ca. 22 %. Die

Liquidität sichern/Risiko minimieren

restlichen Marktanteile verteilen sich auf die Zürich Versicherung AG sowie die R+V Allgemeine Versicherung AG. Adäquat zu der nationalen Ebene wird der internationale Kreditversicherungsbereich von den drei großen Gesellschaften dominiert. Die Euler Hermes Gruppe nimmt mit einem Marktanteil von ca. 35 % die führende Position ein, dahinter folgt Atradius mit ca. 22 % und die Coface Gruppe vereinigt einen Marktanteil von ca. 18 % am Weltmarkt auf sich. Auf dem vierten Platz rangiert die spanische Crédito y Caución S.A. mit etwa 6,6 % Weltmarktanteil.

1.3 Die Bedeutung des Lieferantenkredites

Das weiterhin hohe Insolvenzniveau von ca. 40 000 Insolvenzen im laufenden Jahr sowie die zunehmend restriktive Vergabe von kurzfristigen Krediten seitens der Hausbanken an den Mittelstand haben dazu geführt, dass die Bedeutung des Lieferantenkredites zur Finanzierung in den letzten Jahren immer stärker geworden ist. Dies führt zu einer stärkeren Nachfrage nach Absicherungskonzepten gegen Forderungsausfälle. Gleichzeitig wird die Bedeutung der Informationspolitik an die Kreditversicherer und Auskunfteien immer wichtiger, um für das eigene Unternehmen ausreichende Lieferantenkredite im Rahmen einer positiven Bewertung der Unternehmenszahlen zu erhalten. Die Bedeutung der Kreditversicherer besteht also zum einen in der Risikominimierung durch die Bonitätsprüfung und der damit verbundenen Absicherung gegen Forderungsausfälle sowie in der indirekten Bereitstellung von Liquidität durch Lieferantenkredite.

Lieferantenkredite vs. kurzfristige Bankkredite in Deutschland

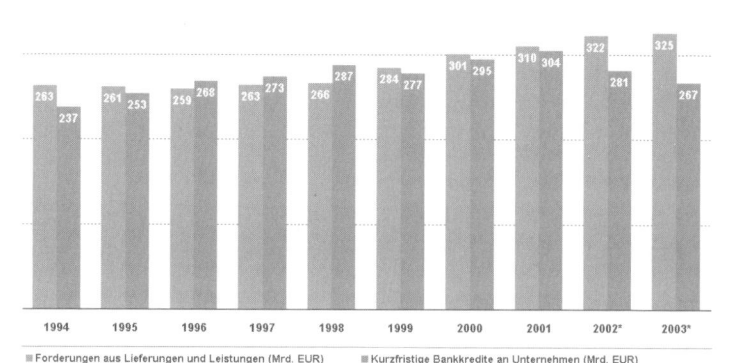

Jahr	Forderungen aus Lieferungen und Leistungen (Mrd. EUR)	Kurzfristige Bankkredite an Unternehmen (Mrd. EUR)
1994	263	237
1995	261	253
1996	259	268
1997	263	273
1998	266	287
1999	284	277
2000	301	295
2001	310	304
2002*	322	281
2003*	325	267

* Schätzung der Euler Hermes Kreditversicherungs-AG (nur Lieferantenkredite)

Quelle: Deutsche Bundesbank Stand: 04/2004

Liquidität sichern/Risiko minimieren

1.4 Die Bonitätsbewertung durch den Kreditversicherer

Die Kreditversicherer vergeben Lieferantenkredite auf Basis von Informationen, die im Wesentlichen aus den folgenden Quellen resultieren:

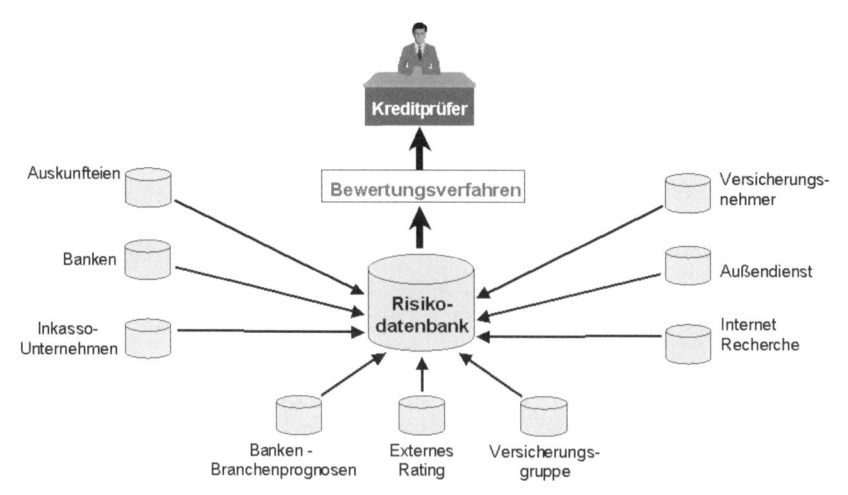

Auf Basis dieser Informationen entsteht ein Kreditbild hinsichtlich der Höhe der Einzelkreditvergabe sowie der Kreditvergabe im Kumul. Darüber hinaus erstellen einige Kreditversicherer wie die Euler Hermes Kreditversicherungs-AG mit dem Bonitätsscheck und die Allgemeine Kredit Coface AG mit dem @rating ein eigenes Rating, welches dem Versicherungsnehmer über den Lieferantenkredit hinaus eine Beurteilung über seinen Abnehmer ermöglichen soll. Dieses Rating zielt darauf ab zu beurteilen, inwiefern der Abnehmer in der Lage ist, seine Verbindlichkeiten aus Lieferungen und Leistungen zu begleichen.

1.5 Einflussmöglichkeiten des Kreditmanagers auf die Bonitätsbeurteilung

Die Kreditversicherer, Auskunfteien und Banken erstellen jeweils ihr eigenes Kreditbild, wobei die Kreditversicherer ihren Informationspool anreichern mit Auskunfteiberichten sowie Bankauskünften. Voraussetzungen für ein aktives Informationsmanagement sind zum einen die Kenntnis der richtigen Ansprechpartner bei den Kreditversicherern, Auskunfteien und Banken sowie eine zeitnahe Bereitstellung aktueller Bilanzen inklusive der aktuellsten BWAs mit erläuternden Informationen sowie eine Planbilanz für das laufende Jahr und eine Übersicht über die aktuellen Bankverbindungen mit den jeweiligen Ansprechpartnern.

Die Vorteile eines aktiven Informationsmanagement lassen sich wie folgt zusammenfassen:
- positiver Einfluss auf die Bonitätsbewertung des eigenen Unternehmens
- Aufbau eines Vertrauensverhältnisses zu den Kreditentscheidern
- Größtmögliche Transparenz über die Bonitätsbewertung des eigenen Unternehmens
- Bessere Verhandlungsposition gegenüber Lieferanten und Handelspartnern
- Liquiditätsverbesserung
- Höhere Kreditlinien
- Bessere Konditionen

2. Alternativen zur klassischen Kreditversicherung

2.1 Die XL-Police

Die XL-Police soll das Unternehmen gegen schwere, unvorhersehbare Verluste schützen. Sie kommt vor allem für Unternehmen in Betracht, die vorhersehbare und in der Vergangenheitsbetrachtung durchschnittliche Forderungsausfälle selbst tragen wollen. Zielgruppe sind Unternehmen mit einem Mindestumsatz von 20 Mio. EUR sowie Unternehmen mit hohen Einzelrisiken, die in der Kreditversicherung nur unzureichenden Versicherungsschutz erhalten. Darüber hinaus sind unversicherte Unternehmen prädestiniert, die über ein umfangreiches Bonitätsprüfungssystem verfügen.

Die Vorteile einer XL-Police bestehen vor allen Dingen im Schutz gegen unvorhersehbare hohe Forderungsausfälle. Die XL-Police versichert keine strukturellen oder konjunkturellen Verluste. Darüber hinaus bietet sie eine hohe Unabhängigkeit und Selbstständigkeit bei der Gestaltung des internen Debitorenmanagement des Unternehmens. Dies bedeutet eine freie Wahl der Partner, der Art und des Umfangs beim Bezug von Dienstleistungen im Debitorenmanagement. Die Limitanfragen und somit das Problem einer unzureichenden Limitzeichnung entfallen.

Das Unternehmen kauft eine Höchstentschädigung im Rahmen eines Jahresvertrages oder eines Mehrjahresplafonds ein. Durch die Mitaufnahme eines Entschädigungsvorrisikos entfallen Entschädigungsleistungen in Höhe der durchschnittlichen Forderungsausfälle der letzten

Jahre. Die wesentliche Obliegenheit besteht in den Regeln des eigenen Debitorenmanagements, die mit dem Versicherer abgestimmt wurden und somit zur Grundlage des Vertrages werden.

Als Fazit lässt sich festhalten, dass die XL-Police bei Unternehmen mit hohen Einzelrisiken eine interessante Alternative zur herkömmlichen Kreditversicherung darstellen kann.

2.2 Top Up-Cover

Das Produkt Top Up-Cover baut auf einer bestehenden Kreditversicherung auf und verdoppelt den Versicherungsschutz bei nicht ausreichend gezeichneten Limiten des Erstversicherers.

Zielgruppe sind Unternehmen mit einer bestehenden Kreditversicherung, hohen Einzelrisiken sowie einer unzureichenden Zeichnungsquote.

Die Verdopplung von unzureichenden Limiten erfolgt unter der Voraussetzung eines seit zwei Jahren bestehenden Kreditversicherungsvertrages sowie einer Zeichnungsquote von mindestens 60 % der angefragten Limite.

Die Entschädigung im Schadenfall ist eng gebunden an die im Kreditversicherungsvertrag enthaltenen Voraussetzungen. Dies bedeutet, dass das Ergebnis der Prüfung des Kreditversicherers auf einer Entschädigungsleistung als Voraussetzung für die Entschädigung von Top Up-Cover übernommen wird.

Die Vorteile liegen in einer deutlichen Optimierung des Versicherungsschutzes sowie in der möglichen Ausweitung des Umsatzes mit Kunden, bei denen die Limitkapazität des Erstversicherers nicht ausreicht.

2.3 Unicover

Das Produkt Unicover bietet Unternehmen die Möglichkeit Einzelforderungen abzusichern.

Zielgruppe von Unicover ist grundsätzlich jedes Unternehmen, jedoch im besonderen Unternehmen ohne eine bestehende Kreditversicherung sowie Unternehmen mit vereinzelt höheren Risiken.

Die Limitanfrage erfolgt via Internet. Für den ersten Kunden ist die Limitanfrage frei, jede weitere Limitanfrage kostet bei Ablehnung 25 EUR und bei Annahme 50 EUR. Bei Annahme erhält der Versicherungsnehmer ein Zertifikat als Versicherungsbestätigung. Der Versicherungsschutz deckt alle Rechnungen, die in den nächsten zwei Monaten gestellt werden ab Rechnungsdatum. Nach dieser zweimonatigen Periode kann eine Verlängerung des Limits um weitere zwei Monate beantragt werden. Die Vorteile von Unicover bestehen im Wegfall einer Grundprämie sowie vor allen Dingen in der Möglichkeit bei Bedarf Risiken abzusichern. Ein weiterer Vorteil besteht darin, dass es sich um eine bindende Versicherung handelt. Sobald das Zertifikat beim Versicherungsnehmer vorliegt, besteht zwei Monate Versicherungsschutz, ohne dass das Limit gestrichen oder reduziert werden kann.

Unicover ist eine interessante Alternative zu einer bestehenden Kreditversicherung bei Unternehmen mit vereinzelt höheren Risiken.

3. Factoring

3.1 Die Dienstleistungen des Factors

Die Dienstleistungen des Factors bestehen aus der Finanzierungsfunktion, der Delkrederefunktion und den Dienstleistungen im Debitorenmanagement.

3.1.1 Finanzierungsfunktion

- Umsatzkongruente Finanzierung
- Entlastung der kurzfristigen Kreditlinien bei den Banken, bessere Möglichkeiten zur mittel- und langfristigen Finanzierung, Ausnutzung der Ertragsmöglichkeiten im Einkauf (zusätzliche Skontoerträge)
- Verbesserung des Ratings (Basel II)
- Geringere Zinskosten durch konsequentes Mahnwesen der Factoringinstitute
- Kein Einsatz klassischer Kreditsicherheiten
- Einräumung von Zahlungszielen an die Abnehmer
- Verbesserung des Cash-Flow

3.1.2 Dienstleistungsfunktion

- Kein Forderungsausfallrisiko durch 100%-igen Delkredereschutz
- Qualifizierte Abnehmerinformationen
- Keine Nachweispflicht über Zahlungsunfähigkeit

3.1.3 Kreditmanagementfunktion

- Führung der Debitorenbuchhaltung
- Übernahme des Debitorenmanagements
- Laufende Informationen über die Debitorenkonten

Liquidität sichern/Risiko minimieren

3.1.4 Bonitätsüberwachung
- Mahn- und Inkassowesen
- Rechtsverfolgung

3.2 Arten des Factorings

3.2.1 Full-Service-Factoring (Standardfactoring)

Dieses Verfahren beinhaltet das komplette Leistungsspektrum aus Finanzierung, Delkredere sowie den Dienstleistungen im Debitorenmanagement. Der Factor kauft im Rahmen vereinbarter Limite die Forderungen des Factoringkunden. Der Factor sichert sich ab, indem er zuvor die Bonität der Schuldner, also der Kunden des Factoringnehmers überprüft. Für jeden einzelnen Abnehmer wird vertraglich ein Kreditlimit festgelegt, bis zu dem Forderungen angekauft werden können. Bei Rechnungseinreichung werden diese Rechnungen sofort mit 80 % bis 90 % bevorschusst. Die restlichen 10 % werden abgerechnet, sobald der Abnehmer des Factoringkunden an den Factor bezahlt hat. Bei Nichtzahlung durch den Abnehmer zahlt der Factor an seinen Kunden in der Regel 90–120 Tage nach Forderungsfälligkeit (Delkrederefunktion). Die Forderungsverwaltung erfolgt vollständig durch die Factoringgesellschaft. Diese Form des Factorings ist mit ca. 50 % Marktanteil am weitesten verbreitet.

3.2.2 Inhouse-Factoring (Bulk-Factoring)

Bei dieser Form nutzt der Kunde die Finanzierung sowie die Delkrederefunktion. Das Forderungsmanagement wird treuhänderisch für den Factor vom Kunden weitergeführt. Somit entfällt beim Inhouse-Factoring die Dienstleistungskomponente. Dieses Verfahren kann in offener und stiller Form betrieben werden. Beim offenen Verfahren, welches in Deutschland am weitesten verbreitet ist, wird der Debitor über den Forderungsverkauf informiert und aufgefordert, direkt an den Factor zu zahlen. Beim stillen Factoringverfahren wird die Forderungsabtretung dem Debitor gegenüber nicht offen gelegt.

3.2.3 Fälligkeitsfactoring

Bei diesem Verfahren nutzt der Kunde die Vorteile der vollständigen Risikoabsicherung sowie der Entlastung im Debitorenmanagement. Er verzichtet allerdings auf die sofortige Regulierung des Kaufpreises und wartet den Fälligkeitstermin ab.

3.2.4 Für wen kommt Factoring in Frage?

Die Kunden der Factoringunternehmen setzen sich zu fast 50 % aus der Industrie, zu 30 % aus dem Großhandel und zu 20 % aus dem Dienstleistungssektor zusammen. Eine generelle Einschränkung gibt es nicht, jedoch sollte die Bonität der abnehmenden Kunden mindestens mit „gut" beurteilt werden und die mit den Kunden vereinbarten Zahlungsziele i.d.R. nicht länger als maximal 120 Tage sein. Ein weiterer entscheidender Punkt ist, dass die Waren- und Dienstleistungen, die ein Unternehmen verkauft, klar bestimmbar und schwer anfechtbar sein sollten. Dies beinhaltet, dass bestimmte Bereiche wie ein großer Teil des Baubereiches für Factoring nicht in Frage kommen. Darüber hinaus ist eine gute Bonität des Factoringkunden Voraussetzung.

3.3 Konditionen

Die Kosten setzen sich im Wesentlichen zusammen aus:
- Factoringgebühr auf Basis des fakturierten Gesamtbruttoumsatzes
- Delkredere-Gebühr:
  Diese beinhaltet die Kosten für die Forderungsabsicherung.
- Finanzierungszinsen: Diese setzen sich zusammen aus einer Basisrate (1Monats- bzw. 3-Monats-Euribor + Zinsmarge)
- Prüfungsgebühren für die Prüfung der Debitoren
- Onlinegebühren

Die Kalkulation ist abhängig von:
- Gesamtumsatz
- Durchschnittlichem Rechnungswert
- Länderauswahl
- Bonität des Factoringinteressierten
- Der Bonität der Abnehmer

	Modell 1	Modell 2	Modell 3
Factoringgebühr	0,4 – 1,5 %	0,4 – 2,0 %	3 – 5 %
Delkrederegebühr	0,1 – 0,3 %		
Finanzierungszinsen	5 – 8 %	8 – 8 %	
Prüfungsgebühren	35 €/63 €	35 €/63 €	
Online-Gebühren	500 – 1000	500 – 1000	
Bevorschussungsquote		80 – 90 %	80 – 90 %
Übernahme des Delkredererisikos	70 – 90 %	100 %	100 %
Selbstentscheidungslimit	5 – 10 T€	5 – 10 T€	5 – 10 T€

3.4 Der Factoringmarkt in Deutschland

3.4.1 Die Marktanteile

Der Factoringmarkt ist in Deutschland noch unterentwickelt, so dass der Marktanteil für Deutschland lediglich 6 % des europäischen Marktes beträgt. Großbritannien ist mit 30 % Marktführer, danach folgen Italien mit 25 % und Frankreich mit 13 %. Hier wird deutlich, dass im deutschen Markt ein erhebliches Wachstumspotential liegt.

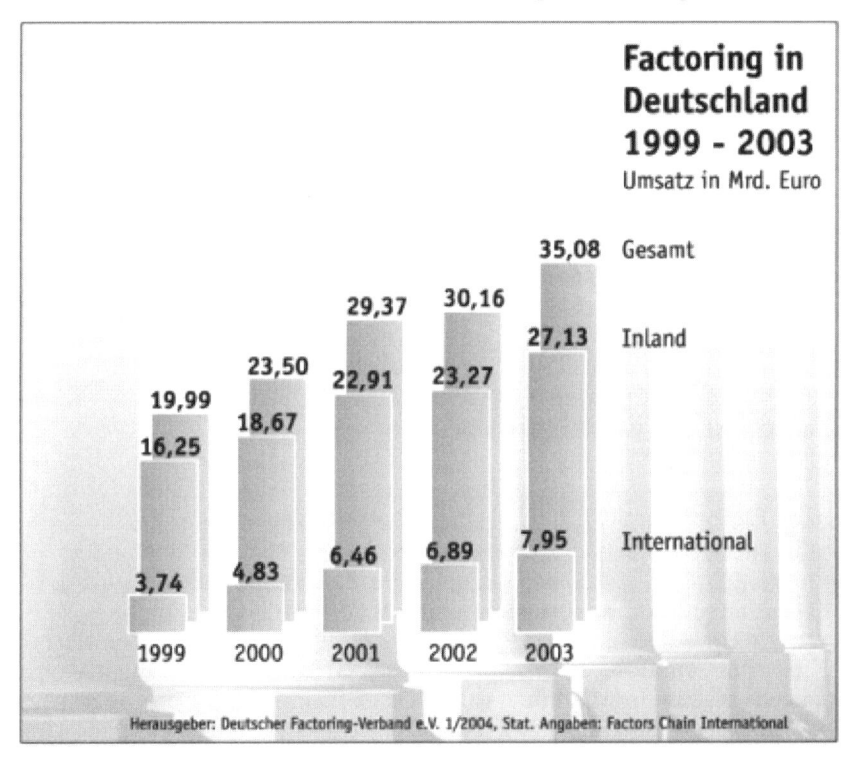

Factoring in Deutschland 1999 - 2003
Umsatz in Mrd. Euro

Jahr	Gesamt	Inland	International
1999	19,99	16,25	3,74
2000	23,50	18,67	4,83
2001	29,37	22,91	6,46
2002	30,16	23,27	6,89
2003	35,08	27,13	7,95

Herausgeber: Deutscher Factoring-Verband e.V. 1/2004, Stat. Angaben: Factors Chain International

Factoring als alternative Finanzierungsform wird in Deutschland in den nächsten Jahren von erheblicher Bedeutung sein. Dies vor allem aufgrund der Tatsache, dass viele Banken sich aus der mittelständischen Finanzierung zurückziehen und gleichzeitig die klassischen Sicherheiten an Bedeutung verloren haben, so dass auf Basis der Forderungen zunehmend neue innovative Finanzierungs- und Factoringkonzepte entstehen werden.

Zudem hat sich der Markt für Factoring, der in den vergangenen Jahren mit über 100 Unternehmen sehr unübersichtlich war, stabilisiert und davon profitiert, dass die 3 großen Kreditversicherer, die über fast 90 % des Weltmarktanteils im Kreditversicherungsmarkt verfügen, mit eigenen Factoringinstituten im Markt präsent sind und die vorhandenen Synergieeffekte nutzen können. Bei der Entscheidung, Kreditversicherungslimite zu gewähren oder Forderungen zu kaufen, können grundsätzlich dieselben Prinzipien zugrunde gelegt werde. Bei der Einschätzung von Kunden und Länderrisiken kommt es entscheidend auf die Informationsbasis des Factors an, so dass die Kreditversicherer hier einen deutlichen Vorteil haben. Die Factoringgesellschaften der 3 großen Kreditversicherungsunternehmen Euler Hermes Kreditversicherungs-AG, Atradius AG sowie die Allgemeine Kreditversicherung Coface AG sind Mitglied im deutschen Factoring Verband, der zurzeit 19 in der Regel größere Institute umfasst (www.factoring.de). Diese bieten i.d.R. Factoring ab einem Mindestumsatz von 5 Mio. € an.

Im Bereich bis zu 5 Mio. € Jahresumsatz bietet die Creditreform Gruppe mit Crefo-Factoring ein leistungsfähiges Spektrum an Factoringkonzepten an und kann ähnlich wie die Kreditversicherungsgesellschaften die Synergieeffekte der eigenen Datenbank nutzen.

3.4.2 Die Factoringgesellschaften der Kreditversicherer und von Creditreform

- Eurofactor AG (www.eurofactor.de)
  Die Eurofactor AG wurde 1988 gegründet, Gesellschafter sind die Credit Lyonnais in Paris sowie die Euler Hermes Gruppe zu jeweils 50 %. Der Factoringumsatz 2003 betrug 2,4 Mrd. EUR, wovon 77,3 % auf das Inlandsgeschäft entfielen und 22,7 % auf das Auslandsgeschäft.
- Allgemeine Kredit Coface Finanz GmbH (www.ak-coface-finanz.de)
  Dieses Unternehmen wurde im Jahr 2000 als 100%-ige Tochtergesellschaft der Allgemeinen Kredit Coface Holding AG gegründet. Durch die erfolgreiche Nutzung der Synergieeffekte innerhalb der Gruppe wuchs dieses Unternehmen schnell zur zweitgrößten Factoringgesellschaft in Deutschland und zum Marktführer beim Exportfactoring mit 36 %. Der Umsatz im Jahr 2003 betrug 5,92 Mrd. EUR, wovon 57 % auf das Inlandsgeschäft und 43 % auf das internationale Geschäft entfielen. Zielgruppe sind Unternehmen mit einem Mindestumsatz von 5 Mio. EUR pro Jahr, ab 10 Mio. EUR sind Inhouseverfahren gestaltbar. Das Unternehmen beschäftigt zurzeit 53 Mitarbeiter bei steigender Tendenz.
- Atradius Factoring GmbH (www.atradius.com)
  Dieses Unternehmen ist seit Mitte 2002 aktiv und gehört zu 100 % zur Atradius Gruppe, deren Gesellschafter zu 47,5 % die Schweizerische Rückversicherungsgesellschaft, zu 38,36 % die Deutsche Bank

AG, zu 7 % die Sal. Oppenheim jr. & Cie KgaA und zu 7 % die de Crédito y Caución S.A. sind. Zielgruppe sind Unternehmen mit einem Mindestumsatz von 5 Mio. EUR im Bereich der Full-Service-Factoring Lösungen. Der Factoring-Umsatz im Jahr 2003 betrug 217 Mio. EUR, wovon 60 % im Inlandsgeschäft und 40 % im internationalen Geschäft getätigt wurden.
- Crefo Factoring (www.crefo-factoring.de)
Die Creditreform Gruppe ist mit eigenen regionalen Factoringgesellschaften fast im gesamten Bundesgebiet aktiv. Zielgruppe sind Unternehmen mit einem Umsatz bis maximal 5 Mio. EUR, so dass hier die weitverzweigteste Möglichkeit im Bundesgebiet für kleinere Unternehmen besteht, ein Factoringkonzept zu realisieren. Die Crefo Factoringgesellschaften operieren seit mehr als 5 Jahren erfolgreich im Markt und nutzen die Synergieeffekte der umfangreichen Datenbank und können auf diese Weise den vorhandenen ca. 130 000 Mitgliedern eine zusätzliche Dienstleistung im Finanzierungsbereich anbieten.

3.4.2 Welches Factoringkonzept passt zu meinem Unternehmen?

Für die Realisierung eines auf das Unternehmen zugeschnittenen Factoringkonzepts sollte von der Angebotseinholung bis zur Umsetzung des Konzeptes ein zeitlicher Rahmen von mindestens 3 Monaten eingeplant werden. Aufgrund der Vielzahl der Marktteilnehmer sowie ihrer unterschiedlichen Marktausrichtung lässt sich der Weg zu einem funktionsfähigen Factoringkonzept leichter realisieren mit einem Spezialisten, der die Stärken und Schwächen der einzelnen Factoringgesellschaften kennt, damit aus dem Traum einer zusätzlichen Liquiditätsgenerierung kein Alptraum wird.

4. ABS (Asset Backed Securities)

Asset Backed Securities (ABS) sind ein bereits in vielen Ländern verbreitetes Instrumentarium für die alternative Finanzierung des Unternehmens. Diese Finanzierungsform eröffnet einen strategischen Handlungsspielraum für die Industrie sowie für mittelständische Unternehmen mittels Verkauf von bestimmten Forderungsportfolios an eine Finanzierungsgesellschaft. Eine ABS-Lösung ist durchaus vergleichbar mit dem Factoring mit Ausnahme der Tatsache, dass die Refinanzierung über den indirekten Zugang zum internationalen Kapitalmarkt erfolgt.

ABS-Programme waren in der Vergangenheit großen Unternehmen vorbehalten mit entsprechenden Forderungsvolumina. Vor allem die Kreditversicherungsunternehmen bieten mittlerweile durch so genannte

Multi-Seller-Programme hier attraktive ABS-Lösungen an und ermöglichen somit auch für mittelständische Unternehmen den Zugang zum Kapitalmarkt.

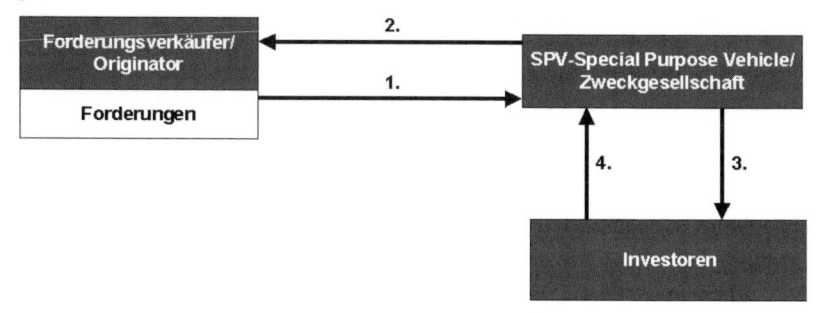

```
┌─────────────────────────┐      2.      ┌─────────────────────────┐
│ Forderungsverkäufer/    │ ◄──────────  │ SPV-Special Purpose     │
│ Originator              │      1.      │ Vehicle/                │
├─────────────────────────┤ ──────────►  │ Zweckgesellschaft       │
│ Forderungen             │              └─────────────────────────┘
└─────────────────────────┘                     ▲        │
                                              4.│        │3.
                                                │        ▼
                                          ┌─────────────────────────┐
                                          │      Investoren         │
                                          └─────────────────────────┘
```

1) Forderungsverkäufer überträgt Forderungen regresslos an die Zweckgesellschaft
2) Die Zweckgesellschaft zahlt Kaufpreis an Forderungsverkäufer abzüglich Reserven/Kosten etc.
3) Die Zweckgesellschaft begibt geratete Commercial Papers, die durch die Forderungen gedeckt sind
4) Die Zweckgesellschaft refinanziert sich durch Erhalt des Emissionserlöses

Der Ablauf einer ABS-Zahlungsaktion besteht zunächst in der Veräußerung eines klar definierten Forderungsportfolios an eine eigens für diese Zahlungsaktion eingerichtete Zweckgesellschaft (sogenanntes SPV/Special Purpose Vehicel). Die Zweckgesellschaft begibt auf Basis dieser Forderungsbestände Wertpapiere an Anleger, vor allem in institutionellem Bereich (Banken). Bedient werden diese Wertpapiere (Securities) ausschließlich auf Basis des Zahlungsstroms des Forderungsportfolios (Asset Backed Structure). Die Emission der Wertpapiere erfolgt entweder direkt durch die Zweckgesellschaft oder über eine Investmentbank, welche die Papiere am Kapitalmarkt platziert. Die Verwaltung der in die Zweckgesellschaft übertragenen Forderungen wird von dem Unternehmen (Verkäufer der Forderung) im Auftrag der Zweckgesellschaft übernommen. Die Debitoren zahlen somit an den Anschlusskunden und sind nicht über die Abtretung informiert (Stilles Verfahren).

Eine ABS Transaktion ermöglicht somit eine Diversifizierung der Finanzierungsquellen und ermöglicht dem Mittelstand den Zugang zum Kapitalmarkt. Darüber hinaus ist mit einer ABS Transaktion in der Regel eine Verkürzung der Bilanz verbunden und somit eine Erhöhung der Eigenkapitalquote.

Dr. Utz Meyer-Reim/Oleg Mänz

Verbriefung von Handelsforderungen durch ABS – besser als Factoring?

Forderungen frühzeitig zu Geld machen – dieser Gedanke ist nicht neu. Forderungsverkauf wird schon seit vielen Jahren praktiziert. Für größere, langlaufende Einzelforderungen hat sich Forfaitierung etabliert. Gängiger noch ist aber Factoring geworden, das von mehreren Spezialgesellschaften erfolgreich in Deutschland betrieben wird. Der Deutsche Factoring-Verband, der etwa 95 % des Marktes repräsentiert, meldete am 07.09.2004 ein Marktwachstum in Deutschland von 24,2 Prozent allein im ersten Halbjahr 2004. Damit hat der Markt per 30.06.2004 ein Volumen von EUR 20,5 Mrd. erreicht. Bei Beibehaltung des Wachstums wird der deutsche Factoring-Markt in 2004 insgesamt EUR 45 Mrd. erreicht haben. Factoring ist also eine etablierte Finanzierungsform geworden und wird als Alternative zum Bankkredit wahrgenommen.

Beim Factoring wird ein Forderungsbestand übertragen. Dabei sind zwei Varianten grundsätzlich zu unterscheiden. Beim sog. Unechten Factoring stehen das Forderungsmanagement und die Liquidität im Mittelpunkt. Denn erweist sich die verkaufte Forderung beim Einzugsversuch als uneinbringlich, wird der Verkäufer rückbelastet. Der Factor übernimmt also nicht das Beitreibungsrisiko, sondern beschränkt sich auf die Einziehung als solche.

Häufiger ist in Deutschland aber das sog. Echte Factoring, bei dem der Factor neben der Einziehung der Forderung zugleich auch das Risiko der Nicht-Zahlung übernimmt. Natürlich ist diese Variante teurer als das Unechte Factoring, erhält der Forderungsverkäufer doch hier einen wirklichen Bilanzschutz. Factoring wird aber von manchen Unternehmen als wenig attraktiv angesehen, da die Factoring-Gebühren die Gewinnmarge im Einzelfall erheblich schmälern können. Hinzu kommt – unverdientermaßen – ein immer noch vereinzelt bestehendes Negativ-Image des Factoring: „Wer Factoring macht, der braucht es auch." Damit wird das Produkt letztlich mit Inkasso verwechselt. Wie eine Befragung von 323 Unternehmen aus Industrie, Handel und Dienstleistung durch den Deutschen Factoring-Verband erbracht hat, ist die Einschätzung der Hausbanken eine andere: Fast zwei Drittel der befragten Unternehmen gab hier an, die Hausbank reagiere positiv auf die alternative Finanzierungsform oder habe diese sogar empfohlen (Quelle: Pressemitteilung des Deutschen Factoring-Verbandes vom 07.09.2004).

In den letzten Jahren hat – ausgehend von den USA – die Verbriefung von Forderungen einen stürmischen Aufschwung genommen. Zunächst wurden durch sehr greifbare Vermögenswerte gedeckte Forderungen wie Hypotheken aus der Bilanz von Banken durch Übertragung auf eine Spezialgesellschaft genommen und von dieser durch Begebung von Wertpapieren („Securities") verbrieft, womit die Forderungen als Ganzes am Kapitalmarkt handelbar wurden. Daher rührt der Begriff „Asset-backed Securities (ABS)", also durch Vermögenswerte gedeckte Papiere.

Der deutsche Markt für Asset-Backed Securities ist schwerer zu schätzen als der Factoring-Markt. Der gesamte Markt hat nach der Einschätzung von Moody's („Rückblick 2003 und Ausblick 2004", Special Report vom 27.01.2004) in 2003 ein Volumen von USD 58 Mrd. gehabt. Allerdings sind hier auch zahlreiche Verbriefungen enthalten, die nicht (Handels)-Forderungen betreffen. Nach Anzahl der durchgeführten Neutransaktionen im Jahr 2003 jedenfalls stand die Verbriefung von Handelsforderungen mit 8 schon an zweiter Stelle im Gesamtmarkt, die größte hierbei hatte ein Volumen von annähernd EUR 600 Mio.

Mittlerweile ist es möglich, eine Vielzahl verschiedener Forderungen zu verbriefen, wobei Hypotheken immer noch einen großen Stellenwert haben. In jüngster Zeit ist ABS durch die sog. True Sale Initiative (TSI) der deutschen Banken besonders publik geworden. Hier geht es um die Verbriefung von Darlehensforderungen der Banken, übrigens nicht nur aus Immobiliengeschäften. Ziel ist die Bilanzentlastung.

Aber auch Handelsforderungen von Unternehmen können mittlerweile verbrieft werden – ein ständig wachsender Markt, auch in Deutschland. Auch hier steht oftmals die Bilanzgestaltung im Vordergrund, häufiger aber noch die Gewinnung von Liquidität. Und damit tritt ABS in unmittelbare Nachbarschaft zum Factoring. Welche Nachteile, welche Vorteile hat ABS als eher neues Produkt gegenüber Factoring?

Factoring wird allgemein als einfach einzusetzen und sehr flexibel angesehen. Doch ist auch die Übernahme eines Forderungsbestandes durch einen Factor ein Prozess, der im Detail aufwändig sein kann. Die Übernahme setzt in der Regel eine Prüfung und Abstimmung hinsichtlich Einzelforderungen voraus.

Demgegenüber steht bei der Verbriefung von Handelsforderungen ein ganzheitlicher Ansatz im Vordergrund. Es werden eben keine Einzelforderungen übertragen, sondern ein gesamter Forderungsbestand. Dafür ist aber die Schaffung einer rechtlich verselbständigten Struktur extra für die Forderungsübertragung unbedingt erforderlich. Diese steuert die in der Regel auf fünf Jahre angelegte Transaktion wie ein Autopilot. Deshalb müssen schon bei der Konzeptionierung alle Eventualitäten bedacht und in der Struktur abgebildet werden. Rating-Agenturen müssen das Konzept und in der Regel auch den zugrundeliegenden Forderungsbestand bewerten, sonst sind die geschaffenen Wertpapiere nicht kapitalmarktfähig. Die Strukturierung erfordert einige Monate Vorlaufzeit und wird gegen entsprechende Vergütung von einer erfahrenen Bank übernommen. Die Ingangsetzungskosten sind somit tendenziell höher als bei einem bloßen Forderungsverkauf unter Factoring.

Auf der anderen Seite steht der Finanzierungskostenvorteil durch Inanspruchnahme des Kapitalmarktes, der erheblich sein kann. Die Kostenersparnis gegenüber Factoring kann bis zur Hälfte der Factoring-Gebühren ausmachen. Ist das verkaufte Forderungsvolumen groß genug und die ABS Struktur läuft ausreichend lange, kann dies die Anlaufkosten nämlich schnell kompensieren. Da ABS Programme üblicherweise auf 5 Jahre angelegt sind, kann man in etwa davon ausgehen, dass sich ab EUR 20 Mio. verkaufbarem Forderungsvolumen ein ABS Programm lohnen kann. Damit ist ABS auch für mittelständisch geprägte Unternehmen eröffnet.

Doch eine ABS Struktur bietet noch andere Vorteile. Der hierdurch eröffnete Zugang zum Kapitalmarkt macht ein Unternehmen dort auf Wunsch bekannt. Es kann sich dann für die Zukunft auch andere, innovative Finanzprodukte erschließen. ABS nutzende Unternehmen gelten als modern im Finanzmanagement und daher attraktiv für Investoren. Es ist aber auch genauso gut möglich, ein ABS Programm nicht-öffentlich abzuwickeln. Dies kann dem Interesse insbesondere der Verkäufer entsprechen, die ABS aus Bilanzgründen einsetzen. Nicht wenige Verkäufer wollen – im Gegensatz zum Factoring – das Forderungsmanagement behalten und ihren Kunden nicht zeigen, dass sie tatsächlich die Forderungen schon übertragen und liquidiert haben. Eine ABS Transaktion kann darüber hinaus dazu beitragen, dass sich das Forderungsmanagement verbessert. Die Transaktion zwingt nämlich zu einem straffen und effizienten Forderungsmanagement.

Durch entsprechende Strukturierung – insbesondere bei Einbindung einer Kreditversicherung – können Forderungskonzentrationen auf bestimmte Einzelschuldner (häufig der Fall z.B. bei Automobilzulieferern) in voller Höhe oder wenigstens deutlich vermehrt in den Verkauf einbezogen werden. Eine ausgewogene Struktur sorgt hier für den Ausgleich, wogegen bei Factoring eine konsequente Limitpolitik für Einschränkungen sorgen kann. Factoring beschränkt sich auch auf rein gewerbliche Kreditrisiken, in einem ABS Portfolio können auch begrenzt andere Adressen (z.B. öffentliche Schuldner) beigemischt werden. Tendenziell ist das übertragbare Volumen bei ABS Programmen daher größer.

Störeinflüsse auf die Kundenbeziehung des Verkäufers sind beim ABS in der Regel ausgeschlossen. Denn beim Factoring muss regelmäßig die Abtretung der verkauften Forderungen angezeigt werden. ABS hingegen vollzieht sich „still". Allerdings hat auch die Factoring-Branche mittlerweile Geschäftsmodelle geschaffen, die eine stille Abwicklung des Geschäfts ermöglichen. Die geräuschlose Übertragung von Forderungen birgt aber auch Risiken. Denn der Forderungsschuldner weiß ja nichts von der geänderten Rechtsinhaberschaft und zahlt daher – schuldbefreiend – an „seinen" alten Gläubiger. In dessen Insolvenz kann es dann zur Verwirklichung des sog. Commingling Risk kommen: Es muss in der Insolvenzmasse aussortiert werden, wem welche Gelder zustehen. Durch Aufrechnungsmöglichkeiten besteht zudem die Gefahr, dass das der ABS-Struktur zustehende Finanzvolumen geschmälert wird.

Echtes Factoring wird durch den Factor regelmäßig kreditversichert, was das Produkt verteuert. Denn der Factor sichert sich seinerseits regelmäßig durch eine Kreditversicherung ab, auf deren Prämie 16 v.H. Versicherungssteuer anfällt. Die Versicherungssteuer wird in die Factoring-Gebühr einkalkuliert. Versicherungssteuer fällt bei einem kreditversicherten ABS Programm nicht an. Denn Versicherungsnehmer wird die in einem Land ansässige Spezialgesellschaft, wo es keine Versicherungssteuer gibt, wie etwa den britischen Kanalinseln. Darüber hinaus kann eine ABS Struktur auch zu Gewerbesteuervorteilen beim Verkäufer führen.

Genauer betrachtet, können Factoring und ABS dennoch nicht als wirkliche Konkurrenzprodukte betrachtet werden. Schon wegen der u.U. komplexeren Struktur und der damit erforderlichen größeren Forderungsvolumina wird ABS mittleren und größeren Unternehmen vorbehalten bleiben, auch wenn durch Standardisierung in den letzten Jahren die kritische Größe für eine erfolgreiche ABS Struktur deutlich gesenkt werden konnte. Factoring bleibt für alle Unternehmen wichtig, die eher kleinere Forderungsbestände verkaufen können oder wollen.

Franz J. Michel

Factoring: Schnelle Liquidität für mehr Wachstum

Das Problem: Außenstände gefährden die Existenz!

Viele Banken haben in jüngerer Zeit Ratingverfahren zur individuellen Beurteilung ihrer Kreditnehmer implementiert. Unterschiedliche individuelle Risiken auf Seiten der Unternehmen schlagen sich heute stärker in unterschiedlichen Kreditkonditionen nieder. Da mittelständische Unternehmen sich insbesondere durch Bankkredite finanzieren, verschlechtern sich die Finanzierungsbedingungen für viele mittelständische Unternehmen.

Das Ergebnis einer Studie, welche die Kreditanstalt für Wiederaufbau (KfW) zusammen mit 20 Wirtschaftsverbänden durchgeführt hat, zeigt, dass fast jedes dritte Unternehmen über wachsende Schwierigkeiten bei der Unternehmensfinanzierung berichtet. Aber Unternehmen brauchen Liquidität! Denn der Geldfluss kann schnell versiegen. Hohe Außenstände schränken die Bewegungsfreiheit am Markt ein und blockieren die strategische Entwicklung. Niedrige Eigenkapitalquoten, schlechte Zahlungsmoral, restriktivere Kreditvergaben, hohe Insolvenzzahlen: Die Liquiditätsversorgung der Wirtschaft gewinnt immer mehr an Bedeutung. Die gute Geschäftsidee reicht nicht aus. Waren zu liefern und Dienstleistungen zu erbringen ist die eine Seite. Die Bezahlung ist die andere, problematischere Seite des Geschäfts. Mittelständische Unternehmen sollten deshalb auch alternative Finanzierungsmöglichkeiten prüfen. Eine in Deutschland bisher noch relativ wenig genutzte Alternative, die in den letzten Jahren aber zunehmend an Bedeutung gewinnt, ist das Factoring. Insbesondere für mittelständische Unternehmen ist Factoring eine bedeutsame Finanzierungsalternative zum Bankkredit. Diese Unternehmensfinanzierungsform kann ein Ausweg aus dem potenziellen Teufelskreis von Außenständen, Kostendruck und Liquiditätsproblemen bedeuten.

Definition des Factoring

Factoring ist der fortlaufende Erwerb von kurzfristigen Forderungen aus Warenlieferungen und Leistungen: Das Factoringinstitut (Factor) kauft regresslos von seinem Factoringkunden kurzfristige Geldforderungen auf Basis eines Vertrages an. Der Factor prüft vor Vertragsabschluss und fortlaufend die Bonität der Abnehmer. Er übernimmt im Rahmen eines vereinbarten Limits das volle Ausfallrisiko. Der Factoringkunde informiert seine Abnehmer darüber, dass die Forderungen an den Factor verkauft wurden und der Rechnungsbetrag an diesen zu zahlen ist. Der Factor schreibt den Forderungskaufpreis (Factoringerlös) sofort dem Konto des Factoringkunden gut. Durchschnittlich 10 Prozent des Kaufpreises behält er anfangs als Sicherheit für Skontoabzüge oder Mängelrügen ein. Dieser Betrag wird dem Kunden aber bei tatsächlicher Zahlung, spätestens jedoch 120 Tage nach Fälligkeit der Forderung gutgeschrieben.

Full Service

Der Factor übernimmt auf Wunsch des Kunden das komplette Debitorenmanagement: Debitorenbuchhaltung, Bonitätsprüfung, Mahnwesen, Inkasso sowie die Rechtsverfolgung von Forderungen. Man spricht in diesem Fall vom Full-Service-Factoring. Factoring ist damit eine umfassende Dienstleistung, die sich nicht nur auf die Veräußerung der Forderungen beschränkt. Bulk-Factoring oder Inhouse-Factoring liegt hingegen vor, wenn auf das Debitorenmanagement des Factors verzichtet wird. Diese Variante ist in der Regel nur für größere Unternehmen sinnvoll. Bei den genannten Factoringvarianten handelt es sich um Echtes Factoring. Unechtes Factoring liegt dagegen vor, wenn der Factor das Ausfallrisiko der gekauften Forderung nicht übernimmt. In Deutschland wird aber fast ausnahmslos Echtes Factoring praktiziert.

Entwicklung des Factoringmarktes

Factoring ist eine weltweit verbreitete Finanzierungsform. Sie stammt aus den USA und wird in Deutschland seit 1958 praktiziert. Am absoluten Umsatz gemessen ist Großbritannien weltweit führend vor den USA; Deutschland spielt noch eine eher untergeordnete Rolle.

In Frankreich (Marktanteil 13 Prozent), Italien (25 Prozent) und Großbritannien (30 Prozent) ist Factoring bereits sehr viel stärker etabliert. Auch die Factoring-Quoten von Deutschland und Großbritannien drückten den Nachholbedarf aus. Während dieses Verhältnis von Factoring-Umsatz zum jeweiligen Bruttoinlandsprodukt im Vereinigten Königreich bei über zehn Prozent liegt, beträgt es hierzulande gerade einmal ein Prozent.

Als Wachstumstreiber bei den Mitgliedern des Deutschen Factoringverbands erweist sich zunehmend das Exportfactoring. Die bedeutendsten Auslandsmärkte im Exportfactoring waren wie in den Vorjahren Frankreich, die Benelux-Staaten, Großbritannien und Italien.

Die Deutschen Factoringinstitute

Der Umsatz der 20 Factoringinstitute, die im Deutschen Factoring-Verband zusammengeschlossen sind und rund 95 Prozent des Factoringmarktes abdecken, belief sich im Jahr 2003 auf 35 Mrd. Euro. Das entspricht seit 1993 einer durchschnittlichen jährlichen Steigerung von 13 Prozent. Im gleichen Zeitraum wuchsen die Factoringumsätze in der gesamten EU sogar durchschnittlich um 37 Prozent pro Jahr auf derzeit 454 Mrd. Euro. Als Umsatz wird im Factoring die Summe der angekauften Forderungen verstanden.

Die Umsätze der einzelnen Factoringinstitute des Deutschen Factoring-Verbands reichen von ca. 150 Mio. bis 5,8 Mrd. Euro, wobei der Marktanteil der vier größten Factoringanbieter zusammen ca. 50 Prozent beträgt. Die Mehrzahl der Anbieter hält Anteile zwischen drei und sieben Prozent. In vielen Fällen handelt es sich bei den Factoringinstituten um Töchter inländischer und ausländischer Banken, Kreditversicherer und großer Industriekonzerne. Kunden der Factoringanbieter sind vor allem Unternehmen des Mittelstandes. Die Gesamtzahl der Factoringkunden beläuft sich mittlerweile auf ca. 2.800 Unternehmen. Deren Umsatz liegt in der Regel zwischen fünf und 200 Millionen Euro. Der Umsatz der Factoringbranche verteilte sich im ersten Halbjahr 2004 zu 50 Prozent auf die Industrie, zu 36 Prozent auf den Großhandel und zu 14 Prozent auf den Dienstleistungssektor. Verbandsangaben zufolge wird Factoring heute in mehr als 40 Branchen genutzt. Die größte Bedeutung hat es in den Feldern Metallverarbeitung, Lebensmittel, Textil, Chemie/Kunststoffe sowie in der Möbelindustrie.

In den letzten Jahren sind die Bekanntheit und Akzeptanz des Factoring in Deutschland erheblich gestiegen. Einen besonderen Impuls für Factoring in Deutschland brachte 1994 die Abschaffung des Abtretungsverbotes, das es Firmen ermöglichte, den Verkauf ihrer Verbindlichkeiten zu untersagen.

Aus einer Kundenbefragung des zweitgrößten Mitgliedsinstituts im Factoringverband, der Allgemeine Kredit Coface Finanz GmbH (AKCF), Mainz, geht hervor, dass die Befragten dieser Finanzdienstleistung eine weiter steigende Bedeutung zuordnen. 87 Prozent erwarten, dass die verschärften Bonitätskriterien der Banken Factoring weiter beleben werden. Die wirtschaftliche Lage der Unternehmen (74 Prozent), die allgemeine wirtschaftliche Situation (62 Prozent), die Eigenkapitalbasis der Unternehmen (49 Prozent) werden weiter als Hauptgründe genannt, weshalb Factoring an Bedeutung gewinnen werde. Der Stellenwert des Factoring in der Unternehmensfinanzierung ist bei den Unternehmen, die sich dieser Finanzierungsform bereits bedienen, erwartungsgemäß hoch. Nur das Eigenkapital wird als „wichtiger" eingestuft. Der Bankkredit und der Kontokorrentkredit werden als „gleich wichtig" angesehen. Die Beziehung zur Bank leidet offensichtlich nicht. Diese Umfrage und verbandseigene Untersuchungen lassen den Schluss zu, dass mit einem weiteren dynamischen Wachstum des Factoringmarktes in Deutschland zu rechnen ist.

Vor allem für Unternehmen mit hoher Kapitalbindung durch entsprechende Außenstände oder für junge, expandierende Unternehmen, die an die Grenze ihrer Kreditlinien stoßen, eignet sich Factoring. Gerade in Zeiten restriktiver Kreditpolitik der Banken ist Factoring durch die Übertragung des Ausfallrisikos auf den Factoringgeber, durch die Verbesserung der Liquiditätslage und die Bilanzverkürzung und damit verbesserte Eigenkapitalquote ein entscheidender Beitrag zu mehr finanzieller Manövrierfähigkeit. Der umsatzkongruente Liquiditätszufluss ermöglicht dem Forderungsverkäufer Skontierungen oder Barzahlerrabatte. Somit kann bereits in der Wachstumsphase als auch in Zeiten allgemein schlechter Zahlungsmoral die Liquiditätsplanung abgesichert werden. Besonders für mittelständische Unternehmen ist Factoring attraktiv, weil es die Kreditlinie entlastet und damit die finanzielle Abhängigkeit von der Hausbank mindert.

Vorteile und Funktionen der Factorings

Factoring ist indes kein Substitut für langfristige Investitionskredite, weil es primär der Umsatzfinanzierung dient. Im Vergleich mit einer vereinbarten Kreditlinie oder einem Kontokorrentkredit ist Factoring in der Regel teurer, weil es eine Vielzahl weitergehender Dienstleistungen umfasst. Sofern es sich für ein Unternehmen lohnt, diese Dienstleistungen nicht selbst zu erbringen, sondern vom Factor einzukaufen, kann Factoring auch als Ergänzung zur klassischen Umsatzfinanzierung eingesetzt werden. Sie hilft dem Unternehmen dabei, durch eine Erhöhung der Eigenkapitalquote sein Rating zu verbessern und günstigere Konditionen bei der Finanzierung über Banken zu erhalten. Als Vorteile des Factoring sind dessen drei Funktionen anzuführen:

Die Finanzierungsfunktion

Factoring erfüllt eine Finanzierungsfunktion, da der Kunde sofort umsatzkongruent die vertraglich vereinbarte Leistung vom Factor erhält und sich seine Liquidität verbessert. Der Forderungsbestand sinkt, die finanzielle Flexibilität steigt. Die erhöhte Liquidität kann zum Abbau eigener Verbindlichkeiten genutzt werden, was die Eigenkapitalquote und Bilanzstruktur verbessert (und damit evtl. das Rating) und unter Umständen können bei der Tilgung eigener Lieferantenverbindlichkeiten noch zusätzlich Skontovorteile genutzt werden.

Die Delkrederefunktion

Durch den Kauf der Forderungen übernimmt der Factor das volle Ausfallrisiko. Der Factoring-Kunde kann zeitnah mit einem sicheren Zahlungseingang rechnen und mit diesem disponieren. Zudem bekommt der Factoring-Kunde durch Factoring die Möglichkeit einer risikolosen Expansion in neue Märkte.

Die Dienstleistungsfunktion

Die Übernahme des Debitorenmanagements durch den Factor beinhaltet die Übernahme der Debitorenbuchhaltung, des Mahnwesens und des Inkassos und kann dem Unternehmen Personal- und Sachkosten ersparen. Das Unternehmen wird regelmäßig über die Bonitätsentwicklung seiner Abnehmer informiert. Durch das professionelle Mahnwesen des Factors kann eine Verbesserung des Zahlungsverhaltens der Abnehmer erreicht werden.

Für die Erfüllung der genannten Funktionen erhebt der Factor eine Gebühr. Diese Gebühr setzt sich aus drei Komponenten zusammen. Das Factoringentgelt als erste Komponente ist der Preis für die Übernahme des Ausfallrisikos und des Debitorenmanagements. Es wird nach dem Risiko der aufgekauften Forderungen und dem Arbeitsaufwand bemessen und beträgt in der Regel 0,8 bis 2,5 Prozent vom aufgekauften Forderungsbestand. Die zweite Komponente ist ein fixes Entgelt für die Bonitätsprüfung und wird je geprüften Abnehmer berechnet. Die dritte Komponente ist der Zins (Diskont) für die Finanzierung der Forderungen durch den Factor. Der Zins entspricht dem Kontokorrentzins von Banken; die Laufzeit wird anhand des tatsächlichen Zahlungseingangs der ausstehenden Forderungen bestimmt und beträgt maximal die vereinbarte Zahlungsfrist. Der Diskont wird nachträglich monatlich belastet.

Für wen ist Factoring geeignet?

Damit die Vorteile des Factoring voll zur Geltung kommen können, ist das Instrument vor allem für Unternehmen mit folgenden Charakteristika interessant:

Der Jahresumsatz sollte mindestens eine halbe bis eine Million Euro betragen; es sollte sich nur um gewerbliche Debitoren handeln; der Debitorenbestand sollte gut gestreut sein; die Zahlungsfristen sollten maximal 90 bis 120 Tage betragen; die durchschnittliche Rechnungsgröße sollte mindestens 500 Euro sein; die der Forderung gegenüber stehende Leistung muss regelmäßig vollständig erbracht worden sein; schließlich sollten möglichst keine Gegenforderungen existieren, Reklamationen unwahrscheinlich sein und Abschlagszahlungen sollten nicht erfolgen. Für viele Unternehmen kommt Factoring kaum in Betracht, wenn sie vor allem Forderungen gegenüber Privatkunden haben. Da in der Regel eine vollständige Leistungserbringung verlangt wird, haben bestimmte Branchen – wie die Baubranche und viele Handwerker –, bei denen ein Nachweis der vollständigen Leistungserbringung nur schwer möglich ist, kaum Zugang zu Factoring. Ob Factoring für ein Unternehmen in Frage kommt, lässt sich zweifelsfrei nur durch Anfragen bei einem Anbieter feststellen.

Vernetzung von Kunde und Factor: per PC schnelle und umfassende Information

Gute Factoringgesellschaften verfügen über ein modernes EDV-System, über das alle Rechnungsdaten schnell und unkompliziert übermittelt werden. Die Kunden können sich an das Datenverarbeitungssystem des Finanzdienstleisters anschießen lassen. Auf hohem Sicherheitsniveau können so alle Buchungsvorgänge, die das Factoringverhältnis betreffen, eingesehen werden.

Fazit: Factoring – auch mit Blick auf Basel II

Factoring „verkürzt" die Bilanz von Unternehmen, weil Forderungen an den Factor abgetreten wurden und dieser Bilanzposten verringert wird. Dies führt zu einer qualitativen Verbesserung der Bilanzstruktur, da sich die Eigenkapitalsituation des Unternehmens besser darstellt. Dies ist vor dem Hintergrund der sich verschärfenden Kreditbestimmungen von Banken ein wichtiger Punkt. Ab 2007 müssen die Banken strengere und nachprüfbare Kriterien bei ihrer Kreditvergabe an Unternehmen anlegen. Das sieht „Basel II" vor. Bei der Problematik in der Kapitalausstattung der mittelständischen deutschen Unternehmen verbessert somit Factoring nicht nur direkt die Liquiditätsausstattung, sondern indirekt auch die Position gegenüber der Hausbank.

Klicktipps im Internet:
www.factoring.de (Dt. Factoringverband);
www.ak-coface-finanz.de.

Andreas Stephan Huber

Portfoliooptimierung zur Steigerung des Unternehmenswertes

Die aktuelle Problematik des mittelständischen Kreditgeschäfts beschäftigt den gesamten Bankensektor. Insbesondere durch die Konzentrationsbewegungen im Markt zeigen sich die wirtschaftlichen Schwierigkeiten der Kreditinstitute betont deutlich. Grund könnte die angespannte Risiko-/Ertragssituation im deutschen Kreditgeschäft sein.

Die dargestellte Situation der Kreditinstitute ähnelt denen der Unternehmen im Mittelstand. Hoher Margenverfall und hohe Ausfallraten bei der Lieferantenkreditvergabe verschlechtern die betriebswirtschaftliche Situation der Unternehmen. Fehlende Informationssysteme für das Kreditmanagement sowie nicht installierte Frühwarnsysteme führen nachhaltig zu fehlgesteuerten Risikoeinschätzungen. Diese Tendenz wird durch eine mangelnde Aus- und Weiterbildung der Mitarbeiter, sowie mangelnde zeitliche Überprüfung der Außenstände aufgrund fehlender Historie verstärkt.

Aufgrund des zunehmenden Konkurrenzdrucks scheint immer noch die Entwicklung hin zu reduzierten Bonitätsanforderungen in Richtung aggressiven Marktverhaltens zu gehen. Somit wird die Umsatzsteigerung zu Lasten der Sicherheiten von den Unternehmen angestrebt. Dieses Dilemma potenziert sich infolge der bestehenden organisatorischen Mängel, wie z.B. die unzureichende Zusammenarbeit von Vertrieb und Kreditprüfung und fehlgesteuerter Anreizsysteme. Sie führen bei Mitarbeitern zu Interessenkonflikten zwischen Risikoaversion und provisioniertem Geschäftsabschluss.

Betriebswirtschaftliche Trends des Mittelstandes

Durch die zunehmende Fremdkapitalproblematik im deutschsprachigen Mittelstand werden kurz- bis mittelfristige Lieferantenkredite als Fremdfinanzierungsform zunehmend wichtig.

Das Fremdfinanzierungsverhalten und die geringe Eigenkapitalausstattung der Unternehmen prägen die typische mittelständische Kunde-Bank-Beziehung. Die deutsche mittelständische Wirtschaft ist stärker als in anderen europäischen Nachbarländern an Kreditentscheidungen ihrer Bank gebunden. Investitionsentscheidungen sind deshalb im Wesentlichen vom Verhandlungserfolg gegenüber der Bank geprägt. Um so wichtiger ist die Stärkung der Position des mittelständischen Unternehmens gegenüber dem Kreditinstitut.

Positionsstärkung gegenüber der Bank

Im Zuge der regulatorischen Entwicklungen MaK und Basel II sind die Kreditinstitute gezwungen, ihr Finanzierungsverhalten gegenüber dem Mittelstand zu modifizieren. Zu den Optionen der Risikomitigation der Banken gehört neben dem Ausbau verschiedener Finanzierungskonzeptionen auch der strategische Rückzug aus risikoreichen Geschäftsfeldern. Der Mittelstand muss daher stärker als in der Vergangenheit Beteiligungsfinanzierungen und alternative Finanzierungsformen für eine diversifizierte Finanzierungskonzeption in Betracht ziehen. Hierzu bedarf es einer erweiterten Informationstransparenz gegenüber den Kreditgebern.

Um die Verhandlungsposition gegenüber den Finanzierungspartnern zu stärken, muss das Unternehmen das eigene Risiko kennen, das es mit der Lieferantenkreditvergabe eingeht. Die Umsetzung transparenter Risikobeurteilungs- und Frühwarnsysteme scheint unausweichlich!

Transparentere Risikobeurteilung

Die Wertfalle sowohl im mittelständischen Firmenkundengeschäft der Banken, als auch bei der Kreditgewährung bei den Unternehmen, ergibt sich im Wesentlichen aus der angespannten Risiko-/Ertragssituation.

Eine transparentere und damit verbundene verbesserte Risiko-/Ertragssituation erreichen die Unternehmen dadurch, dass zum Einen eine optimierte Risikobewertung stattfindet und zum Anderen Ansätze zur Risikominderung zum Zuge kommen.

Die Bewertung der Risikokomponente mit Hilfe von Scoring oder internen Ratingsystemen dient einerseits zur Vorbereitung einer anstehenden Kreditentscheidung und andererseits zur risikoadäquaten Bepreisung des Lieferantenkredits.

```
                    ┌─────────────────┐
                    │   Risikoseite   │
                    └────────┬────────┘
           ┌─────────────────┴─────────────────┐
┌──────────────────────────────┐    ┌──────────────────────┐
│ transparentere Risikobewertung│    │ aktive Risikominderung│
└──────────────────────────────┘    └──────────────────────┘
```

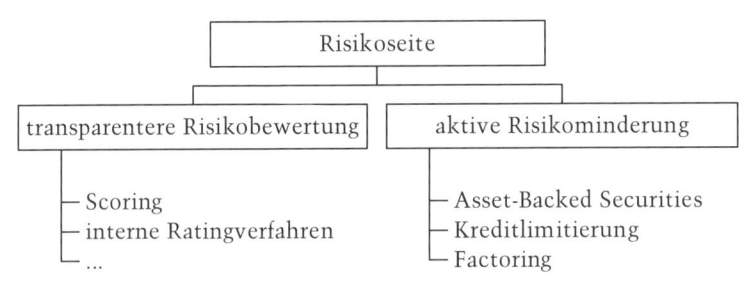

├─ Scoring   ├─ Asset-Backed Securities
├─ interne Ratingverfahren   ├─ Kreditlimitierung
└─ ...   └─ Factoring

Abbildung 1: Ansätze zur Risikominderung

Kreditentscheidung – Interne Ratingsysteme

Das möglichst objektive Beurteilen von Kreditrisiken stellt eine große Herausforderung bei der Kreditentscheidung dar. Hohe Ausfallraten dokumentieren die Schwierigkeit einer möglichst realitätsnahen Einschätzung des Risikos.

In den 90er Jahren wurde eine Vielzahl an Verfahren entwickelt mit dem Ziel, die zahlreichen Einzelentscheidungen im Lieferantenkreditgeschäft risikospezifisch zu klassifizieren. Darüber hinaus dienen diese Systeme dazu, den Kreditmanagern EDV-gestützte Entscheidungshilfe zu geben, die die Bonitätsanalyse bei der Kreditvergabe erleichtern soll. Zu diesen Verfahren gehören auch interne Ratingsysteme.

Sie können als eine standardisierte Kreditprüfung verstanden werden, die quantitative Daten und qualitative Angaben vom anfragenden Unternehmen zu einem Qualitätsurteil verdichten. Diese Bonitätsaussage stellt speziell auf das Ausfallrisiko ab und bezieht vorhandene Sicherheiten des Antragstellers im konkreten Entscheidungsfall ein. Das Urteil wird durch ein einzelnes Symbol einer festgelegten, genau definierten Ratingskala ausgedrückt.

Beurteilt wird bei einem internen Rating die Fähigkeit und rechtliche Bindung des Unternehmens, seinen zwingenden Zahlungsverpflichtungen in Form von Zins und Tilgung vollständig und fristgerecht nachzukommen. Die Beurteilung durch ein Rating betrifft sowohl den Zeitpunkt der Antragsstellung als auch die regelmäßige Prüfung während der Geschäftsbeziehung. Sie hat sowohl den einzelnen Kredit, als auch das gesamte Kreditportfolio zum Gegenstand.

Portfoliosteuerung

Das Kreditrisiko im Zeitablauf zu überwachen und den Kunden in einem regelmäßigen Turnus einer aktuellen Bonitätsbeurteilung zu unterziehen, ist eine wichtige Voraussetzung, um die Kreditengagements in einer transparenten Risikoportfoliostruktur darzustellen.

Es gilt insbesondere in der Portfoliosteuerung die Frage zu beantworten, inwieweit sich das Gesamtrisiko nach einem eingegangenen Engagement im Kontext zeitlich verändert. Wechselbeziehungen im Bezug auf das Risiko einzelner Engagements untereinander sind statistisch zu untersuchen. Somit ist für die Vergabe von Lieferantenkrediten entscheidend, wie sich einzelne Bonitätsklassen mit zugeordneten Ausfallraten verhalten. Diese Ausfallraten sagen aus, wie hoch die Wahrscheinlichkeit ist, dass der Kredit hinsichtlich seiner Bonität ausfallgefährdet ist. Um eine transparente Risikostruktur nicht nur nach der Fragestellung eines Ausfalls zu beantworten, sondern allgemein Änderungsbewegungen innerhalb einzelner Bonitätsklassen zu untersuchen, bedarf es erweiterter Analysen.

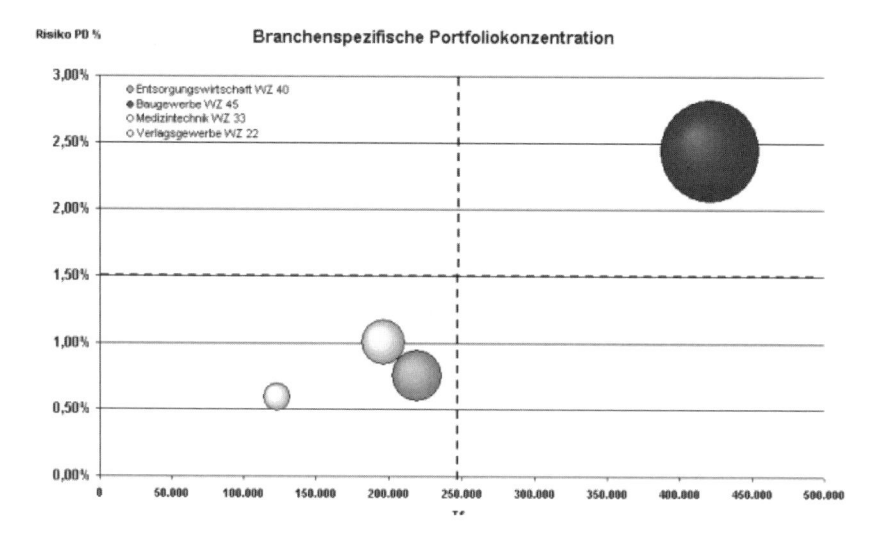

Migrationsmatrizen

Mit Hilfe von Migrationsmatrizen lassen sich Aussagen darüber treffen, wie sich innerhalb eines betrachteten Portfolios die Debitoren in einzelnen Risikoklassen ändern, also wie hoch die Wahrscheinlichkeit ist, dass ein Kunde in eine „bessere" Bonitätsklasse wechselt und umgekehrt.

Diese Auswertungen geben nicht nur Aufschluss über die Verteilung von α- und β-Fehlern in einzelnen Risikoklassen, sondern dienen darüber hinaus zur Bewertung des Kreditportfolios mit Hilfe von Value at Risk (VaR) Flächenkonzeptionen. Gleichermaßen sind sowohl die aktuellen VaR-Konzepte als auch die hieraus resultierenden Kennzahlen für die Kontrolle und Steuerung des Portfolios von Bedeutung.

von \ nach	1	2	3	4	5	6	7	Prozentualer Anteil
1	93,62%	5,11%	1,06%	0,21%	0,00%	0,00%	0,00%	0,27%
2	0,22%	90,78%	8,02%	0,53%	0,09%	0,08%	0,28%	7,37%
3	0,00%	1,05%	97,29%	0,91%	0,20%	0,08%	0,46%	72,34%
4	0,00%	0,15%	3,84%	93,49%	1,04%	0,34%	1,14%	11,42%
5	0,00%	0,31%	2,96%	5,74%	84,62%	1,52%	4,84%	2,20%
6	0,00%	0,00%	1,58%	3,16%	4,94%	77,85%	12,48%	0,83%
7	0,00%	0,00%	0,39%	0,45%	0,65%	2,30%	96,21%	5,58%
Prozentualer Anteil	0,27%	7,49%	71,51%	11,55%	2,21%	0,91%	6,06%	100,00%

Value-at-Risk Konzept

Die VaR-Konzepte gehören zu den bedeutendsten Methoden der Risikomessung. Sie wurden ursprünglich für Marktrisiken entwickelt und später für Ausfallrisiken der Kreditvergabe erweitert und übertragen. VaR beschreibt eine potenzielle negative Wertveränderung eines einzelnen Debitors oder eines Kundenportfolios, welche mit einer bestimmten Wahrscheinlichkeit (Konfidenzniveau) innerhalb eines definierten Zeitraumes (Haltedauer) eintritt. VaR dient der spezifischen Steuerung des Portfoliorisikos und findet Berücksichtigung in der individuellen Kreditrisikokalkulation. Auf der einen Seite werden Probleme und ihr Ausmaß zum Teil erst durch den Einsatz der neuen Mess- und Steuerungsmethoden transparent, auf der anderen Seite bieten die Kennzahlen Multiplikatoren für die Entwicklung von Lösungsansätzen, um die Risiko- und Ertragsseite zu verbessern. Die Methoden legen oft bedenkenswerte Risiko-/Ertragsrelationen offen und dokumentieren eindrucksvoll die Wertfalle des Mittelstandsgeschäfts. So lassen sich beispielsweise die Höhe der Kosten interpretieren, die durch das Eingehen von Risiken entstehen und Fehlkalkulationen bei der Bepreisung von Lieferantenkrediten offen legen.

VaR stellt hier ein interessantes leistungsvolles Risikomaß dar. Die neuen risikoadjustierten Kennzahlen eignen sich durch ihre gleichzeitige Betrachtung von Risiko und Ertrag für die gezielte Portfoliosteuerung des Unternehmens.

Fazit

Die Umsetzung von internen Ratingverfahren, Kreditvergabeprozessen sowie die kennzahlengestützte Risikodarstellung und Steuerung dienen der Optimierung der Ertrags- und Liquiditätssituation sowie der Unternehmenswertsteigerung und stärken dementsprechend die Verhandlungsposition gegenüber den Kreditgebern.

Gabriele Mohr

Kundenerfolgsorientierte Bonitätsprüfung und Kreditlimitierung

Um sich gegen drohende Insolvenzrisiken bzw. gegen Zahlungsausfälle zu schützen, hat sich eine umfassende und fortwährende Bonitätsprüfung der Kreditkunden (Kredit im Sinne von Lieferantenkredit) als absolut erforderlich erwiesen. Die sich schnell ändernden Märkte, der steigende Kostendruck sowie die Einengung der Handlungsspielräume durch neue Gesetze stellen jedoch immer höhere Anforderungen an Unternehmensleitung und Führungskräfte. Um Gewinne sicherzustellen oder zu erhöhen, müssen Planung, Kontrolle und Steuerung in den Unternehmen ständig verbessert werden.

Auch die Vorgehensweise der Bewertung von Kunden ist dabei auf den Prüfstand zu stellen. Bei genauerer Betrachtung ist die gängige Praxis, sich dabei überwiegend auf deren Bonität zu konzentrieren, zu einseitig. Denn bei der Be**wert**ung des Kunden sollte der **Wert** des Kunden für das Unternehmen beurteilt werden.

„Was helfen dicke Auftragsbücher, wenn kein Geld in die Kasse kommt?" Diese Frage, die sich derzeit viele Unternehmen stellen, kann auf zwei unterschiedliche Arten interpretiert werden. Im Allgemeinen versteht man hierunter das Geld, das bezahlt wird und zum Ausgleich der offenen Rechnungen führt. Andererseits: Hat das Unternehmen nach dem Eingang des Geldes auch wirklich etwas verdient? Hat der Kunde zum Erfolg (und damit zur Wertsteigerung) des Unternehmens beigetragen? Dieser Gesichtspunkt wird bei den heutigen Bonitätsbeurteilungsmethoden de facto nicht betrachtet.

1. Risikoorientierte Kundenbeurteilung

„Wozu braucht man eine Kundenbeurteilung?" – „Um Risiko zu vermeiden." Eine mögliche Antwort auf diese Frage, die zu einer einfachen Gleichung führen könnte:
Keine Lieferung auf Ziel = Keine Forderung = Kein Risiko.
Zugegeben: Eine etwas provokative Darstellung.

„Kein Risiko" bedeutet gleichzeitig „Keine Chance", denn jedes Risiko beinhaltet eine Chance und jede Chance beinhaltet ein Risiko. Diese beiden Begriffe sind untrennbar miteinander verbunden.

Auf die Kunden bezogen könnte man es so formulieren: jeder Kunde birgt ein potenzielles Risiko (die Insolvenzzahlen belegen dies), aber auch die Chance, Umsätze zu generieren und Gewinne zu erwirtschaften. Der Fokus des Kreditmanagements liegt daher auf der Optimierung des Risikos. Forderungsausfälle sollen verringert, Umsätze auch mit bonitätsschwächeren Kunden ermöglicht werden.

Um das Risiko einschätzen und steuern zu können, wird der Kunde fortwährend auf seine Bonität, das Zahlungsverhalten und die Ausschöpfung des vereinbarten Kreditlimits hin überprüft.

1.1 Bonitätsanalyse

Bei der Bonitätsprüfung geht es in erster Linie um die Feststellung der zukünftigen Zahlungsfähigkeit des Kunden; denn: schlecht oder gar nicht zahlende Kunden sind eine Gefahr für jedes Unternehmen. Laut Creditreform muss mehr als die Hälfte aller befragten mittelständischen Unternehmen Forderungsverluste hinnehmen, weil Kundenunternehmen das Insolvenzverfahren beantragt haben.[1]

1.2 Zahlungsziel/Zahlungsverhalten

Die Einräumung von Zahlungszielen an die Abnehmer ist einer Kreditgewährung gleichzusetzen. Werden längere Zahlungsziele vereinbart, so steigt der Finanzierungsbedarf sowie der Finanzierungsaufwand des Lieferanten. Zahlungen, die verspätet ihren Empfänger erreichen, kosten den Gläubiger Geld, weil er die verspätete Zahlung mit eigenen Mitteln überbrücken muss.

1.3 Kreditlimit

Der Lieferantenkredit gehört zu den wichtigsten Instrumenten, um Geschäftsbeziehungen aufzubauen und zu erhalten. Die Höhe des Kredits hängt jedoch wesentlich von der Zahlungsfähigkeit des Kunden ab. Für

---

1 Vgl. o. V., Insolvenzen Neugründungen Löschungen, Creditreform (Hrsg.), 2003, S. 15.

die Begrenzung des mit der Kreditvergabe verbundenen Risikos sind sowohl die Festlegung eines Kreditlimits als auch die Einräumung von Sicherungsrechten entscheidend. Neben der Risikosteuerung kommt der Limitvergabe auch die Aufgabe zu, das damit verbundene Finanzierungsvolumen zu beschränken und die dadurch anfallenden Finanzierungskosten zu reduzieren.

1.4 Problematik der möglichen Fehleinschätzungen

Aus der Sicht des Kreditmanagers sind die oben genannten Punkte relevant für die Kundenbeurteilung. Dabei wird der Wert des Kunden an Bonität und Umsatz, nicht aber am Deckungsbeitrag gemessen. Dies kann unter Umständen zu Fehleinschätzungen führen.
Beispiel:

	Kunde X	Kunde Y	Kunde Z
Bonität lt. Auskunft	gut	befriedigend	ungenügend
Getätigter Umsatz in T€	1.000	500	250
Zahlungsverhalten intern	Bankabbuchung	Bankabbuchung	Bankabbuchung
Zahlungsverhalten extern	Skontozahler	Teils Zielüberschreitung	Meist Zielüberschreitung

Abbildung 1: Beispiel Kundenbeurteilung

Nach der herkömmlichen Beurteilungsmethode würde
- Kunde X als „Topkunde" eingestuft und turnusgemäß überwacht,
- Kunde Y genaueren Prüfroutinen unterliegen und
- Kunde Z - als Risikokunde – für weitere Lieferungen gesperrt werden.

Unter dem Aspekt der Risikominimierung ist die Sperrung des Kunden Z nachzuvollziehen. Dabei wird jedoch die Chance, trotz der momentan schlechten externen Bewertung Umsätze zu generieren, vernachlässigt. Denn mit jeder Lieferung, die der Kunde erhält und bezahlt, trägt er zum Unternehmenserfolg bei. Zusätzlich zur Bonitätsprüfung muss sich das Kreditmanagement daher mit der Frage beschäftigen, ob dem Unternehmen mögliche Gewinne durch die Ablehnung neuer Aufträge entgehen. Das Controlling-Instrument, das hier Ertragstransparenz schaffen kann, ist die Kundenerfolgsrechnung.

2. Kundenerfolgsorientierte Bonitätsprüfung

2.1 Kundenerfolgsrechnung

Die Kundenerfolgsrechnung ermöglicht es, die Profitabilität einzelner Kunden und Kundengruppen zu ermitteln. Voraussetzung dafür ist die Gliederung der Kosteninformationen nach der Kundenstruktur eines Unternehmens.

Grundvoraussetzung für ein sinnvolles Kundencontrolling ist eine Teilkosten- oder Deckungsbeitragsrechnung. Sie unterscheidet fixe und variable Kosten, Einzel- und Gemeinkosten. Weiterhin kann sie Fixkosten auf mehreren Ebenen zurechnen.

Ihre zentrale Größe ist der Deckungsbeitrag. Er ist in der einfachsten Form definiert als:

    Preis
./. variable Kosten
= Deckungsbeitrag

Der Deckungsbeitrag bzw. die Summe aller Deckungsbeiträge soll einen Teil der bzw. die Fixkosten decken und darüber hinaus dem Unternehmen zu einem Gewinn verhelfen. Maßgebend hierbei ist die Trennung in entscheidungsrelevante und nicht entscheidungsrelevante Kosten. Man kann daher auch allgemeiner definieren:

    Erlös
./. entscheidungsabhängige Kosten
= Deckungsbeitrag
./. nicht entscheidungsabhängige Kosten
= (Betriebs-) Ergebnis

Diese Definition zielt darauf ab, den Deckungsbeitrag gerade auch in seiner Funktion als Instrument der kurzfristigen Entscheidungsunterstützung zu kennzeichnen. Geht es nämlich darum, einen zusätzlichen Auftrag anzunehmen (bei vorhandenen Kapazitäten), sich von einem Kunden zu trennen oder ein Produkt aus dem Sortiment zu entfernen, dann sind Deckungsbeiträge die entscheidende Größe. Sie trennen die für die Entscheidung relevanten von den hierfür nicht relevanten Kosten.

2.1.1 Kundenbewertung nach Bonität und Deckungsbeitrag

Von der Summe der Deckungsbeiträge hängt es ab, wie frühzeitig im Jahr die Fixkosten im Unternehmen gedeckt werden können. Je früher diese Kosten gedeckt sind, umso schneller wird die Gewinnzone erreicht. Kunden mit guter Bonität und hohem Deckungsbeitrag können wesentlich zur Wertsteigerung des Unternehmens beitragen. Wie das folgende Beispiel jedoch zeigt, ist der Anteil dieser Kunden am Gesamtportfolio relativ gering.

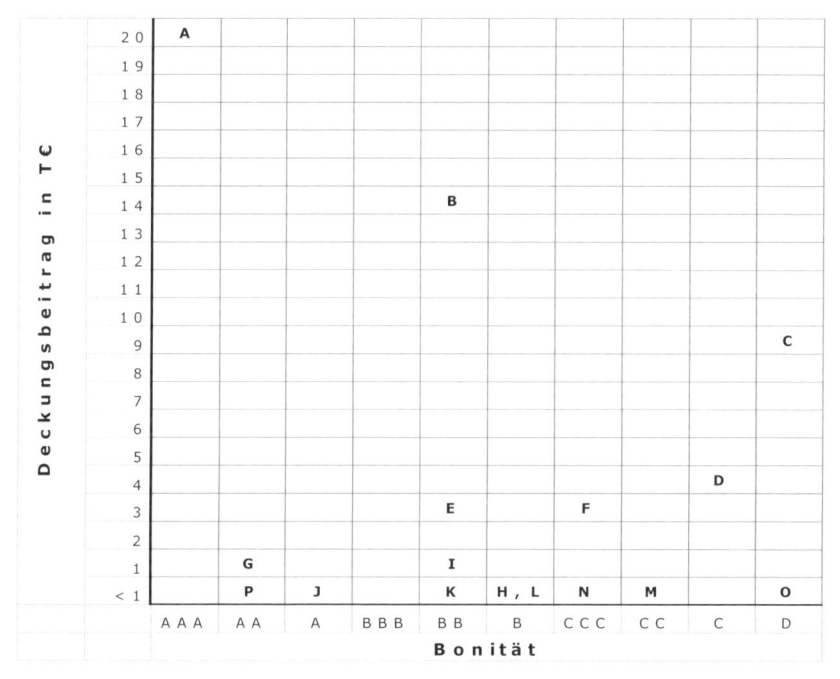

		AAA	AA	A	BBB	BB	B	CCC	CC	C	D
Deckungsbeitrag in T€	20	A									
	19										
	18										
	17										
	16										
	15										
	14				B						
	13										
	12										
	11										
	10										
	9									C	
	8										
	7										
	6										
	5										
	4										D
	3					E	F				
	2										
	1		G			I					
	<1		P	J		K	H, L	N	M		O
		AAA	AA	A	BBB	BB	B	CCC	CC	C	D
						Bonität					

Abbildung 2: Kundenbewertung nach Deckungsbeitrag und Bonität

Diese Betrachtungsweise führt zu der Aussage, dass einige wenige Kunden einen beträchtlichen Beitrag zur Deckung der fixen Kosten leisten. Kunde A zeigt sich hier sowohl in der Bonität als auch beim Deckungsbeitrag als „Topkunde", Kunde C – an dritter Stelle – befindet sich in der höchsten Risikoklasse. Würde man diesen Kunden nur nach Risikogesichtspunkten bewerten, wäre eine Sperrung des Kontos unerlässlich.

Eine Aussage über die Rentabilität einzelner Kunden kann hier allerdings nicht getroffen werden, da jeglicher Bezug zum Umsatz fehlt. Aussagekräftiger in dieser Hinsicht wird die Betrachtungsweise nach Deckungsbeitrags-Rendite und Bonität.

2.1.2 Kundenbewertung nach Deckungsbeitrags-Rendite und Bonität

Die Ermittlung der Deckungsbeitrags-Rendite stellt einen Bezug zwischen Umsatz und Deckungsbeitrag pro Kunde her. Die Formel für die Berechnung lautet:

$$\frac{\text{Deckungsbeitrag in T€} \times 100}{\text{Umsatz}}$$

Bei einem Vergleich der beiden Abbildungen Nr. 2 und 3 wird deutlich, wie sich die Bewertung des Kunden durch unterschiedliche Betrachtungsweisen verändert.

Deckungsbeitrags-Rendite	AAA	AA	A	BBB	BB	B	CCC	CC	C	D
72										
70		P								C
68										
66										
64					I		N			
62	A						F		D	
60				J						
58					B					
56										
54		G			K					
52										
50						L		M		
48										
46					E					
44										O
42										
40										
38										
36						H				

Bonität

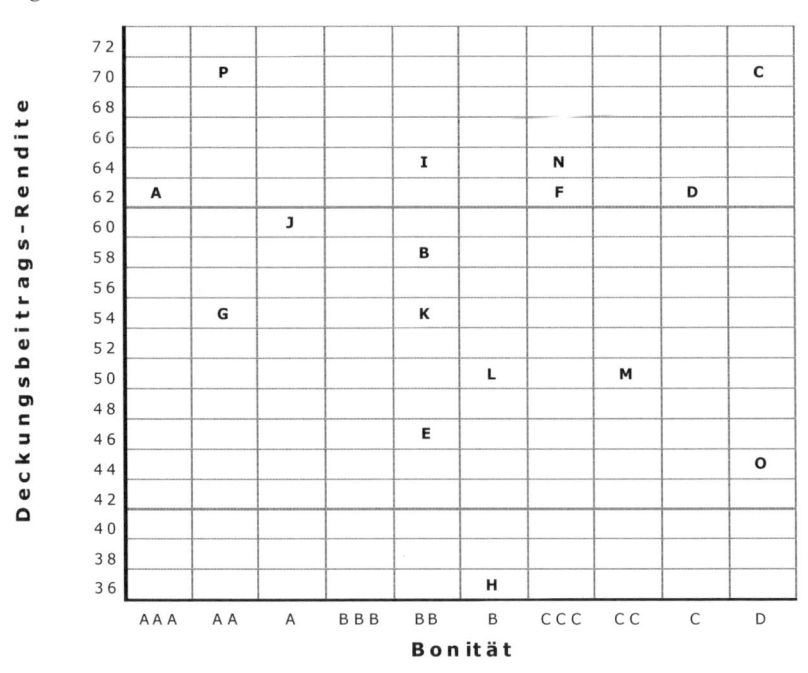

Abbildung 3: Kundenbewertung nach Deckungsbeitrags-Rendite und Bonität

Während Kunde A den höchsten „absoluten" Deckungsbeitrag leistet, ist Kunde P im Verhältnis wesentlich rentabler. Kunde C liegt bei der Betrachtung des Deckungsbeitrags an dritter, nach Deckungsbeitrags-Rendite – zusammen mit Kunde P – sogar an erster Stelle.

2.2 Folgerungen für die Kundenbeurteilung

Betrachtet man den Kunden C aus Abbildung Nr. 3 im Hinblick auf seine Bonität („D"), so fällt das Urteil sehr negativ aus. Die Beurteilung nach Deckungsbeitrags-Rendite („70") dagegen führt zu einer überaus positiven Bewertung. Beide Aspekte zusammen ergeben einen Ansatz zur kundenerfolgsorientierten Bonitätsprüfung.

Forderungsausfälle müssen aus dem Gewinn finanziert werden. Mit jeder bezahlten Lieferung trägt der Kunde zur Deckung der variablen und der fixen Kosten bei. Betrachtet man nun unter Risikogesichtspunkten einen Kunden separat, muss man auch die Kosten, die ihn betreffen, losgelöst berechnen. Dazu ist eine Aufteilung in entscheidungsabhängige und nicht entscheidungsabhängige Kosten notwendig (siehe Punkt 2.1). Bei der kundenerfolgsorientierten Bonitätsprüfung werden daher nur die entscheidungsabhängigen Kosten berücksichtigt.

Die folgenden Beispiele zeigen, welchen Einfluss die Höhe der Deckungsbeitrags-Rendite auf die Entscheidung des Kreditmanagers nehmen kann.

Beispiele:
- Kunde A erhielt bisher 14-tägig Lieferungen zu je 1000,00 €, die innerhalb der vereinbarten Netto-Zahlungsfrist von 14 Tagen bezahlt wurden. Mit jeder Lieferung entstanden variable Kosten in Höhe von 800,00 €; die Deckungsbeitrags-Rendite beläuft sich somit auf 20%. Auf Grund der Information aus einer externen Quelle über die wesentliche Verschlechterung der Zahlweise soll der Kunde gesperrt werden; allerdings steht ein weiterer Auftrag in Höhe von 1000,00 € zur Auslieferung an. Unter Berücksichtigung der Deckungsbeitrags-Rendite ist nun zu ermitteln, wie viele bezahlte Lieferungen notwendig sind, um einen Forderungsausfall zu kompensieren. In diesem Beispiel wird davon ausgegangen, dass sich weder Lieferumfang noch Lieferzyklus ändern.

Wie aus nachstehender Abbildung hervorgeht, sind fünf Lieferungen je 1000,00 € und deren fristgerechte Bezahlung notwendig, um das Risiko eines Forderungsausfalls in dieser Höhe zu kompensieren. Trotz des relativ kurzen Netto-Zahlungsziels wäre das Risiko erst nach 2 ½ Monaten abgedeckt.

Kundenerfolgsorientierte Bonitätsprüfung und Kreditlimitierung

				Lieferung 1.000,00 €	Zahlung ?	Lieferung 1.000,00 €	Zahlung ?
Lieferung 1.000,00 €	Zahlung 1.000,00 €	Lieferung 1.000,00 €	Zahlung ?	Lieferung 1.000,00 €	Zahlung ?	Lieferung 1.000,00 €	Zahlung ?

01.01.　14.01.　01.02.　15.02.　28.02.　15.03.　31.03.　15.04.

Erhaltener Deckungsbeitrag 200,00 €		Erwarteter Deckungsbeitrag 200,00 €	Erwarteter Deckungsbeitrag 200,00 €	Erwarteter Deckungsbeitrag 200,00 €	Erwarteter Deckungsbeitrag 200,00 €	Erwarteter Deckungsbeitrag 200,00 €
	externe Negativinformation	Erwarteter Deckungsbeitrag nach 5 Lieferungen: 1.000,00 €				

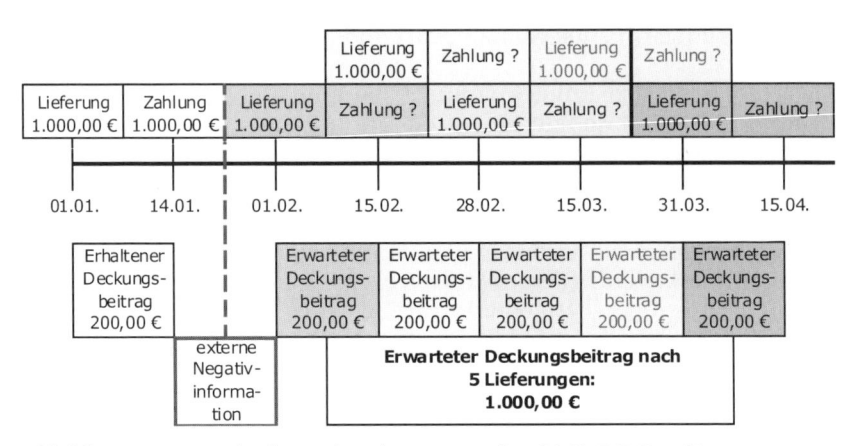

Abbildung 4: Beispiel Chance/Risikoszenario bei 20 % DB-Rendite

- Kunde B erhielt bisher monatlich je eine Lieferung zu 1000,00 €, die innerhalb der vereinbarten Netto-Zahlungsfrist von 30 Tagen bezahlt wurden. Mit jeder Lieferung entstanden variable Kosten in Höhe von 200,00 €; die Deckungsbeitrags-Rendite beläuft sich somit auf 80 %. Ein weiterer Auftrag über 1000,00 € steht zur Auslieferung an. Aus einer externen Quelle wird ebenfalls die wesentliche Verschlechterung der Zahlweise bekannt und der Kunde soll gesperrt werden. Auch hier wird unter Berücksichtigung der Deckungsbeitrags-Rendite ermittelt, wie viele bezahlte Lieferungen notwendig sind, um einen Forderungsausfall aufzuwiegen.

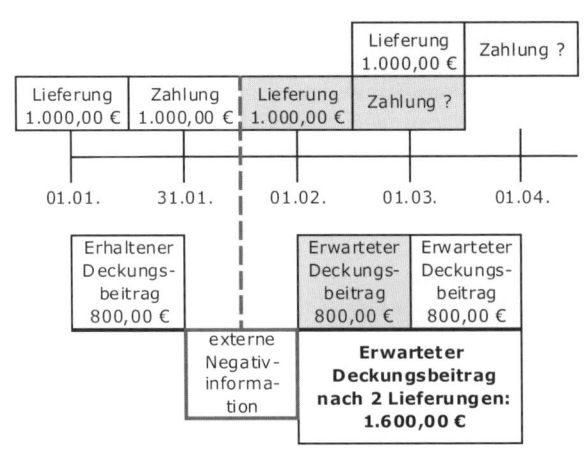

			Lieferung 1.000,00 €	Zahlung ?
Lieferung 1.000,00 €	Zahlung 1.000,00 €	Lieferung 1.000,00 €	Zahlung ?	

01.01.　31.01.　01.02.　01.03.　01.04.

Erhaltener Deckungsbeitrag 800,00 €		Erwarteter Deckungsbeitrag 800,00 €	Erwarteter Deckungsbeitrag 800,00 €
	externe Negativinformation	Erwarteter Deckungsbeitrag nach 2 Lieferungen: 1.600,00 €	

Abbildung 5: Beispiel Chance-/Risikoszenario bei 80 % DB-Rendite

Auf Grund der Deckungsbeitrags-Rendite von 80 % ist bereits nach zwei bezahlten Lieferungen ein Forderungsausfall über 1000,00 € gedeckt. Obwohl Kunde B im Vergleich zu Kunde A längere Zahlungsziele in Anspruch nimmt, ist das Risiko nach zwei anstatt nach 2 ½ Monaten kompensiert.

Aus diesen Beispielen geht deutlich hervor, dass grundsätzlich vor der Annahme oder Ablehnung eines Auftrags zu ermitteln ist, wie viele bezahlte Lieferungen notwendig sind, um das Risiko eines Forderungsausfalls zu decken. Zu beachten ist dabei, dass bonitätsschwächere Kunden ein höheres Ausfallrisiko bergen als „gute" Kunden.

Um schnelle Entscheidungen zu ermöglichen, ist es erforderlich, für jeden Kunden eine Bewertung unter Einbeziehung des Deckungsbeitrags vorzunehmen. Als Kennzahl eignet sich die Deckungsbeitrags-Rendite, da sie zusätzlich einen Bezug zum jeweils getätigten Umsatz herstellt (Berechnung siehe Punkt 2.1.2).

Nachdem die einzelnen Kunden auf diese Art bewertet wurden, besteht die Möglichkeit, das gesamte Kundenportfolio zu betrachten. Wie in Abbildung Nr. 6 dargestellt wird, werden die Kunden dabei klassifiziert und in eine Matrix eingetragen. Sowohl Deckungsbeitrags-Rendite als auch Bonität spielen bei der Klassifizierung eine entscheidende Rolle.

3. Steuerungs- und Controllingmöglichkeiten

Die folgende Abbildung (S. 50) zeigt eine Matrix, in welche die Kunden des gesamten Kundenportfolios eingetragen werden können. Diese Matrix ist in regelmäßigen Abständen zu aktualisieren, um Veränderungen deutlich zu machen.

Ziel sollte sein, das ertragsstarke und risikoarme Segment A zu stärken und auszubauen. Damit werden die Erträge auf eine gesicherte Basis gestellt.

Kunden im Segment B sind zu beobachten, denn trotz der geringeren Bonität werden gute Erträge erzielt. Diese Erträge gilt es abzuschöpfen.

Das Segment C ist hinsichtlich des Risikos unauffällig, trägt jedoch zu wenig zum Gewinn bei. Die Gründe sind zu ermitteln, um Veränderungen herbeiführen zu können.

Im Segment D sollten nur wenige Kunden vorhanden sein, da das Verhältnis zwischen Risiko und Ertrag unausgeglichen ist. Eventuell muss man sich von diesen Kunden trennen.

	A	B
Deckungsbeitrags-Rendite	(hohe Deckungsbeitrags-Rendite, gute Bonität)	(hohe Deckungsbeitrags-Rendite, geringe Bonität)
	C	**D**
	(niedrige Deckungsbeitrags-Rendite, gute Bonität)	(niedrige Deckungsbeitrags-Rendite, geringe Bonität)
	Bonität	

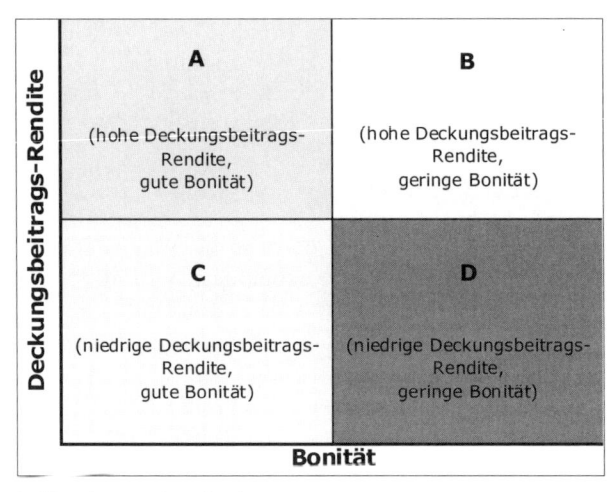

Abbildung 6: Matrix zur Kundenbewertung

4. Zusammenfassung

Um eine umfassende Bewertung eines Kunden vornehmen zu können, ist es notwendig, möglichst viele Gesichtspunkte in die Analyse einzubeziehen. Bei genauerer Betrachtung der Beurteilungsverfahren wird deutlich, dass eine Bewertung, die sich ausschließlich auf die Bonität des Kunden bezieht, zu Fehleinschätzungen führen kann. Die Bewertung nach Bonität und Deckungsbeitrags-Rendite hat dagegen eine hohe Aussagekraft. Daraus folgt für die Kundenbeurteilung, dass sowohl die Bonität als auch die Profitabilität des Kunden in die Bewertung einfließen müssen.

Aus der Analyse des Kundenportfolios ergeben sich Steuerungs- und Controllingmöglichkeiten. Dabei werden die Kunden je nach Deckungsbeitrags-Rendite und Bonität in unterschiedliche Kategorien unterteilt und in eine Matrix übergeleitet. Ziel ist es, profitable bzw. unprofitable Kundenbeziehungen unter dem Aspekt des Risikos zu erkennen. Diese Matrix kann die Grundlage für weitere Entscheidungen darstellen.

Prof. Dr. Bernd Weiß

Zur Bedeutung von gepoolten Zahlungsinformationen für das Credit Management

Informationen sind zweckgerichtetes Wissen. Diese klassische betriebswirtschaftliche Definition ist in der aktuellen Diskussion um den Stand des Credit Management in Theorie und Praxis nach wie vor aktuell. Ist doch die zielgerichtete Analyse entscheidungsrelevanter Informationen über (potenzielle) Kreditnehmer eine der wesentlichen Aufgaben des operativen Credit Management. Sie wird mit der Zwecksetzung durchgeführt, Entscheidungen über die Geld-, Sach- oder Kreditleihe sachlich zu begründen und damit Zahlungsstörungen zu vermeiden. In Abhängigkeit vom jeweiligen Grundgeschäft sind dabei kurz-, mittel- und langfristige Kreditentscheidungen mit unterschiedlicher Größenordnung differenzierbar und durch geeignete Informationen sowie deren Verarbeitung analytisch zu fundieren. Liegen dauerhafte Geschäftsbeziehungen vor, kommt die Bonitätsanalyse auch im Sinne des Monitoring von Kreditbeziehungen zum Einsatz.

Welche Informationen für das Credit Management bedeutsam sind, kann – unter Berücksichtigung der oben klassifizierten Anwendungsfälle – nicht pauschal beantwortet werden. Die Insolvenzeröffnungsgründe Zahlungsunfähigkeit und Überschuldung sind finanzwirtschaftliche Tatbestände. Somit bildet vordergründig die Finanzsphäre des Kreditnehmers den Kern-Analysebereich der Bonitätsanalyse. Aufgrund der Zukunftsorientierung jeder Kreditentscheidung wird die frühzeitige Diagnose von Insolvenzen im Schuldnerbereich aber weitergehende Sachverhalte prüfen. Neben der Leistungsfähigkeit des Managements, der Positionierung der Produkte im Markt und der Branchen- resp. Marktentwicklung werden die Planungen des Kreditnehmers eine wesentliche Rolle spielen. Im Idealfall sind sämtliche Unternehmensbereiche bei der Analyse zu berücksichtigen, da betriebliche Fehlentscheidungen oder -entwicklungen früher oder später die finanzielle Situation des gesamten Unternehmens wesentlich verändern und gefährden können. Bei internationalen Geschäftsbeziehungen tritt in der Regel eine Einschätzung des Partnerlandes hinzu, da durch staatliche Gewalt auch individuelle Zahlungserfüllungen maßgeblich verhinderbar sind.

Bedeutung von gepoolten Zahlungsinformationen für das Credit Management

Im Rahmen einer empirischen Untersuchung des Instituts für Unternehmensdiagnose (InDiag) wurden Credit Manager zur Bedeutung einzelner Informationsarten für die Bonitätsanalyse befragt. In der folgenden Tabelle werden unterschiedliche Einzelinformationen aufgelistet und eine qualitative Bewertung aus Sicht der Unternehmenspraxis wiedergegeben. Die Übersicht verdeutlicht die Vielfalt und Unterschiedlichkeit der Informationskomponenten praktischer Bonitätsprüfungen.

Informationsart	sehr wichtig	wichtig
Zahlungsverhalten/Kontenanalyse	66,1 %	24,4 %
Dauer der Geschäftsbeziehung	39,3 %	42,9 %
Kreditbeurteilung der Bank	29,2 %	45,2 %
Integrität des Managements	25,0 %	41,7 %
Qualifikation des Managements	22,0 %	43,5 %
Kreditbeurteilung der Auskunftei	20,8 %	55,4 %
Auftragslage	19,0 %	53,6 %
Marktstellung	17,3 %	46,4 %
Rechtsform	12,5 %	39,3 %
Konjunkturelle Entwicklung	11,9 %	47,0 %
Branche	11,9 %	39,9 %
Alter des Unternehmens	7,1 %	31,5 %
Handelsregistereintragung	6,5 %	23,2 %
Presseinformationen	5,4 %	26,2 %

Bewertung von bonitätsrelevanten Informationen aus Sicht der Unternehmenspraxis
Lesebeispiel: 66,1 % der befragten Unternehmen bewerten das Zahlungsverhalten ihrer Kunden als sehr wichtige Bonitätsinformation.

Zahlungserfahrungen und Kontenanalysen haben in der Praxis, wie die obige Tabelle dokumentiert, somit einen hohen Stellenwert. Keine andere genannte Informationsart erlangt eine derartig positive Bedeutung. Gute bzw. nicht negative Zahlungserfahrungen werden jedoch von den Credit Managern nur als notwendige, nicht aber hinreichende Bedingung der Kreditentscheidung eingestuft. Dies ist wohl darauf zurück zu führen, dass auch ein Kreditnehmer, der heute noch zahlungsfähig ist und in der Vergangenheit nicht durch Zahlungsstörungen oder Kreditbetrug aufgefallen ist, zukünftig zum Problemkunden mutieren kann.

Die Idee des Datenpoolings von Zahlungserfahrungen liegt somit nahe, um den eigenen unternehmensinternen Erfahrungshorizont durch die Erkenntnisse anderer Kreditgeber zu erweitern. Diese Form der gemeinsamen Informationsnutzung im Sinne einer Zweckgemeinschaft, die national wie international durch professionelle Datenbankbetreiber technisch unterstützt wird, schätzen deren Anwender recht positiv ein. Qualitätssprünge könnten in kurzer Zeit dann erreicht werden, wenn weitere Unternehmen bereit wären ihre Belegdaten in vorhandene produktive Datenpools einzubringen.

Eher grundsätzliche Erwägungen werden oftmals als Begründung für eine Verweigerung zur Teilnahme am Datenpooling von den Verantwortlichen der Unternehmen angeführt. Dahinter stehen Bedenken, die methodischer (z.b. eindeutige Identifikation und Zuordnung), rechtlicher (z.b. berechtigte Reklamationen) oder wettbewerblicher Art sein können. Zudem melden sich Kritiker zu Worte, die grundsätzliche Bedenken gegen diese Art des Informationstransfers einwenden.

Auf der Tagungsagenda des Bundeskongresses des Vereins für Credit Management ist das Thema „Datenpooling – Zahlungserfahrungen im Credit Management" mit einer breit angelegten Podiumsdiskussion ausgewiesen. Erwartungen, Einschätzungen und Ergebnisse werden berichtet und helfen bei der Beurteilung des – sieht man einmal von der Schufa ab – im deutschen Raum noch relativ jungen Informationsinstrumentes.

Joachim C. Bartels

Emerging Markets: „Der Informationsstand"

Der nachfolgende Beitrag soll einen Überblick über den Informationsstand bei Emerging Markets, aktuellen Entwicklungen von Informationen des öffentlichen/privaten Sektors und Transparenz geben. Für Deutschland als eines der exportstärksten Länder dürfte dieses Thema von besonderem Interesse sein.

Handelskredite sind die maßgebliche Quelle für kurzfristiges Kapital. Dennoch könnte angesichts der übermäßig langen Kreditlaufzeiten und Zahlungsverzüge, denen Exporteure auf Emerging Markets gegenüber stehen, der Eindruck entstehen, dass Handelskredite recht häufig als Ersatz für langfristiges Kapital dienen. Unstetige Geschäftsbedingungen, schlechte Länderrisikobewertungen gepaart mit langen Kreditlaufzeiten stellen die Fähigkeiten von Kreditmanagern häufig auf eine schwere Probe. Diese Aufgabe gestaltet sich häufig durch das Fehlen genauer, zuverlässiger und rechtzeitiger Informationen noch schwieriger und riskanter. Angesichts der Verflechtung von Kredit und Informationen ist es nur vernünftig, das Thema Informationen immer wieder aufzugreifen.

1. Die **Komplexität des Risikos** steigt, daher herrschen **neue Anforderungen an Informationen**.
2. Wir leben in einer **Welt unvollständiger Informationen**, ungeachtet der Fortschritte von Informationstechnologie und Internet.
3. Dies führt zu der Frage, was gemeinsam von Regierungen, der Kreditgeberschaft und den Bereitstellern von Informationen unternommen werden kann, um **das Informationsdefizit zu überwinden.**

Was die Komplexität des Risikos angeht, müssen drei miteinander verbundene Themen angesprochen werden: Erstens ist uns bewusst, dass wir in einer neuen Risikowelt leben und sollten daher eine neue Sicht auf Informationen einnehmen. Zweitens geht es um den Wert von Informationen. Sollte er als Opportunitätskosten behandelt werden – das heißt mit der Möglichkeit, Verluste zu reduzieren oder neue oder mehr Geschäfte abzuschließen – oder sollte er als Ausgabe behandelt werden? Wenn Sie einen Information Executive fragen, wird dieser natürlich zur

Antwort geben, dass er unter Opportunitätskosten einzustufen ist; wenn Sie ENRON und WORLDCOM fragen, würden diese ihn natürlich als ein wertvolles Gut einstufen und kein Problem damit haben, Informationen auf die Bilanz zu setzen. Wirtschaftsprüfer in der Zeit vor Arthur Anderson hätten sich vielleicht dieser Sicht angeschlossen, aber leider werden Ihnen Wirtschaftsprüfer in der Zeit nach Arthur Anderson sagen, dass es sich um eine Ausgabe handelt. Drittens geht es darum, wie Kreditgeber und Informationsunternehmen ein uraltes Problem behandeln, das sich als „Syndrom der doppelten Bücher" bezeichnen lässt. Zahlreiche Anekdoten sind in vielen Ländern im Umlauf, die den Schluss nahe legen, dass es meist mehr als nur zwei Bücher gibt.

Was die **Komplexität des Risikos** angeht, haben wir beobachtet, dass in den letzten 20 Jahren eine Reihe neuer Risikofaktoren ins Spiel gekommen ist, die die Kunst der Risikovoraussage noch weiter kompliziert haben. Nach wie vor haben wir die Wirkungen des Übergangs von Ländern von der Plan- zu Marktwirtschaften zu bewältigen, wir mussten uns mit dem Risiko der Euro-Umstellung, dem Y2K und den e-Commerce-Risiken beschäftigen, die mittlerweile mehr oder weniger der Vergangenheit angehören. Es ist keine Überraschung, dass sich neue Risikofaktoren am Horizont abzeichnen, die sich merklich auf die Informationsanforderungen auswirken werden. Da gibt es Basel II, mit dem die Bankenwelt sicherer gemacht werden soll, das aber gleichzeitig wegen mangelnder Finanzierung zum Sterben von kleineren und mittleren Unternehmen (SME) zu führen scheint oder viele von ihnen in die Flucht in alternative Finanzierungsmethoden treibt. Wir haben eine neue Vertrauenskrise in der Form fragwürdiger Rechnungslegungsgrundsätze und Corporate Governance erfahren. Neue Arten von Betrug und Interessenkonflikten haben sich zwischen Management, Direktoren und Wirtschaftsprüfern aufgetan.

Last, but not least, haben wir es mit Sarbanes/Oxley und dem Homeland Security Act zu tun, das eine weitaus genauere Prüfung von Lieferanten, Kunden, Direktoren und Management verlangt. Beide Gesetze machen an der US-Grenze nicht Halt. Sie haben weit reichende Konsequenzen für im Ausland tätige amerikanische Aktiengesellschaften.

Was den **Wert der Information**, als Opportunitätskosten oder Ausgaben angeht, ist zu betonen, dass ohne angemessene Investitionen in die Infrastruktur öffentlicher Unterlagen keine Informationen verfügbar sein werden, ganz zu schweigen von einem Wertgewinn aus diesen Informationen. Um das einmal deutlich zu machen, möchte ich einen interessanten Vergleich aus einem Buch über das Arabische Meer im 17. Jahrhundert anführen. Sie werden es kaum glauben, aber das wichtigste Gut im Handel mit Ostindien waren nicht Gewürze, sondern Informationen. Weil bis zu zwei Jahre zwischen der Bestellung und dem Eingang der

Waren vergehen konnten, waren die Preise völlig unvorhersehbar. In der Tat waren Informationen über Angebot und Nachfrage sowie Kreditwürdigkeit von so großer Bedeutung, dass Kaufleute keinen Aufwand scheuten, um sie zu erhalten. Um diesem Problem vorzubeugen, errichteten die Ostindiengesellschaften von Großbritannien und Holland schon 1612 ein Überlandsystem zur Beförderung von Informationen. Mit einem System von Läufern dauerte der Hinweg 3 bis 4 Monate und der Hin- und Rückweg maximal 8 Monate, im Vergleich zu 22 bis 24 Monaten für den Seeweg. Aus dieser historischen Lehrstunde wurde klar, dass Informationen als Opportunitätskosten zu behandeln sind, um die Konkurrenzfähigkeit zu steigern und Kreditverluste zu mindern!

Weil Meldungen häufig abgefangen wurden, griff man zur Verschlüsselung. Dies bedeutet wiederum eine Investition in Zeit und Erfindungsgeist! Da man niemandem vertrauen konnte, entwickelte sich in der Praxis das Zweibüchersystem. Ein Buch, das Außenstehenden vorgezeigt wurde, das andere für den Insider. Dieses letztere war grundlegend für die späteren Handelstätigkeiten und Gewinne. Aus dem Vergleich dieser Erfahrung mit den Geschehnissen bei ENRON kann man wohl folgern, dass sich in dieser Beziehung nichts geändert hat und wir, was bilanzunwirksame Transaktionen, Interessenkonflikte, Marktabsprachen und offenen Betrug angeht, wieder da sind, wo wir angefangen haben.

Lassen Sie uns nach diesem kurzen Ausflug in die Geschichte von Kredit und Informationen wieder zu dem Thema der **unvollständigen Information** zurückkehren. Joseph Stiglitz, ehemaliger Chefvolkswirt der Weltbank, erklärte schon vor 17 Jahren: „Unvollständige Informationen führen zu unwirksamen Märkten". Nach der Finanzkrise in Asien stellten die Weltbank und der IWF fest, dass die Hauptschuld für unvollständige Informationen 1) im Zustand der Informationsinfrastrukturen im Land und 2) bei negativen Einstellungen gegenüber Offenlegung, gleich ob zwingender oder freiwilliger Art, zu suchen ist.

IMD Competitiveness Handbook

Was die Verfügbarkeit von Informationen angeht, wurden Untersuchungen zur Messung der Wirksamkeit der Infrastruktur öffentlicher Unterlagen (Einreichung, Konformität, Unterhaltung, Zugang) und der rechtlichen Infrastruktur (zwingende Offenlegung und Konformität), Annahme des Konzepts des Informationspooling (Kreditagenturen) und Einstellungen gegenüber der Offenlegung und Transparenz durchgeführt. Die meisten Bewertungen auf einer Skala von 0 (unwirksam) bis 10 (wirksam) wurden von Informationsanbietern und Kreditversicherern abgegeben. Alle Kriterien wurden – ohne jede Gewichtung – als gleichwertig behandelt.

Die jeweiligen Koordinaten der Landesinfrastruktur [vertikale Achse] und der Informationszuverlässigkeit [horizontale Achse] wurden auf einem Raster in Anhang C dargestellt. Finnland und Singapur haben bei IMD-Untersuchungen immer wieder Spitzenpositionen eingenommen, was Wettbewerbsfähigkeit betrifft. Für Zwecke dieser Analyse dient Finnland als Modell für herausragende Qualität des „Informationsstandes". Bemerkenswert ist auch, dass Finnland vor den USA rangiert, was die Infrastruktur betrifft. Dies liegt größtenteils an den finnischen Tugenden, was die Transparenz der Regierung, geringe Toleranz für Bestechung und Korruption etc. angeht. Emerging Markets jedoch, die auf dieser Grafik erscheinen, kommen, was die Nützlichkeit von Informationen bei der Risikobewertung betrifft, nicht einmal in die Nähe der Vergleichspunkte in der oberen rechten Ecke.

Die IMD-Studie deckt nicht alle Emerging Market-Länder ab. Daher musste ein weiteres Maß für die Wirksamkeit der Landesinfrastruktur gefunden werden. Aus Mangel an anderen Vergleichsindikatoren schienen die Dun & Bradstreet [D&B] Länderrisikobewertungen annehmbare Vergleichspunkte zu bieten. Der D&B Länderrisiko- und Zahlungsbericht verwendet eine Skala von DB1 bis DB 7 zur Messung des Länderrisikos. Eine „DB1"-Bewertung gibt den geringsten Risikograd an, während ein „DB7"-Risiko das höchste Risiko bezeichnet. Eine „DB7"-Bewertung bedeutet auch, dass die Handelsinfrastruktur de facto zusammengebrochen ist. Eine „DB6"-Bewertung gibt einen geringeren Risikograd an, jedoch immer noch mit signifikanten Problemen bei der Handelsinfrastruktur eine Landes. In Anhang D wurden D&B-Länderrisikobewertungen auf der vertikalen Achse abgetragen. Auf Grundlage dieser Bewertung scheinen zahlreiche Emerging Markets-Länder sich in der unteren linken Ecke zu konzentrieren. Dies ist kein gutes Zeichen für die Zuverlässigkeit von Informationen bei Kredittransaktionen auf diesen Märkten. Daher ist dringend Selbsthilfe geboten, was Informationspooling durch die Kreditgeber angeht.

Überwinden des Informationsdefizits: Diese recht ernüchternde Bewertung des „Informationsstandes" auf Emerging Markets wirft eine Reihe von Fragen auf. Welche Abhilfen gibt es für diese unterentwickelten öffentlichen Informationsinfrastrukturen, wie sehen die aktuellen Entwicklungen und Besserungsaussichten aus und gibt es entsprechende Modelle? Noch problematischer ist die Frage, wie die derzeitigen negativen Einstellungen gegenüber Offenlegung und Transparenz überwunden werden können.

Investition in Infrastruktur: Opportunitätskosten oder Ausgaben. Um zum vorher bereits Gesagten zurückzukehren, geht es hier nicht darum, ob Lieferanten von Informationen mehr für ihre Informationen gezahlt werden soll. Es geht vielmehr darum, in die Infrastruktur zu investieren.

Emerging Markets: „Der Informationsstand"

Das Überwinden des Informationsdefizits erfordert eine konzertierte Anstrengung von Regierungen, Kreditgebern und Informationsbereitstellern, da die erforderlichen Investitionen nicht von einem Sektor allein getragen werden können.

Informationen des öffentlichen Sektors: Elektronische Geschäfts- und Gerichtsregister spielen eine grundlegende Rolle für das reibungslose Funktionieren von Märkten und des freien Waren-, Dienstleistungs- und Personverkehrs. Dies gilt als ausschlaggebend bei Geschäfts- und Investitionsentscheidungen, um die Transparenz zu erhöhen und das Risiko zu mindern. In vielen Ländern stehen wir dem klassischen Paradoxon gegenüber. In der neuen Welt der Informationstechnologie sind Informationen nicht mehr statisch, jedoch ist die öffentliche Informationsinfrastruktur in zahlreichen Ländern immer noch von gestern – manuelle Register, schlechte Wartung, mangelnde Konformität und behinderter Zugriff.

In bestimmten Ländern gibt es einzelne Bestrebungen zur Modernisierung der Informationen des öffentlichen Sektors, jedoch konzentrieren sich diese Bestrebungen auf elektronische Ablagesysteme, Datenerfassung, Arbeitsfluss und Dokumentenbearbeitung [Registrierungsbescheinigung] bei geringer Berücksichtigung der Öffentlichkeit oder der Kreditgeber. In Ländern, in denen es an guten Informationen des öffentlichen Sektors mangelt, würde eine Partnerschaft zwischen öffentlichem/privatem Sektor zur Schaffung einer besseren Infrastruktur Wunder wirken. Weiterhin sollten Regierungen die Gründung von Initiativen für Mehrwertinformationen im privaten Sektor unterstützen statt sie zu behindern, indem sie Zugang zu öffentlichen Informationen und erschwingliche Lizenzverträge anbieten. Das Problem besteht nicht nur auf den Emerging Markets. In der EU z.B. konnte die Europäische Kommission erst im vergangenen Jahr eine Richtlinie zum Zusammenspiel zwischen öffentlichem/privaten Sektor verabschieden.

Dies führt zu der Frage angemessener Modelle. In Diskussionen mit Regierungen oder der Finanzwelt über Infrastrukturen öffentlicher Unterlagen und Informationspooling besteht die Tendenz, vom US-Vorbild zurückzuscheuen, weil Marktgröße, Komplexität und der moderne Stand der Systeme zu einschüchternd wirken. Die EU wird in der Regel zunächst als potenzielles Modell angeführt, jedoch staunen Außenstehende über die mangelnde Einheitlichkeit [vgl. Anhang E]. Vor einigen Jahren hat die EU ein Grünbuch zu Informationen des öffentlichen Sektors herausgegeben. Darin heißt es, dass solche Informationen eine wesentliche Rolle für das reibungslose Funktionieren der Märkte und des freien Waren-, Dienstleistungs- und Personverkehrs spielen. Bei Geschäfts- und Investitionsentscheidungen gilt es als ausschlaggebend, die Transparenz zu erhöhen und das Risiko zu mindern. Im gleichen Papier führt die EU-Kommission an, dass Unternehmen aus der EU gegenüber ihren US-Konkurrenten benachteiligt sind, weil die Informationen des europäischen öffentlichen Sektor häufig aufgrund abweichender Rechtsvorschriften und unterschiedlicher technischer Verfahrensweisen auf unterschiedliche Quellen verteilt sind.

Das Konzept des Informationspooling: Als Folge der asiatischen Finanzkrise und Verluste wesentlicher Teile von Not leidenden Anleihen und Not leidenden Krediten, übernehmen die Banken in Emerging Markets nun das Konzept des Informationspooling. Gesetze wurden in zahlreichen Emerging Markets erlassen, um das Poolen von Bank- und Kreditkarteninformationen zu ermöglichen. Dies ist größtenteils auf Interventionen der Weltbank und des IWF bei der Suche nach Abhilfen für das Informationsdefizit zurückzuführen.

Verbraucherkreditagenturen werden nun in zahlreichen Emerging Market-Ländern gegründet. Das Poolen von SME-Daten ist ebenfalls im Gange, wobei Informationen zu größeren Unternehmen folgen werden. Dennoch wird es zwei bis drei Jahre dauern, bis diese Kreditagenturen eine ausreichende Menge an Informationen gesammelt haben, damit diese im vollen Maße zur Risikobewertung einsetzbar sind. Anfänglich sind diese Dienste nur auf den Banken-, Hypotheken- und Kreditkartensektor beschränkt, andere Kreditgeber sind derzeit noch ausgeschlossen. Ich denke, dass die Kreditgeberschaft auf breiter Ebene Diskussionen über ihre Beteiligung an Benutzergruppen beim Informationspooling einleiten sollte.

Der Wert von Informationen gegenüber den Kosten übermäßigen Datenschutzes: Leicht verfügbare, genaue Informationen beschleunigen die Kreditdurchdringung und vermindern Verluste. Umgekehrt können zu strenge Datenschutzgesetze, mit denen die Verwendung positiver Informationen eingeschränkt wird, für die Kreditgeberschaft kostspielig sein. Dazu ein Beispiel: Alarmiert durch enorme Abschreibungen bei Verbraucherkrediten beauftragte die *Hong Kong Monetary Authority*, unterstützt durch die lokalen Banken, McKinsey & Company mit der Durchführung einer empirischen Studie über die Wirkung der Verfügbarkeit von Informationen bzw. deren Mangel. Was war falsch gelaufen? Jahre zuvor hatten die Hongkonger Banken das Geschäftsmodell der australischen Kreditagentur importiert. Jedoch kann die australische Kreditagentur negative Informationen nur aufgrund restriktiver Datenschutzgesetze verwenden.

Natürlich folgten die Datenschutzbeauftragen von Hongkong diesem Beispiel und gestatteten den Hongkonger Banken nicht die gemeinsame Nutzung positiver Informationen. Die Studie kam zu dem Schluss, dass die Verwendung positiver und negativer Daten die Penetration mit Verbraucherkrediten erhöht und das Kreditrisiko signifikant vermindert, wie durch die Modelle USA und Großbritannien belegt wird. Auf Grundlage der Studie wurden die restriktiven Datenschutzpraktiken in Hongkong revidiert.

Das Geschäft mit Geschäftsinformation: Die Kreditsektoren wie Kapitalmärkte, Banken, Handels- und Verbraucherkredite leben von Informationen. Informationsdienstanbieter sammeln Daten, um den Markt so gut wie möglich zu bedienen. Es zeichnen sich einige interessante Trends ab. Rating-Agenturen erweitern ihre Dienstleistungen um automatisches Rating/prognostizierte Standardkennziffern zur Verwendung durch Banken. Während der analytische Rating-Prozess beim Rating von Bonds vorherrscht, eröffnen Rating-Agenturen die enorme Menge von Erfahrungsdaten mit Hilfe neu entwickelter Modellierungsdefinitionen, um den Kunden mit umfangreichen Bank- und Handelskreditanwendungen zu dienen. So sind Rating-Agenturen in der Lage, Standardkennziffern bis zu mittelgroßen Unternehmen hinab zu liefern und somit herkömmliche Kreditinformationsprodukte zu ersetzen.

Verbraucherkreditagenturen verarbeiten große Mengen von Informationen über SMEs (kleine und mittlere Unternehmen) und SOHOs (Kleinbüros und Heimbüros), was stets die Domäne der kommerziellen Bereitsteller von Kreditinformationen war. Damit gerät der Markt für kommerzielle Kreditinformationen zwischen die Modellierungskapazitäten von Rating-Agenturen und die Beanspruchung des Kleinunternehmenssegments durch Verbraucherkreditagenturen. Dennoch befindet sich die Kreditinformation in zahlreichen Emerging Markets nach wie vor in der Entwicklungsphase und es werden hier und da lediglich kleine Datenbanken erstellt. Auf vielen Märkten mangelt es noch zu sehr an der Infrastruktur bei öffentlichen Akten, als dass effiziente elektronische Datenbanken angelegt werden könnten. Daher setzt man nach wie vor stark auf Korrespondenzdienste. Das Informationsdefizit wird daher auch in absehbarer Zukunft fortbestehen.

Offenlegung und Transparenz: Die Haupthindernisse für eine größere Transparenz sind negative Einstellungen zu zwingender oder freiwilliger Offenlegung. Dies beruht auf dem Stigma, dass Informationen immer noch als Geheimnis gelten, Steuerumgehung und der Angst, Ziel der örtlichen Mafia zu werden. Zwingende Offenlegung gilt in der Regel nur für eine kleine Anzahl von Aktiengesellschaften, was zu einem Mangel an einer kritischen Masse für Benchmarking-Zwecke führt. Es wird einer konzertierten Anstrengung durch Investoren wie die Weltbank, den IWF oder die Kreditgeberschaft und Informationsunternehmen bedürfen, um Bemühungen zur Einleitung der entsprechenden Gesetzgebung in den Ländern, in denen Corporate Governance und Offenlegung bedauerlicherweise fehlen, zu fördern und anzustoßen. Ungeachtet dieser negativen Aspekte laufen positive Entwicklungen, die in Zukunft eine größere Transparenz anregen werden.

Nach der in dem neuen Buch „Naked Corporation" vertretenen Sicht erlebt die Welt eine neue Welle der Transparenz. Diese neue Welle wird nicht nur durch eine strenge Gesetzgebung angeregt, sondern auch durch den Erfolg der Marktwirtschaften und die Globalisierung, die Ausbreitung der Kommunikationstechnologie, das Aufkommen von Wissensarbeit und Business Webs. Ungeachtet schlechter Corporate Governance in der Vergangenheit, können finanzielle Krisen und ungleichmäßige wirtschaftliche Entwicklungen nicht die Tatsache verbergen, dass die immer besser gebildeten Generationen der Welt ständig den Qualitätsstandard menschlicher Interaktion erhöhen. So stammen 50–75 % der von Mitarbeitern erhaltenen Informationen von anderen Personen. Es besteht ein Informationsüberfluss in der Lieferkette, bei Verbrauchervereinigungen, Anteilseignern und Fondsmanagern. Alle verlangen Wissen und das Internet ist ihr Tool. Die Autoren schließen mit einem Wort von Schiller: „Vielleicht ist es weisc offenzulegen, was sich länger nicht verbergen lässt."

Umgekehrt gibt es alte und neue Hindernisse: Trägheit des Rechtssystems: So zum Beispiel hält die Streitsucht der Geschäftswelt und der Gesellschaft Unternehmen davon ab, mehr preiszugeben als sie müssen. Firmenanwälte sind die Haupthindernisse für Transparenz. Auf zahlreichen Emerging Markets ist es der Unwille, internationale Standards zu übernehmen, hauptsächlich, um spezielle Interessen zu schützen. Der Wert von Geschäftsgeheimnissen: Es gibt einen Geschäftswert von Geheimnissen, die gesetzlich geschützte Prozesse, Geschäftsentwicklungen und Innovationen des Unternehmens schützen sollen. Wir stehen einer Transparenzmüdigkeit und Lähmung gegenüber, während die Führungskräfte [von Informationen] überflutet werden. Die Kosten der Transparenz sind ein weiterer Faktor. Die Sarbanes/Oxley-Anforderungen haben die Schwelle für IPOs erhöht. Die Kosten für Shareholder-Relations und Audits haben sich verdoppelt.

Die neuen Hindernisse liegen in der Natur des Internet, das Unternehmen und Führungskräften eine neue Möglichkeit zur Verdunklung und Täuschung bietet. Unternehmen erzeugen eine neue Informationsüberflutung, um die Konkurrenz oder die Öffentlichkeit zu verwirren oder frühere schlechte Governance zu übertünchen. Daher, caveat emptor, kann das Surfen auf Websites bei der Suche nach Unternehmensinformationen zu Scheininformationen führen.

Ein wichtiger Antrieb für die Transparenz sollte **Basel II** sein. In der 1. Säule fordert Basel II die durchgängige Anwendung von mindestens 11 qualitativen Kriterien und mindestens 11 quantitativen Kriterien bei Bewertung und Rating eines Kreditnehmers. Außerdem sollten Banken in ihren internen Risikobewertungen die Qualität der vom Kreditnehmer bereitgestellten Informationen einstufen. Ein wichtiger Faktor war, Darlehensgeber zur Offenlegung von qualitativen Informationen in hinreichender Menge zu zwingen und mehr auf die Qualität der Informationen zu achten, die den Banken bereitgestellt werden. Die große Enttäuschung bei Basel II liegt darin, dass es nicht zu der Transparenz führen wird, die man sich erhofft hatte. Die Komplexität der Anforderungen, unterentwickelte Länderinformationsstrukturen und die negativen Einstellungen gegenüber Offenlegungen führen dazu, dass Basel II auf Emerging Markets nicht eingesetzt werden kann. Weder eine Bank, noch ein Informationsunternehmen ist in der Lage, die Daten über einen Kreditnehmer, die nach den Basel II Kriterien erforderlich sind, *kostengünstig* zu erheben, solange nicht ein kostspieliger manueller Rating-Prozess angewendet wird oder Kroll-Ermittler eingesetzt werden. Folglich wurden nun 85 nationale Ausnahmen in den Basel-II-Regeln aufgenommen, die eindeutig den Zweck der Basel II-Grundsätze aufheben, die gleichmäßig und international angewendet werden sollten.

Das Doppelbuchsyndrom: Selbst die Gesetzgebung wird niemanden davon abhalten, sich selbst und andere zu täuschen. Betrug wird stets die unausweichliche Überraschung bleiben. Nur wissen wir nicht WER, Wieviel und Wann! Gesunde Corporate Governance sowie eine gut funktionierende Infrastruktur der öffentlichen Akten, ein Direktorenregister, Informationspooling durch die Kreditgeberschaft, zwingende Offenlegung und Konformität und Datenbanken über die Jahresberichte sind Voraussetzung für Transparenz und Frühwarnsysteme.

Zusammenfassung: Ungeachtet des Fortschritts der Informationstechnologie und des Internets leben wir in einer Welt der unvollständigen Informationen. Um das Informationsdefizit zu schließen, sind konzertierte Aktionen durch Regierungen, die Weltbank und den IMF, die Kreditgeberschaft und die Informationslieferanten nötig, weil die erforderliche Investition nicht nur von einem Sektor allein getragen werden kann. Die Finanzleistungssektoren, Industrieverbände und andere Kundenkreise sind aufgerufen, Maßnahmen in Richtung einer besseren Corporate Governance und einer höheren Akzeptanz Transparenz zu ergreifen. Regierungen sollten dazu gezwungen werden, die Informationsinfrastrukturen des öffentlichen Sektors zu modernisieren. Partnerschaften zwischen öffentlichem Sektor und privatem Sektor würden diese Funktionen wirksamer gestalten und zur Wertschöpfung beitragen. Geschieht dies nicht, so ruht die Last auf den Kreditgebern, die mehr Ausgaben für Informationen und Nachforschungen tätigen müssen und mit großer Wahrscheinlichkeit größere Verluste bei Kredittransaktionen erleiden werden.

Klipp und klar gesagt, sollte die Gemeinschaft der Kreditgeber ihre Phobie vor dem Teilen von Informationen gemäß Machiavellis Ratschlag an seinen Fürsten überwinden: „Um gute Aufklärung zu erhalten, muss man für Aufklärung sorgen."

Björn H. Bucher

Professionelles Risikomanagement ist unerlässlich

Die Kommanditgesellschaft Freudenberg & Co ist heute ein stark diversifiziertes Familienunternehmen mit vier großen Geschäftsfeldern: den Bereichen Dichtungs- und Schwingungstechnik, Vliesstoffe, Haushaltsprodukte und „Spezialitäten und Sonstige" – letzteres umfasst u.a. die Geschäftsgruppen Chemical Specialities, Bausysteme und IT-Dienstleistungen. Dabei tritt Freudenberg in erster Linie als Zulieferer für andere Branchen wie der Kraftfahrzeug-, Investitionsgüter-, Textil- und Bekleidungsindustrie in Erscheinung. Nur rund ein Viertel der Erzeugnisse – vorwiegend Haushaltsprodukte mit dem Markennamen vileda und die nora-Kautschuk-Bodenbeläge – sind Endprodukte im eigentlichen Sinne. Mit diesem Portfolio erzielte Freudenberg, das weltweit in 54 Ländern und mit über 32 000 Mitarbeitern aktiv ist, 2003 einen Jahresumsatz von rund vier Milliarden Euro und einen Gewinn von rund 100 Millionen Euro nach Steuern.

Das operative Geschäft liegt in der Hand von weitgehend selbstständigen Gesellschaften, die zu Geschäftsgruppen zusammengefasst sind und entscheiden, wie sie ihre Geschäfte vorantreiben. Aufgabe der Führungsgesellschaft Freudenberg & Co. – der Holding mit Sitz in Weinheim an der Bergstraße – ist neben der Entwicklung des Führungspersonals insbesondere auch die Portfoliopolitik und in dem Zusammenhang die Steuerung, Koordinierung und Überwachung der Aktivitäten der Unternehmensgruppe sowie die Beratung und Unterstützung der Teilkonzerne.

Die Herausforderungen der Globalisierung meistern

Die gewachsene, dezentrale Unternehmensstruktur ist sinnvoll: Sie trägt nicht nur der starken Diversifizierung von Freudenberg Rechnung, sie erlaubt es auch, flexibel auf neue Entwicklungen in den unterschiedlichen Geschäftsfeldern zu reagieren. Andererseits stellt sie in den zunehmend globalisierten Märkten auch eine gewichtige Herausforderung für die Zukunft dar: Wie alle weltweit agierenden, modernen Konzerne wird sich Freudenberg künftig immer schneller und flexibler auf die sich verändernden Bedingungen in den Märkten einstellen müssen – ein professionelles Risiko- und Debitoren-Management wird dabei zunehmend zum Schlüsselfaktor: Gerade im internationalen Geschäft wird es immer wichtiger, Liquiditäts-, Ausfalls- und Rechtsrisiken möglichst gering zu halten. Deshalb müssen Schwachstellen frühzeitig identifiziert und bewertet werden, um sich strategisch auf sie einzustellen.

Eine Aufgabe der Freudenberg-Holding ist es, die zahlreichen operativen Gesellschaften beim Debitoren-Management zu beraten und unterstützen, etwa bei neuen Kunden oder Partnern: Hier geht es vor allem um mehr Transparenz und folglich Sicherheit in einem Marktumfeld, dass sich immer schneller verändert und zugleich komplexer wird. Früher kannte man vielleicht jeden Kunden noch persönlich, kannte seine speziellen Wünsche, seine Entwicklung, die Hintergründe und nicht zuletzt seinen „Ruf" – etwa in Bezug auf die Zahlungsmoral. Heute ist es insbesondere im internationalen Geschäft schwieriger, die Bonität und das Zahlungsverhalten in einem bestimmten Markt zu beurteilen.

Professionelles Portfoliomanagement

Unternehmensweite Informationssysteme spielen dabei eine immer wichtigere Rolle. Sie werden künftig noch stärker als bisher die Funktion eines Frühwarnsystems übernehmen und so dabei helfen, Geschäftsrisiken zu minimieren. Das zeigt sich heute bereits in den Vereinigten Staaten, die hier, wie in vielen Bereichen, eine Vorreiter-Rolle spielen: Da in den USA Instrumente wie Kreditversicherung eine noch untergeordnete Rolle spielen, setzen diverse Freudenberg-Gesellschaften dort zur Entscheidungsunterstützung im Kredit-Management seit einigen Jahren verstärkt auf das Risikomanagementsystem RAM von D&B und erreichen mit ihm eine deutlich höhere Transparenz im Kundengeschäft durch eine verbesserte, realistischere Einschätzung des mit einem Geschäft verbundenen Risikos. Es werden objektive, transparente und zuverlässige Informationen über potenzielle Kunden geliefert, die uns bei der Beurteilung unserer langjährigen Kundschaft unterstützen – kurz: eine konstruktive Entscheidungshilfe bei der Steuerung und strategischen Ausrichtung unserer Geschäfte.

Im Grunde ermöglichen diese Informationssysteme Unternehmen genau das, was Kreditversicherer und Finanzdienstleister bei Kreditentscheidungsprozessen schon lange tun: ein professionelles Portfolio-Management. Dabei könnten sich spezifische Daten von Informationsprovidern und eigene Unternehmensdaten gut ergänzen, so dass sich Kreditentscheidungen nahezu per Knopfdruck treffen ließen beziehungsweise die Gesamtrisiken innerhalb des Kundenportfolios integriert überwacht werden könnten. Neben „ad-hoc"-Anfragen zu bestimmten Unternehmen sind auch beispielsweise Länder-Risiko-Berichte sehr nützlich – gerade für stark exportorientierte Unternehmen wie Freudenberg. Ein weiterer wichtiger Punkt sind Informationen über oft auf den ersten Blick nicht erkennbare Firmenverflechtungen. Hier liegen sicherlich sehr interessante Ansätze, die wir in Zusammenarbeit mit darauf spezialisierten Informationsanbietern in Zukunft noch stärker verfolgen werden. Denn über kurz oder lang wird ein professionelles Kredit-Management zu einem entscheidenden strategischen Instrument für weiteres ertragreiches Wachstum werden.

Iris Stadie/Thomas Tobschall

Datenpooling – Zahlungserfahrungen im Kredit Management. Vereinter Schutz gegen Ausfallrisiken

Unbezahlte Rechnungen, professioneller Missbrauch – die Schäden, die jährlich durch Betrug oder Missbrauch kreditgebenden Unternehmen entstehen, gehen in die Milliarden. Mit umfangreichen Kontrollsystemen und der Nutzung externer Bonitätsinformationen versuchen Unternehmen die Verluste in Grenzen zu halten. Zu den Präventionsmaßnahmen gehören auch brancheninterne Missbrauchs-Datenbanken wie beispielsweise der „Fraud Prevention Pool (FPP)" der Mobilfunkbranche.

Ob im B2C-Sektor oder im B2B-Sektor, ob Versender, Leasingunternehmen, Banken, Versicherungen, Energieversorger, Telekommunikationsunternehmen, ob im Handel, in der Medienbranche, oder im produzierenden Gewerbe – jedes Unternehmen ist betroffen von Forderungsausfällen durch unbezahlte Rechnungen, Insolvenzen und schlechte Zahlungsmoral und versucht sich dagegen – im professionellen Fall – durch ein umfassendes Kreditmanagement zu schützen. Große Unternehmen nutzen regelmäßig zur Ausfall- und Risikoprognose die allgemein in Deutschland verfügbare Wirtschaftsdatenbank. Die breite Basis des Mittelstandes arbeitet in der Regel mit einem erfahrenen Anbieter zusammen. Allen ist eines gemeinsam: über ein professionelles Kreditmanagement optimalen Schutz vor Kredit-Missbrauch und schlechter Zahlungsmoral zu erreichen.

Nur in sehr wenigen Fällen haben sich jedoch bisher branchenintern oder branchenübergreifend Unternehmen zusammengeschlossen, um durch einen gemeinsamen Datenpool die Verluste durch branchen-typische Missbrauchsfälle zu reduzieren. Der Grund für diese Zurückhaltung liegt in der Befürchtung, dass Wettbewerber Einsicht in Kundendaten erhalten könnten.

Vertrauen gegen Vertrauen

Die Gründung eines Datenpools setzt daher vor allem ein großes Maß an nachhaltigem Vertrauen voraus, um das Gegenseitigkeits-Prinzip zu ermöglichen und zu erhalten. Eine weitere wichtige Voraussetzung ist die gemeinsame Verfolgung des Ziels, den Missbrauch von Krediten oder der Gewährung von Ratenzahlungen innerhalb der Branche einzudämmen. Sinn macht ein Branchen-Pool schließlich nur, wenn der größte Teil der Branchen-Wettbewerber mitmacht.

Pool-Pioniere

Die Erfahrung, wie schwierig die Umsetzung einer Pool-Idee ist, machte um 1930 bereits die Schufa (damals: Schutzgemeinschaft für Absatzfinanzierung und Kreditsicherung). Die Entstehungsgeschichte der Schufa geht zurück auf die Marke „Elektrissima". Mit Einzug der Elektrizität in deutsche Haushalte bot die BEWAG (Berliner städtische Elektrizitäts-Aktiengesellschaft) ihren privaten Kunden neben Strom auch Staubsauger, Kühlschränke oder Kochplatten an. Die Zahlungsmoral war schon damals bei einigen Kunden nicht zum Besten bestellt. So blieben Verträge unerfüllt und Rechnungen offen. Als Konsequenz begann die BEWAG-Verkaufsabteilung bei den Stromablesern nachzufragen, ob diese überfälligen Kunden bereits aufgefallen seien. Schon bald entstand aufgrund der großen Nachfrage ein Mengenproblem.

So entstand die Idee, Strom- und Gasversorger, Teilzahlungsbanken und Handelsunternehmen zu der Gründung eines gemeinsamen Rückfragesystems zu bewegen, das jeder der Teilnehmer nutzen konnte. Der erste deutsche Informations-Pools wurde Wirklichkeit: 1927 traten acht Unternehmen als Gesellschafter der Schutzgemeinschaft bei. Als Basis übergaben sie die Listen ihrer Verbraucher und Käufer in die Hände zuverlässiger Adressbuchhalter. Schnell wuchs mit den Jahren die Zahl der Partner, die Informationen eingaben und nachfragten an. Grundlage des Informations-Pools war Jahrzehnte lang ein enormes Papierarchiv. Doch erst die modernen DV-basierten, online zugänglichen Datenpools ermöglichen sekundenschnelle, workflow-integrierte Nutzung, Analyse, Verarbeitung und Weiterleitung von Informationen.

Aktuelle Pool-Beispiele in Deutschland

Das Prinzip der gemeinsamen Nutzung von branchenspezifisch gesammelten Informationen zeigt sich heute in einer enormen Vielfalt. Eines ist allen so genannten Datenpools gemeinsam:
1. Zugang zu den Daten hat nur ein geschlossener Kreis
2. alle Teilnehmer/Partner nutzen die gesammelten Informationen mit der gleichen Zielsetzung.

Doch nicht jeder der so genannten Datenpools in Deutschland dient ausschließlich der Prävention von Forderungsausfällen, wie zwei Beispiele verdeutlichen:
- Im Bereich **wissenschaftlicher Kongresse** existiert ein weltweit zugänglicher **zentraler Datenpool** über Kongressteilnehmer. Er dient zwar auch als Missbrauchs-Prävention von Zugangsberechtigungen zu hochpreisigen Veranstaltungen. Mittels Benutzer-ID können aber auch Besucher auf die Datenbank zugreifen, sich online akkreditieren und sowohl den Status der Buchung als auch den aktuellen Zahlungsreport prüfen.
- Im Rahmen der Einführung eines elektronischen Patientenpasses wird die Einrichtung eines zentralen **Datenpools der Krankenversicherer** diskutiert. Das Ziel: Verbesserung der Daten-Transparenz im Gesundheitswesen, Weiterentwicklung der gesetzlichen Krankenversicherungen, Analyse von Behandlungsabläufen, Optimierung von Wirtschaftlichkeit und Qualität der Krankenhausversorgung.

Im Fordergrund der für bestimmte Gruppen zugänglichen Informationssammlungen stehen also in erster Linie die Schaffung von Transparenz und Synergien, Kostenaspekte sowie Analysemöglichkeiten. Häufig übernehmen Branchen-Verbände die Pflege der Datenbank für Ihre Mitglieder, denen sie den Zugang und die Nutzung zur Verfügung stellen. Eine wechselseitige Partnerschaft jedoch, aufgrund derer Daten eines geschlossenen Partner-Kreises in den Pool hineinfließen, die auch Zugang zu den Daten haben, besteht hier nicht bzw. allenfalls bei der diskutierten Patienten-Datenbank.

Quit pro quo im „closed circle"

Eine spezielle klar definierte Zielrichtung verfolgen dagegen die Betreiber von reinen Missbrauchs-Datenbanken, allgemein auch Fraud Prevention Pools genannt (Fraud Prevention = Schutz vor Betrug). Doch wozu benötigen einzelne Branchen über die bei Auskunfteien erhältlichen Bonitäts-Informationen hinaus noch separat betriebene geschlossene Datenbanken?

Das Spezifikum eines Branchen-Datenpools besteht darin, dass dieser für Privatpersonen neben den Basis-Kommunikationsdaten wie Name, Adresse und Geburtsdatum sowie Negativdaten aus den Schuldnerregistern der Gerichte auch
1. die sehr speziellen Zahlungserfahrungen der jeweiligen Branche
2. individuelle personenbezogene Zahlungserfahrungen der Kunden aller Poolpartner
3. die speziell für die Kreditgebungsverfahren dieser Branche maßgeblichen Bonitäts-Fakten und Zahlungserfahrungen enthält.

Das Ziel dieses Pool-Verfahrens ist es, allen Pool-Teilnehmern die maximale Informationsmenge aus der Branche als Entscheidungsbasis zur Verfügung zu stellen. Die Notwendigkeit einer solchen umfangreichen und spezifischen Datenbasis für Vertrags- und Kreditentscheidungen ergibt sich vor allem in den Branchen, in denen bestimmte Missbrauchs- und Betrugs-Tatbestände regelmäßig und typischerweise bei allen Anbietern gleichmäßig auftreten und die Kunden den Anbieter häufig wechseln bzw. mehrere gleichzeitig in Anspruch nehmen. Dies gilt beispielsweise für die Getränkebranche oder den Mobilfunksektor.

Branchen-Spezifikas „fraud losses"

Eine 2003 veröffentlichte Studie der CFCA Communications Fraud Control Association, Kanada, (www.cfca.org) einer weltweiten Organisation zur Missbrauchskontrolle in der Telekommunikation, belegt, dass Telekommunikationsunternehmen (Telcos) weltweit bis zu 15 Prozent Umsatzeinbußen aufgrund häufig wiederkehrender Missbrauchstatbestände erleiden. In 2003 entsprach dies nach Angaben der CfCA einem weltweiten Umsatzverlust von 30 bis 40 Milliarden Dollar. Vor fünf Jahren lag die Verlustrate noch bei rund zwölf Milliarden Dollar. 80 Prozent der weltweit tätigen Telcos gaben an, dass das Problem von „fraud losses" international zunimmt.

Zu den am häufigsten vorkommenden Betrugs- und Missbrauchs-Tatbeständen innerhalb dieser Branche zählen
1. Provider-Hopping (schnelle Vertragswechsel)
2. High-Spender (hohe Telefonrechnungen)
3. Roaming (Vertrag für Mobilfunk im Ausland über inländischen Provider).

sowie
1. Hacker-Attacken (z.B. illegale Einwahl via Internet)
2. gefälschte Telefonkarten
3. Vertragsabschlüsse mit gefälschten Ausweisen.

Von den seit Jahren anhaltenden und steigenden Missbrauchsfällen sind auch Mobilfunkunternehmen in Deutschland betroffen. Um etwa den so genannten „High-Spendern" auf der Spur zu bleiben, tauschen nach Angaben der Studie europäische Telcos täglich High-Spender-Listen aus.

Partnerschaftlicher Schutzmechanismus

Das globale Problem innerhalb dieser Branche schweißt zusammen und vereint sogar Wettbewerber. Eine der gemeinsamen Maßnahmen ist der Betrieb eines Datenpools zum Schutz vor Missbrauch (Fraud Prevention Pool). Darin als Pool-Partner vereint sind seit 1998 zehn der zwölf deutschen Mobilfunkunternehmen und Provider. Das gemeinsam verfolgte Ziel des deutschen Mobilfunk-Pools ist
1. die Eingrenzung der Forderungsverluste
2. der Austausch branchenspezifischer Informationen
3. der Schutz der guten Kunden
4. die „Erziehung" zu positivem Zahlungsverhalten durch Sanktionen.

Daten über rund 50 Prozent aller wirtschaftsaktiven Unternehmen und Privatpersonen in Deutschland sind in dem geschlossenen Pool heute verzeichnet. Das entspricht etwa 80 Prozent aller Mobilfunkkunden. Durchschnittlich bis zu 30 000 Änderungsmeldungen fließen täglich von den Partnern in den Pool hinein. Fast ebenso viele Anfragen werden täglich gestellt. Die Datenbasis des Pools setzt sich zusammen aus:
1. Name
2. Adresse
3. Geburtsdatum
4. harten gerichtlichen Negativmerkmalen (aus Schuldnerregistern)
5. weichen und mittleren Negativmerkmalen wie Inkassoverfahren
6. Zahlungserfahrungen der Kunden der Poolteilnehmer insbesondere
   a. branchenspezifische Maßnahmen (z.B. Kartensperre, Vertragskündigung)
   b. sonstige Maßnahmen (Mahnbescheide, Vollstreckungen etc.)
   c. Begründung der Maßnahme (z.B. hohe Außenstände, Betrug, Namensmissbrauch).

Dabei wird unterschieden zwischen temporären (weichen) Negativmerkmalen wie etwa Zahlungsverzug und permanenten (mittleren und harten) Negativmerkmalen, beispielsweise eine dauerhafte Sperre wegen Betrugs. Um diese Informationen liefern zu können, verfügt jeder Pool-Teilnehmer über aufwändige auf die speziellen Pool-Erfordernisse zugeschnittene Software, die alle benötigten Daten workflow-integriert steuert. Diese so genannten Fraud-Management-Systeme durchforsten rund um die Uhr die Kundendatenbanken nach definierten Betrugs- und Missbrauchskriterien. In kürzester Zeit verarbeitet das System Millionen von Kunden- und Gesprächsdaten und analysiert diese nach bestimmten Verhaltensmustern.

Ein Großteil dieser Ergebnisse fließt über eine sichere Standleitung in den Pool ein und steht kurz darauf allen anderen Partnern zur Verfügung. Alle 15 Minuten erfolgt ein automatisches Update der Daten. Liegen harte Negativmerkmale vor, wie etwa Eidesstattliche Versicherungen oder klare Betrugstatbestände, werden diese sofort eingemeldet.

Harte Recherche – detaillierte Analyse

Der Eingabe in den Pool geht eine minutiöse Beobachtung voraus. Jedes Indiz, dass auf einen Missbrauch hindeuten könnte, wird von jedem Partnern gesammelt und analysiert. Wie lange telefoniert ein Kunde und in welchem Land? Gab es in diesem Land schon öfters Roaming-Betrugsfälle? Hat der Kunde bisher stets seine Rechnung bezahlt?

Telefoniert beispielsweise plötzlich eine Vielzahl von Kunden stundenlang nach Japan, schlägt das System Alarm. Die Experten überprüfen dann, ob es sich um ein Unternehmen handelt, das mit Kunden telefoniert oder um einen Betrugsfall. Anhand von Filtersystemen wird im Abrechnungssystem des Anbieters rund um die Uhr das Gebührenaufkommen jedes Kunden geprüft. Fallen beispielsweise bei einem Neukunden innerhalb weniger Stunden hohe Summen für Mobilfunk-Gespräche an, wird aufgrund eines High-Spender-Verdachts automatisch die Karte gesperrt. Der Kunde wird gebeten, die Rechnung im Voraus zu bezahlen. Zahlt der Kunde, wird die Karte frei geschaltet. Bleibt die Rechnung offen, wird die Kartensperre endgültig. Informationen aus jedem einzelnen Vorgang werden in den Daten-Pool eingespeist und damit alle anderen Partner vor diesem Kunden gewarnt.

Datenpooling – Zahlungserfahrungen im Kredit Management

Aufwändige DV-Technik

Mit zu den aufwändigsten Teilen eines Pool gehören die technischen An- und Verbindungen, die sowohl den Datenfluss in als auch aus der Datenbank ermöglichen. Dabei stehen die Datensicherheit der Übertragung sowie der Speicherung, die Rechnerverfügbarkeit und die Schnelligkeit im Vordergrund. In einem umfangreichen Pflichtenheft wurden bereits vor Beginn der Pool-Einrichtung u.a. alle technischen Anforderungen festgelegt.

Damit der Pool für alle Teilnehmer gleichermaßen nutzbar ist, erfordert es zum Einen einheitliche, abgestimmte Datenstruktur, zum anderen eine für alle gleichermaßen zugängliche universelle Schnittstelle, um die Harmonisierung der unterschiedlichen Hardware sicher zu stellen. Der Betreiber des Mobilfunk Fraud Prevention Pool (die Firma Bürgel Wirtschaftsinformationen, Hamburg) stellt eine solche Schnittstelle (Remote Connection Services) zur Verfügung. Damit ist sowohl für PC- wie für Host-Anwender der Zugang gewährleistet. Diese universelle Schnittstelle schafft die Voraussetzung sowohl für direkte Online-Verbindungen als auch für die so genannte Batch- oder Stapelverarbeitung. So können im Rahmen eines umfassenden Kreditmanagements Anfragen auch direkt vom Point-of-Sale gestellt werden.

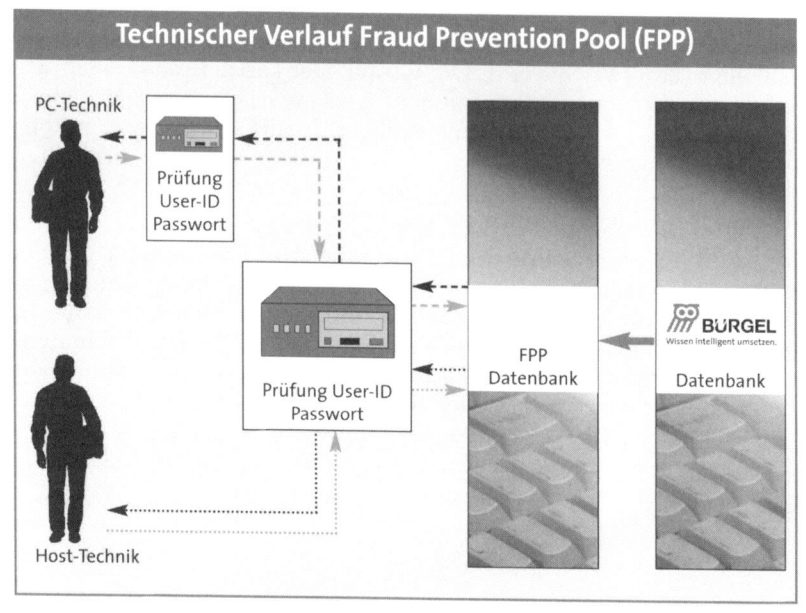

Grafik 1: Technischer Lauf FPP

Die Zugangs-Software ist für jeden Teilnehmer nach seinen individuellen Anforderungen, aber unter der Prämisse der einheitlichen Datenstruktur, konzipiert.

Für die Sicherheit der Datenübertragung und den Schutz vor unberechtigtem Zugriff sorgen spezielle Verschlüsselungen, Firewalls sowie jedem Teilnehmer zugeordnete User-IDs und Passwörter, die bei jeder Datenübertragung mit versandt werden. Um den permanenten Zugang seitens der Poolteilnehmer sicherzustellen, empfiehlt sich neben der Standleitung eine Backup-Leitung, die bei Ausfällen sofort einsatzbereit ist.

Nicht zuletzt spielen die Datenpool-Verfügbarkeit im 24-Stundenservice und die Schnelligkeit eine Rolle. Im Sekundentakt laufen Daten in und aus der Datenbank. Jede Verzögerung des Datenflusses kann bares Geld wert sein. Um Verfügbarkeit und Schnelligkeit zu gewährleisten, wurden und werden die Speicherkapazitäten und Systeme des FPP kontinuierlich optimiert.

Anonymität der FPP-Datenquellen

Die Ein- und Auslieferung der Daten des Warn- und Missbrauchs Pool erfolgt unter der Maßgabe der Anonymität. Diese Maxime ist einer der Grundpfeiler des FPP-Systems. Der Grund: Der Partnerkreis besteht aus großen Anbietern mit großen Kundendaten sowie kleineren Anbietern. Dem Marktanteil der Partner entsprechend ist die gelieferte bzw. abgeforderte Datenmenge unterschiedlich groß. Alle jedoch sind auf die Daten angewiesen. Die Anonymität schafft Gleichberechtigung untereinander und bewahrt vor Streitigkeiten.

Jeder Poolteilnehmer kann die Dateneinlieferung nur seinen eigenen Kunden zuordnen, er kann also nicht auf alle Objekte im Pool zugreifen. Bei der Abfrage für beispielsweise einen Neukunden erhält er alle für das angefragte Objekt aktuell vorliegenden Daten und Negativmerkmale in anonymisierter Form; er erfährt also nicht, wo dieser zuvor Kunde war und wer beispielsweise eine neues Negativmerkmal hinzugefügt hat.

Auch auf Seiten des Betreibers des Datenpools gelten streng reglementierte Zugangsberechtigungen, um die Datenkonsistenz und -sicherheit zu gewährleisten. Jeder Zugang dient hier einzig der Systemsteuerung.

Datenpooling – Zahlungserfahrungen im Kredit Management

Praxisbeispiel Talkline

Die positiven Erfahrungen der Poolteilnehmer zeigen sich anhand des Beispiels der Talkline Gruppe, die seit Jahren zu den führenden Telekommunikationsanbietern in Deutschland zählt. Sie besteht aus dem Mobilfunkserviceprovider Talkline GmbH & Co. KG und dem Call-by-Call- sowie Mehrwertdiensteanbieter Talkline ID GmbH und ist eine einhundertprozentige Tochter der TDC Mobile International Kopenhagen. Die Talkline-Gruppe beschäftigt knapp 1000 Mitarbeiter und erwirtschaftete 2003 bei einem Umsatz von ca. 898 Mio. Euro einen positiven EBITDA von 69 Mio. Euro. 1991 gegründet, betreut die Talkline GmbH & Co. KG heute mehr als 2 Mio. Mobilfunkkunden.

Talkline ist seit der ersten Stunde beim FPP dabei. Speziell das so genannte Provider-Hopping stellte zeitweilig für die gesamte Branche ein großes Problem dar, wobei ganze Betrügergruppen kurz vor der Deaktivierung von einem Provider zum nächsten zogen und es schließlich sogar noch bei einem Netzbetreiber versuchten.

Per FPP früher und umfassender informiert

Da die am Markt aktiven Bonitäts-Datenbanken vor allem harte negative Informationen aus Schuldnerregistern und Inkassoverfahren enthalten, kamen diese Informationen für die Mobilfunkunternehmen oftmals zu spät, was zu hohen Ausfällen führte. Ziel der Einrichtung des FFP war und ist es aber, möglichst bereits im Vorwege erkennen zu können, ob jemand negativ oder positiv ist, denn eine Aktivierung verursacht erhebliche Kosten. Durch die Einführung der branchen-typischen weichen Negativmerkmale, sprich Sperrungen, und dem schnellen Zugang zu diesen Informationen, kann auch Betrüger-Gruppen effizient begegnet werden.

Dringend erforderlich war auch die Einführung einer Unterscheidung zwischen dem Betrug einer Person und einem Namensmissbrauch, die es bis dato nicht gab. Zum einen, damit derjenige, dessen Name missbraucht wurde, trotzdem einen Vertrag erhalten konnte und zum anderen, um zu vermeiden, dass betrügerische Personen noch weitere Verträge erhielten.

Die Übersendung von Veränderungsmeldungen (wie z.B. Namensänderungen oder negative Merkmale eigener Kunden bei anderen Anbietern) erfolgt zügig, sie trägt somit zu einer besseren Qualität der eigenen Kundendaten bei und dient als weiteres Mittel, um eventuelle Betrüger bzw. Nichtzahler rechtzeitig erkennen zu können.

Durch die Unterstützung der Firma Bürgel und deren langjähriges Wissen zum Thema Bonität und Zahlungserfahrungen sowie des Know-how im Bereich Auskunfteidatenbanken konnte ein Pool entstehen, der genau auf die Erfordernisse der Branche zugeschnitten ist.

Deutliche Reduzierung der Ausfallrisiken

Wie wichtig dieser Pool für Talkline ist, ergibt sich aus dem steigenden Anteil der Antragsablehnungen von Privatkunden aufgrund von negativen Informationen aus dem Fraud-Prevention-Pool. Durch die zusätzliche Nutzung des Bürgel Consumer-Scores konnte die Quote deutlich gesteigert werden. Insgesamt geht Talkline davon aus, dass durch die Nutzung der FPP-Informationen Forderungsausfälle in Millionenhöhe im Privatkundenbereich vermieden werden konnten.

Hohe Trefferquote

Auch die Trefferquote innerhalb des Fraud-Prevention-Pools hat sich in den letzten Jahren ständig verbessert. Mittlerweile werden rund 40 % aller angefragten Personen in dem gemeinsamen Pool wieder gefunden, wodurch die Bedeutung des Pools deutlich zugenommen hat. Die exzellenten Erkennungsmethoden innerhalb der Bürgel-Datenbank tragen maßgeblich zu diesem Erfolg bei.

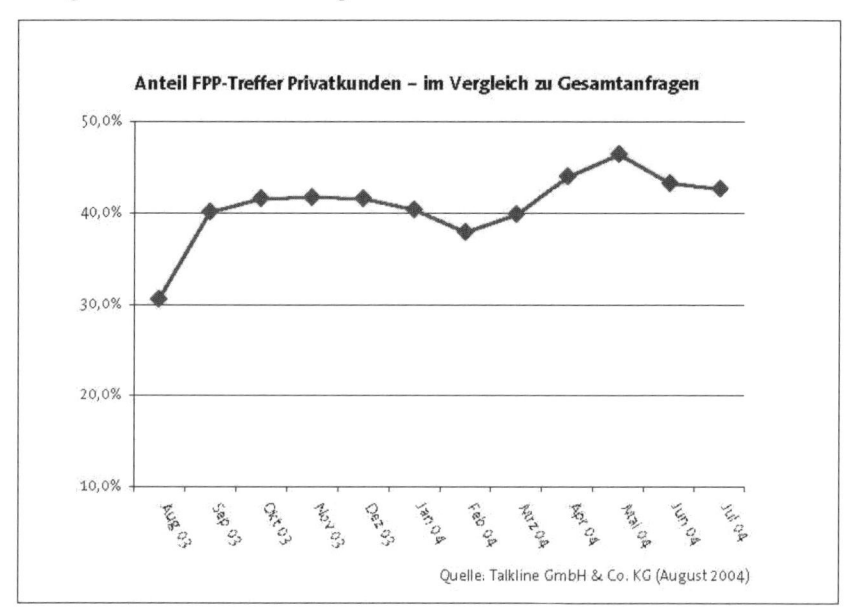

Grafik 2: Anteil der FPP-Treffer zu Gesamtanfragen Privatkunden

Positive Effekte für CRM

Ein weiteres Plus des Pools ist seine 24-stündige Verfügbarkeit, gerade im Bereich des Internetgeschäftes, das immer mehr zunimmt. Andere Auskunfteien können in diesem Bereich nicht mithalten.

Da die zehn Mitglieder des Fraud-Prevention-Pools Mobilfunk im Beirat vertreten sind, kann explizit auf die Bedürfnisse und Erfahrungen des Marktes eingegangen werden, um somit den größtmöglichen Nutzen für alle zu erzielen.

Mitbestimmung ist und bleibt ein Mittel für Erfolg, wenn alle die gleichen Ziele haben – und unter möglichen Betrügern leiden nun einmal alle gleichermaßen.

Fazit FPP Mobilfunk

Die Investitionen zum Schutz vor Missbrauch im Allgemeinen und speziell in Maßnahmen wie den FPP Mobilfunk sind enorm. Millionenbeträge fließen in die Informationsrecherche, die Technik und die Ausbildung der Spezialisten. Dennoch werden nicht alle Betrugsfälle rechtzeitig erkannt. Doch ohne die Investitionen in die Kontrollsysteme, darin sind sich alle Pool-Teilnehmer einig, wären die Ausfälle noch höher. Alles in allem ist dieser FPP ein gelungenes Produkt, das deutlich zur Reduzierung von Forderungsausfällen und speziell zur Betrugserkennung beiträgt.

Beipiel gebendes Erfolgskonzept

Die technischen Anforderungen an ein Poolsystem sind jederzeit auf andere Branchen übertragbar. Anders ist dies hinsichtlich der Anforderungen an branchen-typische Zahlungserfahrungen und Negativmerkmale. Das Prinzip und die positiven Erfahrungen hinsichtlich der Prävention vor Forderungsverlusten des Mobilfunk-Pools sind ein Erfolgsbeispiel, dem andere folgen sollten.

Übertragbarkeit: Beispiel Brau- und Getränkeindustrie

Ein aktuelles Beispiel dafür liefert die Brau- und Getränkebranche. Vor rund zwei Jahren haben sich einige Branchen-Unternehmen zusammen geschlossen, um ein gemeinsames „Branchenschuldner-Register" (infonet b) zu betreiben. Der Hintergrund: Produzenten und Lieferanten dieser Branche sind besonders stark betroffen durch die hohen Insolvenzzahlen, schleppende Zahlungsmoral und die hohe Fluktuation im Gastronomie- und Getränkehandelbereich.

So sind beispielsweise fast zehn Prozent der in der Bürgel-Datenbank gespeicherten Objekte der Gastronomiebranche mit negativen Merkmalen gekennzeichnet. Im Bereich Getränkehandel sind dies sogar mehr als zwölf Prozent. Ein Großteil der Kunden sind kleine und mittlere, oft privat geführte Betriebe. Selbst für eine professionelle Wirtschaftsauskunftei ist es in diesem speziellen Branchensektor schwierig, mit allen Informationen immer auf dem aktuellen Stand zu bleiben. Der Anteil der unbekannten weichen Negativmerkmale in dieser Branche liegt schätzungsweise bei rund 75 %.

Diese Situation verdeutlicht die Notwendigkeit eines gemeinsamen Fraud Prevention Pools speziell in dieser Branche. Von dem direkten Austausch der Informationen zu branchen-typischen Zahlungserfahrungen zwischen den Pool-Betreibern der Brau- und Getränkeindustrie gekoppelt mit den Informationen aus einer externen Bonitätsdatenbank, versprechen sich die Betreiber einen umfassenderen Schutz vor Forderungsverlusten, als er über externe Quellen möglich ist.

Zu den wichtigsten Negativmerkmalen dieser Branche, die in keiner Datenbank von Wirtschaftsauskunfteien auftauchen, gehören:
1. Schuldanerkenntnis (Vergleich)
2. Außendienst-Hinweise auf Zahlungsverzögerungen (ohne Inkassoverfahren)

Das Ziel der Betreiber dieses Pools ist es daher – wie schon beim FPP Mobilfunk – auch anhand dieser speziellen Negativmerkmale die Zahl der Ausfälle präventiv deutlich zu reduzieren, den Schutz vor branchentypischen Missbrauchsfällen zu optimieren und damit ein umfassendes professionelles Kreditmanagement zu ermöglichen.

Erfahrungen der Ingram Micro Distribution GmbH über die Motivation zur Teilnahme am Zahlungserfahrungspool von Creditreform

im Gespräch mit Erhard Gorny

Die Bewertung des Zahlungsverhaltens als Mittel der Wahl zur Insolvenz-Früherkennung

Angesichts von rund 40 000 Unternehmensinsolvenzen im Jahr 2003 in Deutschland rückt das Thema „Insolvenz-Früherkennung" auf die Agenda jedes Unternehmens. Forderungsausfälle sind unmittelbar ergebniswirksam und gefährden nachhaltig die Rendite eines Unternehmens. Die Aufgabe ist klar: Es gilt, innerhalb des Debitorenportfolios frühzeitig auf Krisensituationen aufmerksam zu werden, um rechtzeitig Risikopositionen abzusichern.

Hintergrundinformation

Alle börsennotierten Unternehmen sind rechtlich zur sofortigen Veröffentlichung von möglicherweise den Kurs beeinflussenden Nachrichten verpflichtet. Wie die zuvor genannte Aufgabe der Früherkennung in diesem Umfeld zu lösen ist, verdeutlicht die folgende, stark verkürzte Nachrichtenkette einer börsennotierten Aktiengesellschaft:

- 02.10.2001 – neuer Finanzvorstand
- 13.12.2001 – Wertberichtigungen 38 Mio./Rücklagen aufgebraucht
- 07.02.2003 – neuer Finanzvorstand
- 07.02.2003 – weiteres Vorstandsmitglied geht „auf eigenen Wunsch"
- 20.03.2003 – rückläufige Umsatzentwicklung
- 25.06.2003 – außerordentliche Kündigung der Kreditlinien
- 26.06.2003 – 30 Mio. Kreditmittel außerordentlich gekündigt
- 01.07.2003 – bevorstehende Insolvenz trotz Landesbürgschaft
- 15.07.2003 – Insolvenzantrag

Quelle: dgap Ad-hoc-News

Es wird ersichtlich, dass Insolvenzen eine Vorgeschichte haben. Und ferner, dass Früherkennung durch Analyse und Interpretation der vorliegenden Informationen möglich ist.

Der richtige Zeitpunkt für die Reaktion

Natürlich stellt sich die Frage, an welcher Stelle der Nachrichtenkette eine Reaktion (z.B. Anpassung des Kreditlimits, Anpassung der Zahlungskonditionen, Liefersperre etc.) hätte erfolgen sollen: etwa beim zweiten Wechsel des Finanzvorstandes innerhalb von 14 Monaten, vielleicht schon vorher oder erst später? Hier offenbart sich bereits die komplexe Herausforderung für ein derartiges Früherkennungssystem. Denn die zur Entscheidung vorliegenden Informationen sind eher qualitativer Art und als so genannte „weiche" Faktoren nur bedingt messbar bzw. vergleichbar. Zur automatisierten Steuerung von Unternehmensprozessen im Debitorenmanagement sind sie daher weitestgehend ungeeignet. Ein Blick auf die nicht börsennotierten Unternehmen offenbart dann das ganze Ausmaß der Schwierigkeiten, die mit der Früherkennung von Unternehmenskrisen verbunden sind. In diesem Bereich ist ein vergleichbares Publikationsverhalten (Stichwort: „Ad-hoc-Publizität") nicht vorhanden. Unternehmenskrisen werden häufig erst dann bekannt, wenn sie durch „harte" Negativmerkmale offenkundig werden – also meist zu einem Zeitpunkt, wenn der Insolvenzantrag beim Amtsgericht bereits gestellt wurde. Schaubild 1 verdeutlicht den idealtypischen Verlauf eines Unternehmenszusammenbruchs.

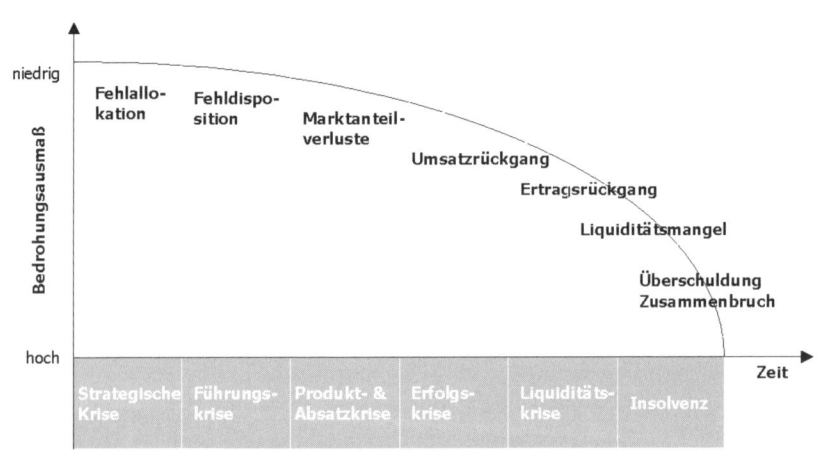

Schaubild 1: Idealtypischer Verlauf eines Unternehmenszusammenbruchs

Praxiserfahrungen der Ingram Micro Distribution GmbH

Die Frage nach dem richtigen Zeitpunkt stellt sich insbesondere für Distributionsunternehmen mit sehr geringen Margen und einem sehr hohen Umsatzvolumen, beispielsweise für die Ingram Micro Distribution GmbH. Das Unternehmen gehört zu der weltweit vertretenen Ingram Micro Gruppe, einem auf Produkte der Informationstechnologie (Drucker, Scanner, Software) spezialisierten Distributionsdienstleister. Die von namhaften Herstellern (Cisco, Microsoft, Fujitsu Siemens, Hewlett Packard u.a.) bezogenen Waren werden an gewerbliche Wiederverkäufer veräußert. Direktes Endkundengeschäft wird nicht betrieben. Täglich verlassen 15 000 Sendungen das Logistikzentrum in Straubing, das Rechnungsvolumen liegt bei rund 10.000 Stück pro Tag und die durchschnittliche Bruttomarge beträgt 5 Prozent. Da die Ingram Micro Distribution GmbH auf dem Gebiet der internetbasierten Bestelllösungen führend ist und bereits rund 60 Prozent aller Bestellungen online abgewickelt werden, ist vor allem die Frage nach den richtigen Informationen ausschlaggebend. Immerhin müssen im Daily Business rund 30 000 aktive Debitoren betreut und überwacht werden.

„Gerade im IT-Sektor, in dem sich unser Unternehmen bewegt, ist die Insolvenzquote sehr hoch. Vor diesem Hintergrund ist es erforderlich, dass sämtliche Arbeitsabläufe sehr effizient dargestellt werden können. Auch im Bereich Credit & Collection ist auf hohe Effizienz der Arbeitsabläufe zu achten. Es ist notwendig, eine kredit- und risikooptimale Beurteilung des Kundenlimits zu erreichen", kommentiert Erhard Gorny, Berater für Fragen des IT-Risk und Forderungsmanagements bei der Ingram Micro Distribution GmbH.

„Bei den neuen Finanzierungsstrukturen in diesem Bereich, Stichwort ‚Basel II', restriktiven Vorgehensweisen der Banken und Kreditversicherer, kommt dem Lieferantenkredit eine immer höhere Bedeutung zu. Was helfen die besten Produkte und optimale Logistik, wenn die Händler dort kaufen ‚müssen', wo die Finanzierung mittels Kreditlinien noch gesichert ist? Zu berücksichtigen ist hierbei die besondere Situation vieler mittelständischer Unternehmen, die zwar über lukrative Aufträge verfügen, aber nicht in der Lage sind, die Zwischenfinanzierung sicherzustellen. Es stellt sich also für die Ingram Micro nicht nur die Frage, wie hoch das Kreditlimit für den Kunden gesetzt werden darf. Vielmehr bietet Ingram Micro individuelle Auftragsfinanzierungen für den jeweiligen Bedarf an, sodass die Projekte termingerecht realisiert werden können."

Erfahrungen der Ingram Micro Distribution GmbH

Früherkennung durch Auswertung von Zahlungserfahrungen

„Für die Beurteilung und Finanzierungsentscheidung benötigen wir natürlich Daten, mit denen wir das eingehende Risiko sicher einschätzen können. Trotz eines ausgeprägten Risikomanagements lassen sich bisher Forderungsausfälle in Größenordnungen von einigen Mio. EUR pro Jahr nicht vermeiden. Um diese Ausfälle entsprechend weiter zu reduzieren, ist die Ingram Micro zwangsläufig immer auf der Suche nach neuen Informationsquellen. Gerade die Zahlungserfahrungen eignen sich sehr gut, um über einen gewissen Zeitverlauf Veränderungen festzustellen. Es wurde daher schon sehr früh begonnen, die eigenen Zahlungserfahrungen entsprechend zu archivieren und zu bewerten. Was jedoch in diesem Zusammenhang immer fehlt, sind externe Daten, Erfahrungen anderer Lieferanten", so Gorny. „Wir betrachten daher die externen Zahlungserfahrungen von Creditreform (ZaC) als eine zusätzliche Informationsquelle, die uns bei der Risikobeurteilung unserer Kunden als Frühwarninstrument behilflich sein kann."

Zahlungsverhalten wird durch Liquiditätskrise beeinflusst

Unterstellt man, dass sich die Liquiditätskrise eines Unternehmens insbesondere auch durch eine Veränderung des Zahlungsverhaltens offenbart, dann wird der Ansatzpunkt klar: Im Gegensatz zu „weichen" Faktoren (z.B. personelle Veränderung im Vorstand) ist das Zahlungsverhalten – und speziell Störungen desselben – messbar und somit vergleichbar. Die kontinuierliche Messung des Zahlungsverhaltens von Debitoren kann als effektives Instrument, als effektives Mittel zur frühzeitigen Erkennung von Unternehmenskrisen angesehen werden.

Diese Meinung vertritt auch die Ingram Micro Distribution GmbH: „Der ZaC-Datenpool wird uns zukünftig als externe Datenquelle für ein so genanntes Frühwarninstrument zur Verfügung stehen. Unser Ziel ist es, mithilfe von ZaC auffällige Zahlungszielveränderungen zu erfahren, historisch zu vergleichen und nach einiger Erfahrung auch bewerten zu können. Die aus ZaC resultierenden Abweichungen sollen Anstoß dazu sein, das Kreditmanagement zu überprüfen und mit dem Vertriebspartner rechtzeitig ein Gespräch bzw. eine Lösung zu suchen. Langfristig denken wir daran, die Erfahrungen aus dem Datenpool in unser Credit Management-Tool einfließen zu lassen, was wiederum Auswirkungen auf Rating- und Workflow-Prozesse in automatisierter Form haben wird", so Erhard Gorny. „Der ZaC-Datenpool ist für uns derzeit die einzige sinnvolle Möglichkeit, Zahlungserfahrungen aus dem Markt zu erhalten. Die langjährige vertrauensvolle Zusammenarbeit mit Creditreform war dabei sehr hilfreich. Als amerikanisches Unternehmen stellt man bei dieser Form des Datenaustauschs naturgemäß sehr hohe Anforderungen an die Vertrauenswürdigkeit des Partners", erklärt Gorny weiter.

Vorbereitung zur Teilnahme am ZaC-Pool

„Nachdem uns von der Creditreform-Gesellschaft München das Modell ‚Datenpool ZaC' vorgestellt wurde, fanden die nächsten Gespräche mit den Spezialisten im Verband Creditreform in Neuss statt. Für Ingram Micro stand sehr schnell die Teilnahme an diesem Projekt als Gründungsmitglied fest. Der Erfolg des ZaC-Datenpools steht und fällt mit der Qualität der eingelieferten Daten. Sehr überzeugend fanden wir daher das Konzept einer kostenfreien Teilnahme sowie die Beratung und individuelle Abstimmung der Datenqualität in unserem Hause mit den Abteilungsverantwortlichen und der EDV-Abteilung. Dabei wurde in einem Organisationsgespräch auf die wichtigsten Punkte des Zahlungs- und Buchungsverkehrs eingegangen, z.B.:
1. Wie werden die Zahlungsziele im System hinterlegt?
2. Wie werden die Fälligkeiten berechnet?
3. Wie werden nachträgliche Zahlungszielverlängerungen dargestellt?
4. Wie werden Rücklastschriften bzw. Rückschecks im System gekennzeichnet?
5. Wie und wann werden Gutschriften den jeweiligen Rechnungen zugeordnet?
6. Wie werden Teilzahlungen verbucht?
7. Werden umgekehrt die Zahlungen pauschal auf den Konten abgestellt?
8. Wie wird mit strittigen Posten verfahren?

Es ist extrem wichtig, diese Details gemeinsam zu erarbeiten, um dann abzustimmen, welche Daten sozusagen ‚sauber' und korrekt in den Datenpool an den Verband Creditreform übergeben werden können", erläutert Gorny.

„Erfreulicherweise wurde bei den ersten Testläufen der Kunden im Abgleich mit der Crefo-Nummer eine Übereinkunft von rund 86 Prozent ermittelt. Dadurch wird eine sehr hohe Überstimmung der Kundendaten erreicht. Durch den einmaligen Abgleich mit der Crefo-Nummer war es uns ferner möglich, Dubletten bzw. falsche Anschriften im System zu kennzeichnen und zu korrigieren."

„Ferner wurden uns von Creditreform im ersten Schritt – auf Basis des Creditreform-Bonitätsindex – die Kunden in Risikoklassen eingeordnet. Die Risikoklassen 4 bis 6 unterliegen im Kreditbereich der Ingram Micro einer sehr individuellen und engen Betreuung. Langfristig sehen wir die Daten aus dem Zahlungserfahrungspool als wichtiges Instrument der Früherkennung. Besondere Bedeutung kommt hierbei der Zahlungserfahrung über einen längeren Zeitraum zu.

Für die Zukunft wäre es wünschenswert, wenn es die ZaC-Datenpool-Auswertung separat nach Branche geben würde. Dadurch wäre ein noch höherer Aussagewert auf das jeweilige Kundenklientel gegeben."

Neue Anforderungen und Zielsetzungen

In dem Gespräch erörterte Erhard Gorny seine Aufgabe als Berater der Ingram Micro sowie die Herausforderungen, denen sich Ingram Micro in Zukunft stellen muss.

„Meine Aufgabe bei Ingram Micro besteht im Wesentlichen darin, das Unternehmensziel ‚Credit als Kernkompetenz' kostenoptimiert zu realisieren und zu dokumentieren. Dabei soll das Produkt- und Dienstleistungsportfolio durch Finanzierungsangebote für die Händler erweitert werden. Neben der Entwicklung von neuen Finanzprodukten ist es zusätzlich erforderlich, eine Optimierung der gegenwärtigen Kreditprüfungs- und Überwachungsprozesse zu gestalten. Hierzu ist mittelfristig der Einsatz eines neu entwickelten Credit Management-Strategie-Tools erforderlich. Mithilfe dieses Tools sollen die Abläufe weiter optimiert und in einigen Bereichen standardisiert und teilautomatisiert werden. Ein integriertes Workflow-System wird dann zusätzlich für eine Erhöhung der Qualität und entsprechende Kosteneffizienz sorgen. Hauptaugenmerk liegt hierbei auf einer vertriebsorientierten, risikobewussten Finanzierung der Vertriebspartner. Eine neue Herausforderung für das Kreditmanagement wird zukünftig darin bestehen, die Vertriebspartner bei der Bonitätsbewertung ihrer Endkunden zu unterstützen und die Bonität des Endkunden in die eigene Bewertung/Rating einfließen zu lassen."

Nähere Informationen über den Creditreform-Datenpool

Der ZaC-Pool

Nach dem Motto „Wer zahlt wie?" stellt der Marktführer Creditreform seinen Kunden mit ZaC – Zahlungserfahrungen Creditreform – einen Datenpool zum systematischen und anonymen Austausch von Zahlungserfahrungen zur Verfügung. Eine Zahlungserfahrung wird dabei durch einen eindeutigen Buchhaltungsbeleg und dessen kennzeichnende Daten definiert (Buchungsdatum, Betrag, Fälligkeitsdatum, Ausgleichsdatum u.a.). Aus der Auswertung einer möglichst großen Anzahl einzelner Zahlungserfahrungen (sprich: Belege) gelangt man zu Erkenntnissen über das allgemeine Zahlungsverhalten eines Debitors und kann insbesondere auch Veränderungen im Zahlungsverhalten frühzeitig erkennen.

Die eindeutige Identifikation

Dieser vermeintlich simple Ansatz offenbart bei näherer Betrachtung eine Reihe von Hürden. An erster Stelle ist die eindeutige Identifikation der jeweiligen Debitoren zu nennen. Hier ermöglicht die regionale Struktur von Creditreform mit über 130 Standorten in Deutschland eine manuelle Zuordnung der Debitoren-Daten zu den Creditreform-Daten, die über die sonst übliche, rein Software-gestützte Identifikation hinausgeht und folglich im Ergebnis überdurchschnittlich hohe Zuordnungsquoten liefert (bei Ingram Micro lag die Quote bei knapp 86 Prozent).

Das Kreuz mit den strittigen Posten

Auf Basis der Zuordnung der eindeutigen Creditreform-Nummer zu einem Debitor erfolgt die weitere Verarbeitung der Belegdaten, die zu einer Aussage über das Zahlungsverhalten verdichtet werden. Von besonderer Bedeutung ist dabei die sorgfältige Behandlung so genannter „strittiger Posten" (z.B. Reklamationsfälle), die in den jeweiligen Buchhaltungssystemen der Teilnehmer sehr individuell über Merkmale wie Mahnsperre, Mahnstufe, Belegart oder Buchungsvorgang abgebildet werden. Es versteht sich von selbst, dass derartige Belege nicht für die Bewertung des Zahlungsverhaltens berücksichtigt werden dürfen, da sie die reale Situation verfälscht wiedergeben würden.

Die Bearbeitung der strittigen Posten ist nur eine von mehreren Fragestellungen, die Creditreform individuell mit den Fachabteilungen der

Teilnehmer erörtert. Es ist notwendig, die spezifischen Buchungsverfahren zu verstehen, um die Daten korrekt bewerten zu können.

Teilnahme ist kostenfrei

Die Quantität der Zahlungserfahrungen beeinflusst natürlich auch die Qualität der Daten. Aus diesem Grund ist die Teilnahme an dem ZaC-Pool für alle Unternehmen kostenfrei. Nach der unkomplizierten Einlieferung eigener Zahlungserfahrungen erhält das Unternehmen alle externen Informationen aus dem Pool, die zu seinen Debitoren gespeichert sind. Zugleich werden die Debitoren eindeutig identifiziert.

Creditreform hebt sich mit der kostenfreien Teilnahme von weiteren Pool-Betreibern ab.

Die Masse machts

Creditreform hat erst im Laufe des zweiten Halbjahres 2003 den produktiven Betrieb des Datenpools aufgenommen. Im Juli 2004 beinhaltete der Pool bereits **mehr als 12 Mio. Belegdaten zu über 500 000 Unternehmen**. Und die Liste der Teilnehmer und Interessenten wächst von Woche zu Woche.

Diesen frühen Erfolg verdankt Creditreform der Pool-Gestaltung. Von Beginn an wurde der Pool offen und systemunabhängig konzipiert, um allen Unternehmen, unabhängig von der Branche oder Unternehmensgröße (aktive Debitoren), die Teilnahme zu ermöglichen und damit die Qualität der Zahlungserfahrungen auf gewohnt hohem Creditreform-Niveau zu garantieren.

Die regionale Präsenz von Creditreform und die aktive Vertriebsorientierung der 3500 Mitarbeiter tragen dazu bei, innerhalb eines überschaubaren Zeitraums den größten Datenpool für Zahlungserfahrungen in Deutschland aufzubauen. Ein Datenpool lebt von Daten, sodass die Qualität auch durch die Quantität der Informationen begünstigt wird.

Rücklieferung

Der Creditreform-Pool befindet sich aktuell noch in der Aufbauphase. Dennoch ist der Anreiz, bereits jetzt Daten in den Pool zu liefern, groß: Alle Unternehmen, die vor der baldigen Öffnung des Pools als Lieferant an ZaC teilnehmen, erhalten kostenfrei eine Risikoanalyse über das eingeliefertes Debitorenportfolio. Die Rücklieferung der externen Zahlungserfahrungen startet ab Oktober 2004.

Wenn Sie weitere Informationen zur Bewertung von Zahlungserfahrungen oder zur Teilnahme an ZaC wünschen, richten Sie Ihre Anfrage bitte an *zahlungserfahrungen@creditreform.de*.

Kontakt:

Jens Spellerberg
Telefon: 02131/109-481
Verband der Vereine Creditreform e.V.
Abteilung Risikomanagement
Hellersbergstraße 12
41460 Neuss

Rainer Meckelein

Neue Einsatzmöglichkeiten moderner Kreditrisikosteuerung durch Vervollständigung der Datenbasis

Wer zahlt ist selber schuld?

Es ist nichts Neues, dass Menschen Schulden machen. Schon früh wurden beispielsweise Baukredite als probates Mittel für die Erfüllung des Traumes vom Eigenheim genutzt, und spätestens seit Ende der 50er Jahre ist die so genannte rasche Vergabe von Konsumentenkrediten ein fester Bestandteil der Privathaushalte zur Bewältigung des Alltags und zur Existenzsicherung.

Diese Art der Finanzierung erfreut sich seitdem immer größerer Beliebtheit, was dazu geführt hat, dass das Volumen der Konsumentenkredite in Deutschland in den Jahren 1970 bis 2001 von 14,8 Mrd. EUR auf 219,8 Mrd. EUR angestiegen ist.

War es für die Nachkriegsgeneration noch eine Frage der Ehre, so schnell wie möglich wieder schuldenfrei zu sein, ist heutzutage ein deutlicher Werteverlust festzustellen: Es scheint nicht nur gang und gäbe zu sein, Schulden zu machen, sondern auch, sie zeitlebens zu behalten. Zusätzlich ist die emotionale Hemmschwelle, Rückzahlungen einfach auszusetzen, deutlich gesunken.

Auffällig ist, dass sich vor allem junge Menschen zunehmend verschulden, um ihre ansteigende Nachfrage nach Konsumartikeln finanzieren zu können, da das eigene Nettoeinkommen dazu meist nicht ausreicht. Nicht selten wird dabei die eigene Rückzahlungsfähigkeit auf unrealistische Annahmen wie etwa Unkündbarkeit des Jobs, turnusmäßige Gehaltssteigerungen oder permanente Gesundheit begründet.

Wenn die Verschuldung in Überschuldung mündet, also das Vermögen des Schuldners die aus der Kreditaufnahme resultierenden Verbindlichkeiten, Rechnungen oder Unterhaltszahlungen nicht mehr decken kann, ist die Rückzahlung von Krediten oder die Bedienung von Ratenverträgen akut gefährdet.

Für viele bleibt als Lösung nur der Weg in die private Insolvenz, der für den Schuldner für einen Zeitraum von 5 Jahren mit erheblichen Einschränkungen seines persönlichen und gesellschaftlichen Lebens und für die Gläubiger häufig mit dem annähernden Totalverlust ihrer Forderungen verbunden ist.

Zum Forderungsverlust durch Zahlungsunfähigkeit wegen Überschuldung gesellt sich zunehmend der Forderungsverlust durch Zahlungsunwilligkeit, bei dem Schuldner berechtigte Forderungen als Manövriermasse für einen größeren finanziellen Spielraum benutzen und auf Lücken oder Forderungsverzichte in der Beitreibung hoffen.

Es liegt im Interesse von beiden Parteien eines Kreditverhältnisses, durch geeignete Verfahren eine Überschuldung vor Eintritt zu verhindern und Zahlungsunwillige durch Präventivmaßnahmen sowie ein konsequentes Mahnwesen gar nicht erst in Versuchung zu führen.

In der Kreditwirtschaft ist dazu seit Jahrzehnten ein Meldeverfahren etabliert, dass potentiellen Kreditgebern eine Beurteilung der Zahlungsfähigkeit eines Schuldners erleichtern soll. Die vollständigen Daten stehen aber nur Kreditinstituten zur Verfügung, andere Kreditgeber, zum Beispiel dem Distanzhandel oder Telekommunikationsunternehmen bleibt nur der Zugriff auf so genannte harte Negativdaten wie Eidesstattliche Versicherung oder eine gerichtliche Titulierung.

Dabei stellt sich die Frage, ob in Zeiten, die durch rückläufige Potenziale nicht nur im Einzelhandel sondern auch im Telekommunikationsbereich gekennzeichnet sind, die Information, dass ein Schuldner eine Rechnung bei einem Handelsunternehmen nur teilweise bezahlt hat, zum Beispiel für ein Telekommunikationsunternehmen wirklich relevant ist.

Studien haben ergeben, dass Schuldner bei Zahlungsschwierigkeiten Telekommunikationsrechnungen eher bezahlen als offene Rechnungen oder Raten für Ware von Handelsunternehmen. Zudem konnten auch starke regionale Unterschiede bei der Zahlungsfähigkeit und der Zahlungswilligkeit festgestellt werden.

Notwendig ist also eine spezifische, auf das jeweilige Unternehmen zugeschnittene Strategie zur Kreditsteuerung, die auf mehr als den reinen Negativdaten von Konsumenten aufsetzt und die Möglichkeit bietet, mit begrenztem Verlustrisiko Umsatzpotenziale optimal auszunutzen.

Werkzeuge zur Kreditwürdigkeitsbeurteilung

Im täglichen Leben, in dem sich bei Transaktionen Käufer und Lieferant persönlich gegenüberstehen, erfolgt die „Kreditwürdigkeitsbeurteilung" in der Regel nach Daten, die bewusst oder unbewusst im persönlichen Kontakt online „erhoben" und verarbeitet werden:
- Wie drückt sich der Gegenüber aus (Bildungsgrad)
- Wie ist er gekleidet (wirtschaftliche Situation)
- Ist der Vertragspartner von früheren Geschäften bekannt und wie hat er sich dort verhalten (frühere Erfahrung)
- Welchen Eindruck von Seriosität erweckt der Vertragspartner (menschliche Beurteilung)
- Aus welchem soziologischen Umfeld kommt der Vertragspartner wahrscheinlich (Allgemeine Erfahrung mit der Kundengruppe)
- Welche Art der Abwicklung wünscht er und geht die Art der Abwicklung konform mit seinem übrigen Auftreten (Betrugswahrscheinlichkeit)

Die Kreditwürdigkeitsbeurteilung erfolgt im privaten Bereich – zum Beispiel beim Gebrauchtwagenkauf von Privat – durchaus gegenseitig.

Das Ergebnis der Kreditwürdigkeitsbeurteilung wird dem Vertragspartner in der Regel indirekt (durch Angebot einer Zahlungsmethode) ohne Angabe von Gründen und sofort mitgeteilt.

Eine systematische Aufzeichnung und Auswertung der im persönlichen Gespräch gewonnenen Daten erfolgt in der Regel nicht. Wenn überhaupt befinden sich die entsprechenden Daten nur im Gedächtnis des Verkäufers und können von dort nur assoziativ abgerufen werden.

Für Transaktionen, bei deren sich die Vertragspartner nicht „Aug in Aug" gegenüberstehen, gelten andere Gesetzmäßigkeiten.

Dem Distanzhandel oder der Telekommunikationsindustrie stehen ein Großteil der Daten, die im persönlichen Kontakt nonverbal und spontan übermittelt werden, nicht zur Verfügung. Wegen der Art der Abwicklung ist es aber möglich, zum Beispiel Zahlverhalten aus früheren Geschäften zu speichern, zu analysieren und auf eventuell vorhandene Muster zu untersuchen.

Deswegen wurde in diesen Branchen begonnen, bekannte Kundendaten systematisch auf Relevanz zur Kreditwürdigkeitsbeurteilung zu überprüfen und die gewonnenen Erkenntnisse zur Beurteilung von Neukunden oder in der Kreditsteuerung von Bestandskunden heranzuziehen.

Eigene Daten

Diese eigenen Daten über Konsumenten, mit denen schon einmal eine Geschäftsbeziehung bestanden hat, können bei einem neuen Geschäft zur Bewertung mit herangezogen werden.

Der Distanzhandel im Allgemeinen bringt mit sich, dass die genaue Adresse des Konsumenten zur Anlieferung der Ware bekannt sein muss. Informationen, die sich aus der Adresse gewinnen lassen, können daher zur Kreditwürdigkeitsbeurteilung ebenfalls mit herangezogen werden.

Aus verschiedenen öffentlichen Quellen stehen statistische Daten über
- die Mikrogeographie
  - Ein- oder Mehrfamilienhausbebauung
  - Industrieverteilung
  - Größe der Ansiedlung
  - Art des Umfeldes (Neubau, Altbau)
- und das soziale Umfeld
  - Durchschnittseinkommen
  - Kraftfahrzeugverteilung

zur Verfügung.

Zusätzlich wird, zum einen wegen der besseren Identifizierung eines potentiellen Konsumenten, zum anderen aber auch als Kriterium der Kreditwürdigkeit, häufig auch das Geburtsdatum erhoben. Die Daten der aktuellen Bestellung (Warengruppe, Wert, Zahlungsart) sind ohnehin bekannt.

Für eine spätere Analyse bezüglich Zahlungswahrscheinlichkeit oder Betrugswahrscheinlichkeit sind Abwicklungsdaten wie Fälligkeitsstrukturen und Zahlungsverhalten von Interesse und werden für bestehende Geschäftsbeziehungen gespeichert.

Mit diesen Daten ist eine wesentliche Grundlage zur Beurteilung der Kreditwürdigkeit gelegt.

Fremddaten

Darüber hinaus ist es in bestimmten Fällen zum Beispiel bei Erstbestellungen sinnvoll, zusätzliche Informationen über einen Konsumenten von Auskunfteien zu beziehen

Es handelt sich dabei um so genannte Negativinformationen, das heißt, Informationen über Zahlungsstörungen und deren juristische Folgen. Die Informationen kommen entweder aus den öffentlichen Schuldnerverzeichnissen oder den Meldungen von Unternehmen, die sich mit der Beitreibung von Forderungen befassen. Außer den Negativinformationen liefern die Auskunfteien vielfach einen eigenen Score, der auf Basis der bei den Auskunfteien gespeicherten Daten ermittelt wird und in den auch Informationen einfließen, die von Auskunfteien als Einzelmerkmal nicht geliefert werden.

Zur Beitreibung von Forderungen aus Zahlungsstörungen von Konsumenten ist es sinnvoll, Inkasso Firmen einzusetzen. Diese Firmen erzeugen während des Beitreibungsprozesses so genannte weiche Inkassomerkmale – Einzelheiten über den augenblicklichen Stand eines Inkasso Verfahrens – und sind eine wesentliche Quelle auch für externe Auskunfteien, von denen wiederum Distanzhändler oder Telekommunikationsunternehmen Daten beziehen.

Eine Zahlungswahrscheinlichkeitsvorhersage auf Basis von systematisch gespeicherten eigenen Merkmalen ergänzt um Merkmale von Auskunfteien ist regelmäßig deutlich genauer als eine Vorhersage basierend allein auf eigenen Daten.

Frühindikatoren

Frühindikatoren für eine erhöhte Zahlungsausfallwahrscheinlichkeit sind nicht nur offensichtliche harte Negativmerkmale wie die Leistung einer eidesstattlichen Versicherung oder die Existenz eines Haftbefehls, sondern häufig Kombinationen von Merkmalen, die jedes für sich und einzeln betrachtet keinen Anlass zur Vermutung einer schlechteren Zahlungswahrscheinlichkeit geben. Zur Identifizierung solcher Merkmale und zur Bewertung der Trennschärfe von Merkmalskombinationen haben sich statistische Verfahren wie zum Beispiel die Regressionsanalyse bewährt, mit denen die Auswirkung von Merkmalskombinationen auf die Zahlungswahrscheinlichkeit analysiert werden kann.

Merkmalskombinationen werden mit Hilfe von Scorekarten bewertet. Die daraus resultierenden Scorewerte sind bewährte Frühindikatoren für eine erhöhte Zahlungsausfallwahrscheinlichkeit oder ein erhöhtes Betrugsrisiko.

Scoring

Ein Scorewert ist eine dimensionslose numerische Größe, die mit einer mathematischen Funktion der Form

$$f = \sum_{i=1}^{N} M_i * K_i$$

(für lineare Modelle) errechnet wird. M_i ist dabei die Merkmalsausprägung und K_i ein Gewichtungsfaktor, der durch mathematisch-statistische Methoden ermittelt wird. Die Aussage eines Scorewertes ist eine Wahrscheinlichkeit, mit der das analysierte Ergebnis eintritt. Ein Scorewert ist nicht normiert, zur Interpretation eines Scorewertes ist immer die zugehörige Scorekarte notwendig.

Die Anzahl der Merkmale ist unterschiedlich und wird von der Signifikanz für die gewünschte Prognose bestimmt. Die Liste der Merkmale zusammen mit den Gewichtungsfaktoren sowie die Zuordnung von Scorewerten zu Wahrscheinlichkeiten nennt man Scorekarten.

Scorekarten werden entwickelt, indem die Relevanz von Merkmalen mit Hilfe statischer Analysemethoden auf eine statistisch signifikante Datenmenge analysiert wird. Eine solche Analyse ergibt die Gewichtungsfaktoren, mit denen Merkmalsausprägungen zu bewerten sind, um einen Scorewert zu berechnen. Der Scorewert ist wiederum einer Wahrscheinlichkeitsklasse zum Eintritt des untersuchten Ereignisses zugeordnet.

Auswirkung der Datenmenge auf die Beurteilung

Je größer die Anzahl der Merkmale und je differenzierter das Datenbeispiel, um so größer ist die Wahrscheinlichkeit, für den Anwendungsfall signifikante Merkmale zu finden. Trennschärfe ist die Eigenschaft, die beschreibt, wie gut man in einer bekannten Beispielmenge mit Hilfe der Scorekarte die Zahlungswahrscheinlichkeit oder die Betrugswahrscheinlichkeit vorhersagen kann.

Bei einer großen Anzahl von Merkmalen erfolgt je nach Anforderung vor der eigentlichen Analyse eine Vorauswahl nach verschiedenen Methoden zur Reduzierung auf 10 bis 15 Merkmale.

Hat man eine trennscharfe Scorekarte entwickelt, können berechnete Zahlungsausfallwahrscheinlichkeiten oder Betrugswahrscheinlichkeiten bei der Abwicklung der Aufträge flächendeckend zur Risikominimierung eingesetzt werden. Voraussetzung dafür ist eine einheitliche Erhebung und Interpretation der Merkmale sowie eine Abstimmung der betrieblichen Abläufe auf die Risikobewertung.

Wege zur erfolgreichen Vervollständigung der Datenbasis

Eine große Anzahl an Merkmalen bietet eine breite Datenbasis für zielgerichtete und auf den jeweiligen Anwendungsfall bezogene Analysen. Als signifikant erkannte Merkmale sollten möglichst vollständig und für möglichst viele potentielle Konsumenten vorhanden sein, um eine möglichst genaue Vorhersage der Zahlungs- oder Betrugswahrscheinlichkeit zu ermöglichen.

Das alleinige Sammeln von Negativinformation ist für eine effiziente Risikosteuerung nicht ausreichend.

Zusätzlich sind weitere Informationen notwendig, deren systematische Speicherung auch über Unternehmensgrenzen hinweg eine wirksame Bewertung von Zahlungswahrscheinlichkeiten ermöglicht. Die zu speichernden Daten beziehen sich dabei ausschließlich auf das Zahlungs- und Geschäftsabwicklungsverhalten, nicht auf Konsumdaten im Sinne des viel zitierten „gläsernen Kunden".

Wichtige zusätzliche Daten in diesem Umfeld sind

- Mahnstrukturen,
- Mikrogeographische Informationen,
- Mikroökonomische Informationen,
- Mikrosoziologische Informationen,

die im Zusammenhang mit den aktuellen Auftragsdaten zur Bewertung von Zahlungswahrscheinlichkeiten herangezogen werden.

Unternehmensübergreifende Festlegungen und Definitionen

In einem heterogenen Unternehmensumfeld kann die Datenbasis nur dann vervollständigt werden, wenn alle Merkmale gemeinsamen Festlegungen und Definitionen genügen. Bei vielen Beteiligten ist die Festlegung dieser Merkmale ein schwieriger und zeitintensiver Prozess, an dessen Ende eine genaue Merkmalsbeschreibung sowie Definitionen der Merkmalsausprägung und der Aktualisierungshäufigkeit stehen. Aber nur auf dieser Grundlage kann die Qualität der eingelieferten Daten sichergestellt werden.

Zum Beispiel ist ein Merkmal Mahnstufe eine für jedes Unternehmen individuell festgelegte Kombination aus Fälligkeit, Betragshöhe und gelieferter Leistung. In dem einem Unternehmen werden Beträge ab 2 € ab 30 Tagen Fälligkeit das erste Mal angemahnt, in dem anderen Unternehmen erfolgt das erst ab 30 € und 60 Tagen. Eine schlichte Übermittlung der Mahnstufe hat daher keine Aussagekraft. Wenn aber alle Unternehmen einen 60 Tage überfälligen unstreitigen Betrag melden, ist diese Information für jedes andere Unternehmen verwertbar.

Die gemeinsame Definition in diesem Fall wäre also
- 60 Tage unstreitig überfällig
- Betrag in € kaufmännisch gerundet

- Aktualisierung spätestens einen Tag nach Änderung des Zustands z.B. durch Zahlungseingang

Mit diesen Definitionen ist ein Merkmal für jedes beteiligte Unternehmen sowohl liefer- als auch verwertbar.

Gleichmäßige kontrollierte Datenqualität

Da negative Merkmale Auswirkungen auf betroffene Konsumenten haben können, ist bei der Erhebung, Speicherung oder Übermittlung solcher Merkmale die Einhaltung strenger Qualitätskriterien notwendig, zusätzlich müssen die Kriterien bei allen Datenlieferanten gleich sein:

- Genauigkeit;
  die Daten müssen die Fakten und Objekte der realen Welt inhaltlich korrekt wiedergeben.
- Folgerichtigkeit;
  die Daten müssen einheitlich strukturiert und widerspruchsfrei erfasst sein.
- Vollständigkeit;
  alle relevanten Daten müssen vorhanden sein. Informationslücken bei der Erfassung reduzieren die Aussagekraft der Daten.
- Rechtzeitigkeit;
  die Daten müssen rechtzeitig zur Verfügung stehen.

Datenschutz

Die Vereinheitlichung der Datendefinitionen ist der erste Schritt zu einer Vervollständigung der Datenbasis.

Bei der Erhebung, Speicherung oder Übermittlung solcher Daten sind die datenschutzrechtlichen Vorschriften zu beachten. Dabei ist zu prüfen, ob

- die Daten, die man benutzen will, von der verantwortlichen Stelle (dem Urheber) rechtmäßig übermittelt wurden,
- die übermittelten Daten zur Übermittlung an Dritte gespeichert werden dürfen und
- Dritte ein berechtigtes Interesse haben, die übermittelten Daten zu erhalten.

Unabhängig von der Art der technischen Durchführung werden Daten im Sinne des Datenschutzgesetzes übermittelt, gespeichert zur Übermittlung oder übermittelt auf Anfrage mit berechtigtem Interesse.

Auch der direkte Zugriff eines befreundeten oder beherrschten Unternehmens auf Daten, die zur eigenen Geschäftsabwicklung erhoben werden, stellt die oben beschriebene Folge von Verarbeitungen dar.

Übermittlungsgrundlage des datenliefernden Unternehmens

Erlaubnisgrundlage für die Erhebung von Daten für eigene Zwecke in einem Unternehmen ist der § 28 (1) 1 in Verbindung mit dem § 28 (1) 2 Bundesdatenschutzgesetz. Die Daten dürfen aber nur für eigenen Zwecke erhoben und gespeichert werden. Die Übermittlung von Daten an Dritte ohne Zustimmung des Betroffenen auf gesetzlicher Grundlage erfolgt im Wesentlichen auf der Basis der Bestimmungen des § 28 (3) 1 (Berechtigtes Interesse) in Verbindung mit § 28 (1) 2.

Herrschende Rechtsauffassung ist, das Daten über negatives Zahlungsverhalten übermittelt werden dürfen, wenn die Daten „hart" sind und einer gerichtlichen Prüfung standgehalten haben. Dazu gehören Informationen über Vollstreckungstitel, Abgabe der eidesstattlichen Versicherungen, Vollstreckungsmaßnahmen. Die Übermittlung von „weichen Negativdaten" wie der Übergabe an Inkasso oder des Standes des kaufmännischen Mahnverfahrens ist umstritten und muss für jede Kategorie unter Berücksichtigung des Zwecks und vor allen Dingen der Unstreitigkeit der Forderungen geprüft werden.

Die Übermittlung von Positivdaten gilt generell als nicht zulässig obwohl sie gerade bei der Bewertung von Zahlungsausfallwahrscheinlichkeiten besonders hilfreich wären.

Speicherung von Daten zum Zweck der Übermittlung

Die Daten werden von dem datenliefernden Unternehmen entweder auf Anforderung eines anderen Unternehmens mit berechtigtem Interesse direkt übermittelt oder sie werden zum Zweck der Übermittlung geeignet gespeichert, um auf Anforderung einer Stelle mit berechtigtem Interesse verfügbar zu sein.

In einem Umfeld, in dem viele Unternehmen als rechtlich selbstständige, heterogene und individuelle Einheiten arbeiten, ist die direkte Verbindung zwischen den Unternehmen technisch und ökonomisch ungünstig, da in diesem Szenario jedes der Unternehmen mit jedem anderen verbunden werden muss. Zusätzlich muss jedes Unternehmen die gesetzlichen Auflagen zur Auskunft an Betroffene, Benachrichtigung, Einhaltung von Löschfristen, Meldepflichten und Ähnliches implementieren.

Übermittlung von Daten an eine gemeinsame Organisation

Zur Entlastung der datenliefernden Unternehmen und zur Bündelung von Informationen ist ein rechtlich selbstständiges Unternehmen vorteilhaft, dass die Informationen der Unternehmen entgegennimmt, speichert und auf Anfrage zusammengefasste Information übermittelt.

Rechte und Pflichten von datenspeichernden Unternehmen in Bezug auf die Betroffenen im Sinne des Bundesdatenschutzgesetzes regeln die §§ 33 (Benachrichtigung), 34 (Auskunft an den Betroffenen), 35 (Berichtigung, Sperrung und Löschung von Daten) des BDSG.

Den Erlaubnisrahmen für die geschäftsmäßige Erhebung, Speicherung oder Veränderung von personenbezogenen Daten zur Übermittlung sowie die damit verbundenen Pflichten liefert der § 29 BDSG. Es können dabei personenbezogene Daten nicht nur gespeichert, sondern auch verändert werden. Unter diesem Erlaubnisvorbehalt können Einzeldaten auf geeignete Weise, zum Beispiel durch mathematisch statistische Methoden, zusammengefasst und das zusammengefasste Ergebnis dem Anfrager mitgeteilt werden.

Nachweis des berechtigten Interesses

Anfragende Unternehmen oder Privatpersonen müssen ein berechtigtes Interesse haben, Kenntnis über die Daten zu erlangen. Das Interesse muss durch entsprechende Belege nachgewiesen werden, die Belege sind aufzubewahren. Das Auskunft erteilende Unternehmen hat das Recht, das berechtigte Interesse des anfragenden Unternehmens zu prüfen. Es hat den Grund für das berechtigte Interesse aufzuführen. Gründe können sein

- Geschäftsanbahnung bei Geschäften auf offene Rechnung
- Beitreibung von unstreitigen Forderungen
- Durchsetzung von juristischen Maßnahmen zur Beitreibung von Forderungen

Beispiel Prognose von Betrugswahrscheinlichkeiten

Betrugsbearbeitung wird heute noch in vielen Fällen manuell und vor allen Dingen nach dem Eintritt des Betrugsfalles durchgeführt und umfasst vorwiegend ausschließlich das „Aufräumen" nach Eintritt des Schadens.

Günstiger für alle Beteiligten wäre ein Erkennen des Betrugsversuches und eine Verhinderung sowohl des Schadens als auch der Straftat.

Hier ein Beispiel, wie eine vollständige Datenbasis und die Anwendung moderner Verfahren die Betrugsquote drastisch senken können.

Bei einem Unternehmen, dass ein großes Warenspektrum gegen offene Rechnung an Konsumenten liefert, häuften sich die Betrugsfälle. Es wurde

- Ware bestellt und geliefert, aber nicht bezahlt,
- der Empfänger erwies sich als nicht auffindbar,
- die Ware wurde fälschlich als verloren gemeldet,
- der bei der Bestellung angegebene Besteller hatte nachweislich weder bestellt noch die Ware erhalten.

Mathematisch-statistische Verfahren zur Vorhersage der Zahlungswahrscheinlichkeit wurden regelmäßig genutzt, erwiesen sich aber in den oben genannten Fällen als nicht hinreichend wirksam.

Aus der Überlegung, dass für die Vorhersage einer Betrugswahrscheinlichkeit die gleichen Mechanismen gelten könnten wie für die Vorhersage einer Zahlungswahrscheinlichkeit, wurden die vorhandenen Fälle einer intensiven Analyse unterzogen.

Dabei wurde festgestellt, dass Betrugsfälle besonders häufig in Verbindung mit

- bestimmten Warengruppen,
- bestimmtem Bestellverhalten,
- bestimmter Altersklasse des Kunden,
- bestimmten Bestellmedien

sowie bestimmten mikrogeographischen Daten erfolgen. Aus nahe liegenden Gründen ist die Aufzählung der Merkmale hier unvollständig. Eine genaue Analyse einer statistisch relevanten Datenstichprobe von 3000 (Neukunden) beziehungsweise 6000 (Bestandskunden) Betrugsfällen ergab eine Scorekarte aus insgesamt 12 Merkmalen.

Mit dieser Scorekarte können für Neukunden innerhalb einer 5 % Fehlerklasse (5 % der Neukunden werden irrtümlich als Betrüger erkannt) 76 % aller Betrüger erkannt werden, für Folgeaufträge ist die Quote sogar 86 %.

Wirtschaftlichkeit

Bei der Implementierung einer Bewertung der Betrugswahrscheinlichkeit für alle Bestellungen von bestimmten Warengruppen ist zu prüfen, ob der Einsatz dieses Verfahrens die damit verbundenen Nachteile überwiegt.

Der Nachteil solcher Verfahren ist immer, dass Besteller auf Grund der Betrugswahrscheinlichkeit abgelehnt werden, obwohl sie keinerlei Betrugsabsichten hegen. Dieser entgangene Umatz ist in Relation zur Ersparnis durch eingesparte Ausbuchungen zu setzen. Hierbei sind Bestellwerte und Warengruppen der untersuchten Datenstichrobe zu Grunde zu legen.

Eine Implementierung ist nur sinnvoll, wenn die ersparten Ausbuchungen größer sind als die Margen aus dem entgangenen Gewinn plus der Kosten der Analyse, der Implementierung und dem Betrieb.

Bei der Entscheidung über eine Implementierung sind aber nicht nur die Belange der Buchhaltung und der Kreditsteuerung, sondern auch die Interessen von Marketing und Vertrieb zu beachten. Es wäre wenig sinnvoll, wenn die Einsparung von Verlusten in keinem Verhältnis zum Umsatzverlust durch Verärgerung von Kunden oder Abwertung einer Handelsmarke steht.

Im geschilderten Fall waren die zu erwartenden Einsparungen unter Berücksichtigung aller Randbedingungen größer als die Kosten. Das Verfahren wurde daher implemcntiert und ist seit mehreren Jahren erfolgreich im Einsatz.

Implementierung

Einbindung Bewertung Betrugswahrscheinlichkeit in Risikoanalyse

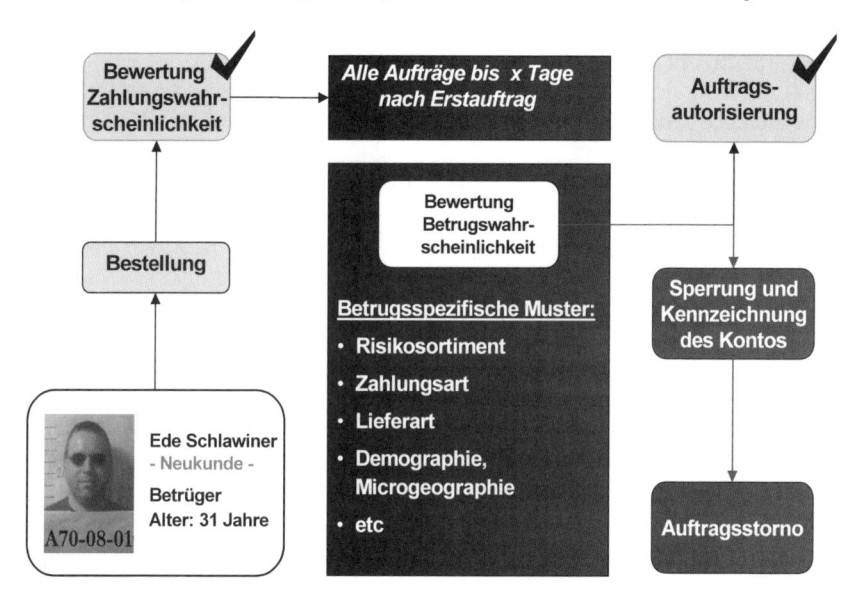

Fazit

Eine moderne Kreditrisikosteuerung unter Zuhilfenahme von mathematisch statistischen Verfahren erfordet eine möglichst vielfältige Datenbasis, die auf möglichst vielen unterschiedlichen Quellen bei gleichen Definitionen und Interpretationen der Merkmale aufbaut und möglichst vollständig ist. Die Merkmale müssen unter den Maßgaben des Datenschutzes übermittelbar sein und möglichst über längere Zeit erhoben werden, um Trends und Verhaltensänderungen beobachten zu können.

Die abzusehende Zunahme von Distanzkäufen via Internet und die Verhaltensänderungen der Konsumenten werden verstärkt den Aufbau und den Betrieb von entsprechenden Systemen zur Zahlungs- und Betrugswahrscheinlichkeitsvorhersage auf Basis von differenzierten Merkmalen erfordern.

Solche Systeme sind sowohl für Schuldner als auch für Gläubiger vorteilhaft. Nachteile für Betroffene oder die Verletzung von schützenswerten Interessen sind nicht zu erkennen.

Die Vervollständigung der Datenbasis bedeutet, eigene und fremde Erfahrung zum Vorteil aller Prozessbeteiligten zu verknüpfen.

Harald Hahn

Entscheidungshilfe für Entscheider! Kreditmanagement SAP systemintegriert mit Datenpooling

Das eigene Kredit- und Finanzmanagement tagesaktuell führen, die Bonität der Kunden zuverlässig prüfen, Forderungen schnell realisieren und dadurch Unternehmenserträge garantieren können – das ist mehr als nur Liquiditätssicherung. Ein gutes Kreditmanagement bedeutet Unabhängigkeit, es verschafft Planungssicherheit und erweitert so den unternehmerischen Handlungsspielraum. Aber modernes Kreditmanagement erfordert mehr als bloße Schadensbegrenzung bei Leistungsstörung. Es beginnt schon vor dem Händedruck, mit dem der erste Geschäftsabschluss besiegelt wird.

Die Ausbuchungs- und Insolvenzgesellschaft

Die Schlagzeilen sind hinreichend bekannt: Die Zahl der Insolvenzen erreicht nicht nur in Deutschland immer neue Höchststände.

Doch nicht nur Insolvenzen, auch Forderungsausfälle und Zahlungsverzögerungen häufen sich und beeinträchtigen die Liquidität und die Ertragskraft der Unternehmen. Bei ohnehin schmalen Renditen ein verhängnisvoller Kreislauf, der auch vermeintlich finanzsichere Firmen in Probleme treiben kann.

Problemstellung Bank

Eine weitere Herausforderung an das Kreditmanagement vor allem der mittelständischen Unternehmen kommt von anderer Seite: Die traditionelle Unternehmensfinanzierung durch die Hausbank wird mehr und mehr durch andere Finanzierungsmodelle abgelöst, verstärkt durch die bereits bei den Banken intern umgesetzten Eigenkapitalvorschriften für Banken (Basel II).

Aber für das kreditsuchende Unternehmen stellt sich nicht nur die Frage des Ratings und der damit verbundenen Kosten, oder die der – nach Bonitätsprüfung und Abwägung der Risikofaktoren – höheren Finanzierungskosten. An erster Stelle steht für sehr viele mittelständische Unternehmen die entscheidende Frage, ob sich überhaupt eine Bank findet, die eine Kreditlinie einräumt. Alternativen zur bequemen – wenn auch teuren – Kreditlinie werden ebenso dringend gesucht wie finanzielle Spielräume für Investitionen, wenn die Banken als traditionelle Partner der Finanzmanager ausfallen. Also wird der Lieferantenkredit eine der wichtigsten Finanzierungsquellen bleiben!

Professionelles Kreditmanagement

In dieser Situation ist ein Kredit- und Forderungsmanagement, das die Liquidität sichern hilft, Zahlungsausfallrisiken minimiert, durch ein Frühwarnsystem mögliche Risikoquellen identifiziert und zugleich vertriebsunterstützend arbeitet, gefragter denn je.

Die traditionellen Auskunftsquellen des Kreditmanagers

Eigene Organisation
- Umsatzhistorie
- Zahlungshistorie
- Außendienst

Externe Auskünfte
- Auskunfteien
- Kreditversicherer
- Bank
- Branchenprognosen

Selbstauskunft Kunde
- Firmenprofil
- Internet
- Bilanz / G+V

Ein professionelles und systemintegriertes Kreditmanagement, das diesen hohen Anforderungen an Bonitätsinformationen, Risikoanalyse und individuelle Aufbereitung gerecht wird, ist mit den gängigen DV-Systemen jedoch nur begrenzt möglich. Die typischen Problemfelder des heutigen Kredit- und Finanzmanagements sind:

- ein hoher Anteil manueller Arbeiten
- exzessive Kontrollen und übertriebene Genauigkeit
- fehlende Transparenz der Prozesse
- fehlende Kompatibilität der DV-Systeme

- verstreute und nicht aggregierbare Informationen
- keine Möglichkeit von Auswertungen und grafischen Darstellungen

Und selbst wenn einige diese Einschränkungen mit viel händischem Einsatz und unter Aufbietung personeller Ressourcen mühsam aufgehoben werden können, bleibt das Wissen des Kreditmanagers meist ein Wissen „ex post". Modernes Kredit- und Forderungsmanagement sollte aber den gesamten Lebenszyklus einer Kundenbeziehung umfassen. Es muss Risikopotenziale, die in der Person des Kunden, der Form der Leistung und den Rahmenbedingungen liegen, bereits vor Aufnahme der Geschäftsbeziehung identifizieren. Es muss durch klare Prüfkriterien während der Geschäftsbeziehung die wirtschaftlichen Verhältnisse des Kunden beobachten, Veränderungen der Leistungsnachfrage und des Zahlungsverhaltens frühzeitig erkennen und Bonitätsmerkmale ständig aktualisieren. Und es muss bei Veränderungen und erst recht bei Leistungsstörungen schnell und konsequent reagieren. Für eine optimale Steuerung benötigt der Kreditmanager also möglichst viele aktuelle und zuverlässige Informationen – schnell und übersichtlich.

KSI- Credit Management Services® (CMS) – die systemintegrierte Lösung mit SAP

Ganz nach dem Motto „aus der Praxis für die Praxis" lösten die Unternehmen Adolf Würth GmbH & Co. KG , Continental AG, Heidelberg-Cement AG und Vergölst GmbH die Aufgaben des modernen Kredit- und Forderungsmanagements. Zusammen mit der KSI entwickelten sie das KSI- Credit Management Services System® (CMS-System), welches den modernen Kreditmanager bei seiner täglichen Arbeit unterstützt. Der Entwicklungsstart hierfür war im September 2000 und mittlerweile – nach dem Produktivstart Mitte 2003 – nehmen bereits 27 Unternehmen am CMS-System teil. Das CMS System besteht aus drei Bestandteilen, das CMS–Link – die SAP Kreditmanagement Lösung, das Inkasso-Link – die Erweiterung des SAP Mahnwesens und der CMS-Pool – ein Datenpool für den Erfahrungsaustausch.

Das neue Produkt CMS-Link versteht sich als „Cockpit für den modernen Kreditmanager". Wie in einem Flugzeugcockpit sind auf der Benutzeroberfläche des CMS-Link alle relevanten internen und externen Informationen übersichtlich zusammengeführt und wie ein Pilot entscheidet der Kreditmanager, welche Daten er in welcher Form ausgewertet und dargestellt haben möchte.

Ein entscheidendes Manko des Kreditmanagements unter SAP war nämlich bislang die fehlende Zusammenführung von Informationen über Debitoren: Wirtschaftsauskünfte, Kreditversicherung, eigene Antragsdaten und Zahlungserfahrungen. Außerdem bot SAP bisher keine Systemunterstützung zur Berechnung von Risikoklassen oder zur Kreditlimitvergabe. Dieser Missstand wird durch das CMS-Link beseitigt. Es bindet die in der eigenen Organisation vorhandenen Informationen über den Kunden (Umsatz- und Zahlungshistorie sowie Informationen des Außendienstes) ebenso ein wie dessen Selbstauskünfte. Gleichzeitig verarbeitet es tagesaktuell externe Auskünfte von Banken, Kreditversicherern, Auskunfteien sowie Branchenprognosen und Bonitätsindizes. All diese Informationen werden gebündelt und stehen dem Benutzer ständig in aktualisierter Form zur Verfügung.

Darüber hinaus kann das CMS-Link Daten aggregieren, Daten bewerten, um den Kunden unter Risikogesichtspunkten zu klassifizieren, auf Basis hinterlegter Verfahrensregeln eine Risikoklasse und ein Kreditlimit für den Kunden vorschlagen sowie Workflow-Funktionalitäten abbilden.

Das CMS-Link basiert auf dem SAP-Web-Application-Server (WAS) und bietet alle SAP-Standards wie zum Beispiel Berechtigungskonzept und Mehrsprachigkeit. Änderungen im CMS-Link und im SAP-System sind auf Wunsch online im jeweils anderen System vorhanden. Da das CMS-Link in der Lage ist, unterschiedliche Systeme zu integrieren, kann es auch als Gateway zum Internet genutzt werden. So können in einem Unternehmen auch Niederlassungen, die nicht an das eigene SAP-System angeschlossen sind, auf die Daten zugreifen.

Damit ist das CMS-Link weit mehr als eine SAP-Ergänzung. Es ermöglicht die Implementierung eines systemintegrierten zentralen Kreditmanagements für das gesamte Unternehmen – mit zentralem Zugriff auf alle relevanten Daten, für jeden Kunden innerhalb eines Konzerns, weltweit.

CMS-Pool – aktuelle Daten auf Gegenseitigkeit

Um noch mehr Daten für den Benutzer zugänglich zu machen, hat die KSI außerdem den CMS-Pool geschaffen.

In diesen Pool bringen alle teilnehmenden Unternehmen ihre Informationen ein. Die Daten stehen dann in anonymisierter Form allen anderen Teilnehmern zur Verfügung. Grundlage ist das partnerschaftliche Prinzip „Hilf anderen, damit dir geholfen wird". Datenschutz und Datensicherheit bleiben dabei immer gewährleistet.

Entscheidungshilfe für Entscheider!

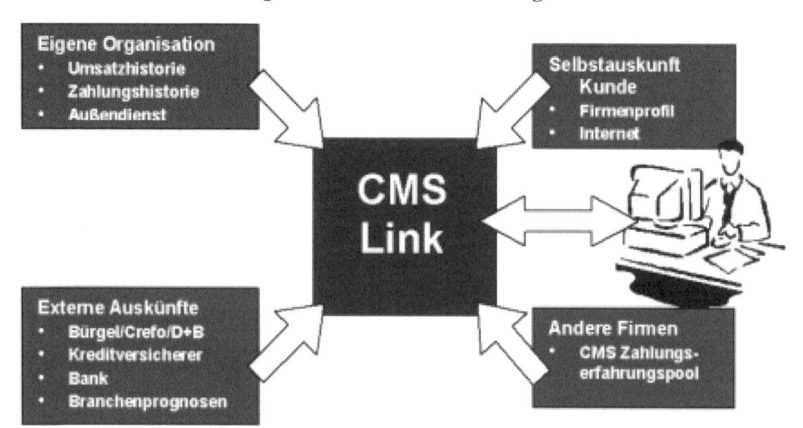

Erweiterte Informationsquellen des Kreditmanagers

Eigene Organisation
- Umsatzhistorie
- Zahlungshistorie
- Außendienst

Selbstauskunft Kunde
- Firmenprofil
- Internet

CMS Link

Externe Auskünfte
- Bürgel/Crefo/D+B
- Kreditversicherer
- Bank
- Branchenprognosen

Andere Firmen
- CMS Zahlungserfahrungspool

Der CMS-Pool ist im Augenblick in seiner Komplexität einzigartig. Hierbei handelt es sich um eine geschlossene Datenbank, in der zum einen über 3 Millionen Referenzdaten und Bonitätsinformationen von Unternehmen in Deutschland vorhanden sind, in die aber zum anderen alle teilnehmenden Unternehmen ihre Erfahrungen und internen Informationen einbringen. Die eingegebenen Werte werden vollelektronisch aggregiert, aufbereitet und den anderen Beteiligten gemäß den BDSG Richtlinien in anonymisierter Form zur Verfügung gestellt.

Mit jedem neuen CMS-Partner wächst so die Aussagekraft. Durch die Kombination von Zahlungserfahrungen und dem täglichen Austausch von Veränderungen in den Bereichen Stammdaten, Anschriften, Handelsregister, den amtlichen Negativmerkmalen und vor allem den täglichen Negativinformationen der CMS-Partner erhalten die Pooldaten ihr Alleinstellungsmerkmal.

Der Einsatz von CMS-Link und CMS-Pool trägt also dazu bei, die Entscheidungsgrundlagen für ein professionelles Kreditmanagement zu optimieren und die Risiken kalkulierbarer zu machen.

So wird das eingangs skizzierte Mehr an Unabhängigkeit und Planungssicherheit erreicht – und beim Rating, in Verhandlungen mit Banken, bei der Vergabe von Lieferantenkrediten und im Umgang mit säumigen Kunden werden entscheidende Vorteile geschaffen.

Bonität besser beurteilen können

In dem nachfolgenden Interview mit der Zeitschrift „CreditManager" des VfCM berichten Jens Venrath, Konica Minolta Deutschland GmbH (KMDG) und Dontcho Kutchoukov, Tarkett AG – zwei der CMS-Partner – von ihren Erfahrungen, Erwartungen und dem Nutzen des CMS-Systems:

Welche unterschiedlichen Anforderungen an das Kredit- und Forderungsmanagement resultieren aus den unterschiedlichen Debitorenstrukturen in Ihren Unternehmen?

Venrath:
Konica Minolta Business Solutions Deutschland GmbH vermarktet seine multifunktionalen Produkte über vertraglich gebundene Systempartner sowie über ein deutschlandweites Direktvertriebsnetz. Die Systempartner verkaufen/vermieten die Produkte an Endkunden. Im Direktvertriebsgeschäft hält KMBD selbst Verträge zu den Endkunden. Aufgrund der Masse an Kunden sowie der vertraglichen Bindung bei Miet- und Wartungsverträgen besteht ein permanentes Ausfallrisiko in diesem Vertriebskanal.

Kutchoukov:
Tarkett am Standort Deutschland hat mehrere Tausend deutsche sowie auch Exportkunden. Die Bandbreite im Jahresumsatz reicht von wenigen Tausend EURO bis zu zweistelligen Millionenbeträgen. Wir haben eine gewisse Mischung zwischen Massengeschäft, Großkunden und kleinen Betrieben, die wir in unserem täglichen Ablauf unterbringen. Dementsprechend können sich unglückliche Verläufe erhöhen, wenn man die Prozesse nicht richtig im Griff hat.

Was verbessert sich durch das CMS-System im Ablauf des Kredit- und Forderungsmanagements?

Venrath:
Die Ermittlung der Kreditlimite kann im CMS-System vorgenommen werden. Wir werden zukünftig schneller aussagefähigere Negativinformationen bekommen und können besser auf diese reagieren und Maßnahmen einleiten.

Kutchoukov:
Mit dem CMS-System bekommen wir einen strukturierten Zugang zu den wichtigsten Informationsquellen für uns – nämlich zu unseren eigenen Daten aus dem Buchhaltungssystem einerseits und dem CMS-Pool mit wichtigen Zahlungserfahrungsinformationen andererseits. Die eigene Zahlungsverhaltenshistorie der Kunden in Kombination mit den In-

Entscheidungshilfe für Entscheider!

fos des CMS-Pools bekommt durch CMS-Link eine neue Qualität und die logische Struktur im Aufbau zur Unterstützung von fundierten Entscheidungen, sowie für Risikosteuerung und Reportingzwecke.

Welche Vorteile ergeben sich weiterhin?

Venrath:
Wir können zudem auf zusätzliche Quellen wie Wirtschaftsauskunfteien, Bankauskünfte größtenteils verzichten. Da wir mit dem Inkasso-Link® der KSI arbeiten, erwarten wir auch hierdurch weitere Synergien im Bereich Forderungsmanagement. Hierbei ist im Wesentlichen zu nennen: bessere Früherkennung (und damit geringere Forderungsverluste) durch mehr und schnellere Informationen sowie die kontinuierliche Optimierung unserer gesamten Prozesse im Kredit- und Forderungsmanagement.

Kutchoukov:
Die ersten Erfahrungen mit CMS-Link ergaben eine verbesserte Argumentation gegenüber unserem Vertrieb. Diese verbesserte Argumentation wurde immer von uns erwartet, nur war diese nicht immer in der heutigen Qualität möglich, denn die Aufbereitung der Daten war bisher nur mit einem viel höheren Aufwand an Zeit und Arbeit möglich. Jetzt werden wir, Vertrieb sowie Kreditmanagement, in die Lage versetzt, den richtigen Fokus im Gespräch mit Kunden zu behalten.

Wie unterscheidet sich die Informationsqualität zu vorher?

Venrath:
Ein wesentlicher Vorteil besteht darin, dass externe Informationen mit unseren SAP-Daten integriert werden. Die Ermittlung von Kennzahlen erhält somit eine neue Qualität. Das dezentral organisierte Kreditmanagement kann nun durch ein einheitliches System gesteuert werden.

Kutchoukov:
CMS-Link ermöglicht die Zusammenführung von internen und externen Daten, die zeitnah, grafisch logisch und unmissverständlich erkennbar dargestellt werden. Dies erlaubt sichere und schnellere Entscheidungen. Hinzu kommt ein weiterer wichtiger Effekt: CMS-Link bringt Erfahrungen im Kreditmanagementbereich namhafter Unternehmen mit, die bereits CMS-Partner sind. Dadurch ergibt sich eine erhebliche Prozessverbesserung, die zur Erhöhung der Informationsqualität führt.

Eine Teilkomponente des CMS-Systems sind auch die KSI-Software Inkasso-Link® sowie die Dienstleistungen der KSI-Gruppe im Forderungsmanagement. Wie funktioniert dieses Zusammenspiel und welche Auswirkungen hat dies auf die tägliche Praxis?

Entscheidungshilfe für Entscheider!

Venrath:
Im letzten Geschäftsjahr hat KMBD das Inkasso-Link® eingeführt. In den einzelnen Standorten werden die Inkassofälle von KSI bearbeitet. Die große Anzahl von Kunden hat ein Outsourcing wirtschaftlich interessant gemacht. In diesem GJ-Abschluss wurde bereits die Einzelwertberichtigung mit Hilfe des Inkasso-Links® vorgenommen. Hierzu haben wir einheitlich geltende Sachstände festgelegt.
Negativinformationen werden an das CMS-Link über interne Schnittstellen weitergereicht.

Kutchoukov:
Durch die Integration von Inkasso-Link versprechen wir uns eine höhere Effizienz im Ablauf des Forderungsmanagements sowie im Reporting bis hin zum Wertberichtigungsprozess.
Die im Inkasso-Link® generierten Sachstände sehen wir sofort in Workflows und in der Scoreberechnung. Dies bietet uns Vorteile für unsere Risikosteuerung. Im CMS-Link lassen sich viele automatisierte Funktionen für eine schnelle Weiterleitung und automatisierte Steuerung von Ablaufprozessen definieren.

Weitere Informationen zum CMS-System erhalten Sie bei:
KSI Inkasso Deutschland GmbH
Gottlieb-Daimler-Ring 7–9
74906 Bad Rappenau
Tel.: 07066/9143-9651
E-Mail: CMS@kasolvenzia.de

Gunther Wegner

Aktives softwareunterstütztes Kreditrisikomanagement mit dem Credit Application Manager (CAM)

1 Anforderungen

Ein modernes Kreditrisikomanagement leistet einen aktiven Beitrag zur Unternehmensrentabilität. Ziel ist es dabei, die Forderungsausfälle so zu reduzieren und die Kreditmanagementkosten so zu kalibrieren, dass die Umsatzrentabilität maximiert wird. Dieses lässt sich nur mit einem proaktiven Kreditmanagement erreichen, das nicht erst bei der aktiven Bearbeitung von Forderungsbeständen ansetzt und z.B. Außenstände reduziert, sondern der Ansatzpunkt muss bereits die Kundenbearbeitung mit einer aktiven Kreditlimitgewährung und der konsequent am Kundenrisiko orientierten Zahlungszieleinräumung sein.

Zur Beurteilung der Bonität der Kunden reicht es dabei nicht aus, sporadisch Handelsauskünfte einzuholen, ab und an eine Bankauskunft anzufordern und bei Privatpersonen die Schufa anzurufen – vielmehr müssen zielgerichtet die „richtigen" Informationen herangezogen und insbesondere die eigenen Erfahrungen bei Bestandskunden richtig genutzt werden. Dieses bedeutet auch, dass ein permanentes Monitoring der Debitorenbestände notwendig ist: eine Aufgabe, die ohne angemessene, automatisierte DV-Systemunterstützung bei größeren Kundendatenbeständen nicht realisierbar ist.

Im Zweifel sind bei Neukunden schnelle Entscheidungen notwendig. Ist dieses nicht möglich, werden Chancen vertan oder bei der Akzeptanz schlechter Kunden unkalkulierbare Risiken eingegangen. Daher ist eine Datenvernetzung notwendig, um schnelle und möglichst sichere Entscheidungen zu treffen.

Aus diesen Forderungen ergeben sich verschiedene Anforderungen, die zu einer DV-gestützten Kreditprüfung führen:

- Mit der richtigen Strategie bei den Prüfungsprozessen ist es möglich, eine viel bessere Informationsqualität bei gleichen oder sinkenden Kosten für die Informationsbeschaffung im Vergleich zum personellen Vorgehen zu erreichen.

- Die Kosten für Absicherungsinstrumente des Forderungsbestandes, wie Warenkreditversicherungen, können drastisch gesenkt werden, wenn das Kundenportfolio sauber strukturiert ist. Dieses macht es auch notwendig, Doppelakten in den Kundendatenbeständen zu erkennen und Firmenanschriften sowie Rechtsformen korrekt in den datenführenden Systemen zu hinterlegen.
- Sämtliche Entscheidungen sollten jederzeit fundiert getroffen werden, ohne dass personelle oder zeitliche Unterschiede einen Einfluss haben.

Konventionell organisierte Kreditmanagementprozesse weisen oftmals eine Reihe von Schwächen auf, die es zu überwinden gilt:

- Kostenlos vorliegende eigene Erfahrungen mit Kunden werden nicht effizient und in ausreichendem Maße genutzt.
- Für Bestandskunden wird eine Wirtschaftsauskunft eingeholt, obwohl man mit diesem unter Kenntnis aller bereits vorliegenden Informationen kein Geschäft mehr machen würde, z.B. aufgrund seines Zahlungsverhaltens in der Vergangenheit.
- Oft kann man nicht ausschließen, dass zu ein- und demselben Kunden innerhalb eines Jahres eine Wirtschaftsauskunft mehrfach eingeholt wird, evtl. von einer anderen Niederlassung.
- Es fehlen automatische Hinweise auf die Kunden, bei denen sich das Zahlungsverhalten oder das wirtschaftliche Umfeld verschlechtert hat.
- Man kann nur mühsam und nicht papierlos auf alle externen Informationen wie Wirtschaftsauskünfte, Personenauskünfte, Bankauskünfte zugreifen.
- Nicht alle risikorelevanten Informationen zu einem Kunden und – noch wichtiger – kundenübergreifend sind ständig im Blickfeld der Kreditmanager.
- Es kommt vor, dass Vertriebs- oder Außendienstmitarbeiter aus einer kurzfristigen (provisionsorientierten) Betrachtung heraus Abschlüsse tätigten, die bei genauer Betrachtung des Kunden lieber nicht getätigt worden wären.
- Es sind zwar die 10 % umsatzstärksten Kunden bekannt, nicht aber deren aktuelle wirtschaftliche Situation.
- Es fehlen Informationen darüber, wie die Kunden bei anderen Lieferanten zahlen.
- In Bankgesprächen fehlt der Überblick über das Kundenportfolio – und damit die Steuerung einer Risikokomponente im Hinblick auf BASEL II.

Klare und gut strukturierte Lösungen des Kreditrisikomanagements führen nicht nur zu einer Reduktion von vermeidbaren Forderungsausfällen, sondern auch zu einer drastischen Effizienzsteigerung und Qualitätsverbesserung. Die Lösungen gehen dabei einher mit einer angemessenen Softwareunterstützung. Ausgangspunkt bilden klar strukturierte Prozesse des Kreditrisikomanagements.

2 Prozesse des Kreditrisikomanagements

Klare Prozessstrukturen mit eindeutig definierten Abläufen, Kompetenzen und Handlungsanweisungen sind der Ausgangspunkt für ein erfolgreiches Kreditrisikomanagement. Dabei gilt es, unabhängig von dem Geschäftsfeld eines Unternehmens, vier Arbeitsfelder zu unterscheiden:
- die Neukundenprüfung,
- das Bestandskundengeschäft,
- die permanente Überwachung der Bestandskunden sowie
- die Steuerung für das Gesamtkundenportfolio.

2.1 Kundenprüfung im Neukundengeschäft

Das Bild 1 zeigt einen beispielhaften Prüfungsprozess für das Neukundengeschäft. Ausgangspunkt bildet eine Kundenanfrage, z.B. aus dem Vertrieb, die mit entsprechenden Kundeninformationen und Umsatzerwartungen gestellt wird. Nach der Plausibilitätsprüfung dieser Daten sind weitere externe Informationen, z.B. eine Handelsauskunft, für das Unternehmen zu beschaffen. Mit den dann vorliegenden Informationen muss eine Kundenbewertung durchgeführt werden, bei der sich über entsprechende Kreditrichtlinien das einzuräumende Zahlungsziel und das Kreditlimit bestimmen lassen. Bei genauerer Betrachtung ist es sogar notwendig, ein Kreditrating für den Neukunden vorzunehmen, um auf dieser Basis einen potenziellen Forderungsausfall abschätzen zu können. Für die nun jeweils konkret einzuräumenden Kreditlimite sind noch evtl. verfügbare Sicherheiten zu berücksichtigen. Bei hohem Automatisierungsgrad und Verfügbarkeit der notwendigen Informationen könnte dieser Prozess vollautomatisch durchgeführt werden.

In verschiedenen Branchen ist es auch notwendig, dass man das Risiko, was man mit der Forderungsgewährung eingeht, im Preis der Ware berücksichtigt. Dazu wären aufgrund des Kundenratings und des Forderungswertes Risikokosten als Preisaufschlag zu kalkulieren. Schließlich steht, wenn man den dargestellten Prozess DV-gestützt abbildet und die relevanten Daten speichert und historisiert, eine ideale Datenbasis für ein Informationssystem für das Kreditmanagement zur Verfügung.

Aktives Kreditrisikomanagement mit dem Credit Application Manager (CAM)

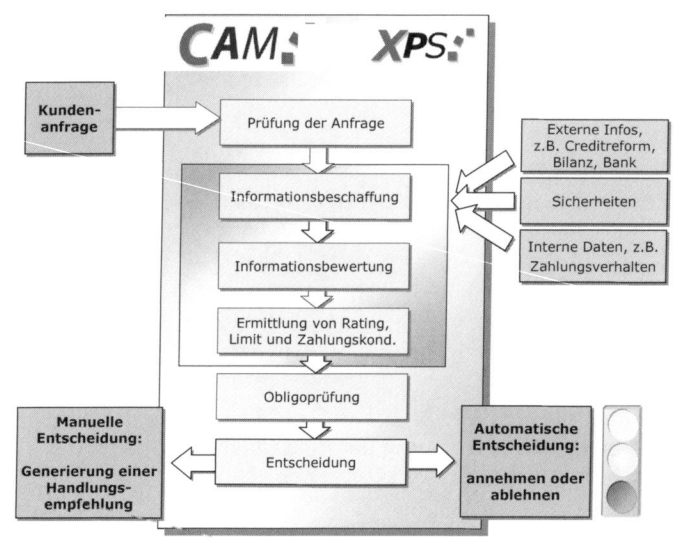

Bild 1: Kreditrisikoprüfung im Neukundengeschäft

2.2 Kundenprüfung bei Bestandskunden

Der zweite Prüfungsprozess ist relevant für Bestandskunden. Sind die Kundendaten und die Risikoeinschätzung aktuell, so muss bei einem weiteren Kundenauftrag geprüft werden, ob dieser noch in dem ursprünglich eingeräumten Kundenlimit abgewickelt werden kann. Dabei sind neben den offenen Forderungen auch bereits akzeptierte aber noch offene Aufträge zu betrachten. Werden Limitgrenzen überschritten, gilt es, Lösungsstrategien zu entwickeln. Vor Auftragsannahme muss der Kunde seine Außenstände reduzieren, Sicherheiten hinterlegen oder es ist vielleicht möglich, bei anderen Zahlungskonditionen doch noch den Auftrag zu akzeptieren. Auch dieser Prozess kann systemgestützt weitgehend automatisiert werden und im Hintergrund ablaufen.

2.3 Permanente Kundenüberwachung

Diese fallweise Prüfung der Bestandskunden setzt aber voraus, dass eine permanente Überwachung der Bestandskunden als dritter Prozess stattfindet. Dazu werden sämtliche bonitätsrelevanten externen und internen Informationen, die im Unternehmen auflaufen, herangezogen und automatisch ausgewertet. Dazu muss man diese Informationen in digitaler Form abgreifen können. Mit den neuen Informationen ist der

Aktives Kreditrisikomanagement mit dem Credit Application Manager (CAM)

Ratingprozess zu überprüfen, ggf. sind Änderungen vorzunehmen. Diese können auch dazu führen, dass bei Negativinformationen Liefersperren ausgelöst werden. Natürlich muss eine solche Lösung auch, abhängig von der jeweiligen Unternehmenspolitik, das Einschalten des Kreditentscheiders vorsehen. Diesen Prozess zeigt Bild 2.

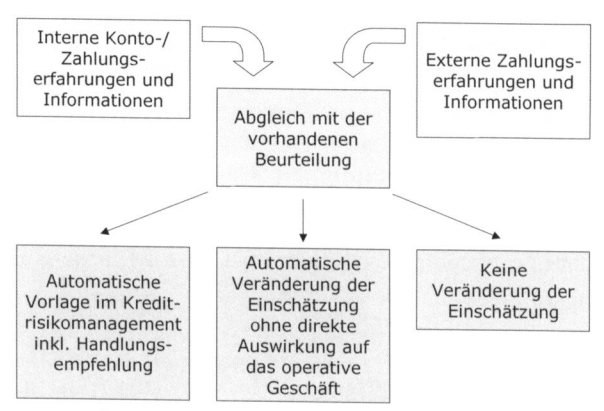

Bild 2: Permanente Überwachung der Bestandskunden

Der vierte Prozess betrachtet nun nicht mehr das Einzelrisiko, sondern setzt an dem Gesamtportfolio an. Hier gilt es, aufgrund der systematischen Analyse des Debitorenbestandes Risikohäufungen zu erkennen und Risikopolitiken zu erarbeiten, die solchen „Klumpenrisiken" entgegenwirken. Die Berichtswerkzeuge zum Auswerten des Kreditrisikodatenbestandes leisten hier wirkungsvolle Hilfestellung. Bild 3 gibt dazu einen Überblick.

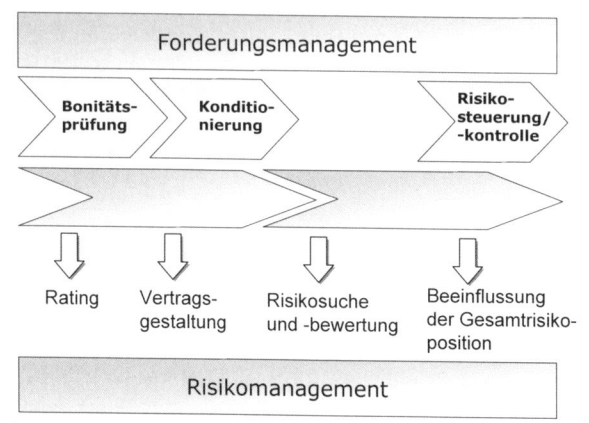

Bild 3: Kreditrisikomanagement

3 Informationsquellen des Kreditrisikomanagements

Die zuvor beschriebenen Prozesse lassen sich nur dann wirkungsvoll abbilden, wenn die notwendigen Daten zur Verfügung stehen. Bei den Informationen ist zwischen internen und externen Informationen zu unterscheiden.

Interne Zahlungserfahrungen sind wichtig und kostenlos, werden aber in der täglichen Praxis leider oft nicht ausreichend genutzt. Interne Informationen betreffen das Zahlungsverhalten eines bestehenden Kunden in dem Unternehmen. Diese Daten liegen in der Debitorenbuchhaltung vor. Die Herausforderung des Kreditrisikomanagements ist es, diese Daten richtig zu verwerten, auch wenn komplizierte Datensituationen aufgrund von z.B. nicht übernommenen Frachten, fristüberschreitend gezogenen Skonti oder strittigen Rechnungen vorliegen.

Interne Informationen haben gegenüber externen Informationen einige Vorteile:
- interne Informationen sind in der Regel aktueller
- interne Informationen betreffen das Zahlungsverhalten individuell in dem betrachteten Unternehmen und
- interne Informationen sind kostenlos und müssen nicht extra beschafft werden.

Das Problem ist, diese wertvollen Informationen ausreichend zu analysieren, da eine effiziente Bewertung dieser Informationen nur automatisiert möglich ist und die meisten Debitorenbuchhaltungen die entsprechenden Möglichkeiten nicht vorsehen.

Ziel muss es sein, für jeden Bestandskunden auf einen Blick die aktuelle Zahlungshistorie zu sehen. Zusätzlich sollte aus den Zahlungserfahrungen der Vergangenheit ein Trend abgeleitet werden. Dieser Trend dient dazu, den Debitorenmanagern auffällige Kunden automatisch vorzulegen. Diese wissen dann genau, welche Fälle sie sich ansehen sollten und können diese zielgerichtet abarbeiten.

Externe Informationen sind zumeist die einzige Möglichkeit der Datenbeschaffung im Neukundengeschäft. Bei Neukunden muss auf externe Informationen zurückgegriffen werden. Üblich ist die Arbeit mit Wirtschaftsauskünften von Dienstleistern wie Creditreform, Bürgel oder D&B und mit Personenauskünften von Dienstleistern wie z.B. Schufa oder Infoscore. Zusätzlich holen manche Unternehmen Bankauskünfte über ihre Hausbank ein.

Probleme treten hier weniger bei der Beschaffung der Auskünfte auf als bei deren Verwaltung. Leider bietet jeder Anbieter seine Auskünfte über unterschiedliche Medien und/oder Technologien an. Im besten Fall hat man eine Anwendung des Anbieters, über die man seine – und nur seine – Auskunft verwalten kann. Im schlechtesten Fall werden die Auskünfte als Fax oder telefonisch bezogen.

Diese Situation ist aus mehreren Gründen problematisch: Erstens kostet es sehr viel Zeit – und damit Geld – die Auskünfte bei Bedarf aufzufinden, und zweitens können die Informationen nicht zusammengeführt werden. Das bedeutet, Informationen werden nur selektiv für die Bewertung verwendet – eine Betrachtung jedes Kunden unter Einbeziehung aller vorliegenden Informationen ist nur mit hohem Aufwand möglich. Eine Aufstellung der Bonität aller Kunden, z.B. für ein Bankgespräch, ist kurzfristig nicht möglich und mittelfristig, wenn überhaupt, nur mit extrem hohem Aufwand als Projekt realisierbar.

Zu der Kategorie der externen Informationen gehören auch externe Zahlungserfahrungen. Die Idee hinter einem Zahlungserfahrungspool ist einfach, aber effektiv: Viele Unternehmen liefern die Erfahrungen mit ihren Kunden in einen Pool ein, der Anbieter führt die einzelnen Daten vollständig oder nach Branche gestaffelt zusammen und liefert eine Auswertung zurück. Den zurückgelieferten Informationen kann man entnehmen, wie sich das Zahlungsverhalten eines Kunden bei anderen Kreditoren im Vergleich darstellt.

Wichtig bei dem Pooling von Zahlungserfahrungen ist vor allen Dingen die Anzahl der Überdeckungen, das bedeutet die Anzahl der Unternehmen, die mit dem betrachteten Kunden schon Erfahrungen gemacht haben. Um es klar zu sagen: Es bringt keinen Mehrwert, wenn zu einem betrachteten Kunden nur ein oder zwei weitere Zahlungserfahrungen vorliegen – hieraus lässt sich keine seriöse Aussage ableiten. Poolanbieter wie Creditreform (ZaC) und D&B (DunTrade) führen eine eindeutige Identifizierung der Debitoren durch und reichern die Adressdaten mit der jeweiligen Crefonummer bzw. DUNS-Nummer an. Eine komplette DV-gestützte Poolanbindung reicht von der automatischen Einlieferung der Daten bis hin zur Anzeige der Auswertungen und dem Einbeziehen der erhaltenen Informationen für die Kundenbewertung. Die Teilnahme an diesen Pools ist z. Zt. sogar kostenlos.

4 CAM-Software

Die zuvor dargelegten Ausführungen haben gezeigt, dass ein effizientes und gleichzeitig qualitativ hochwertiges Kreditrisikomanagement nur dann stattfinden kann, wenn eine Systemunterstützung stattfindet. Dabei erscheint es nicht zweckmäßig, Individualentwicklungen vorzusehen. Mit Standardsoftware lassen sich dann sachgerechte Lösungen herbeiführen, wenn diese Standardsoftware modular aufgebaut ist und der Funktionsumfang damit kundenindividuell gestaltet werden kann. Außerdem müssen sehr einfach zu realisierende Schnittstellen genutzt werden können, da die Software flexibel in die vorhandene Softwarelandschaft eingepasst werden muss. Nur so sind Datenübernahmen und -zugriffe automatisch möglich. Ein Beispiel dafür ist das Softwareprodukt CAM der Prof. Schumann GmbH.

Grundsätzlich kann man dabei zwischen zwei unterschiedlichen Lösungsansätzen unterscheiden. Eine Standardsoftwarelösung wird hausintern beim Kunden auf dessen Rechnern installiert. Diese Software kann sehr flexibel auf die jeweiligen Erfordernisse angepasst werden und ist auch sehr weit und einfach in die vorhandene Softwarelandschaft integrierbar.

Dem steht die externe Lösung des Application Service Providing (ASP) gegenüber, die einerseits eine günstige Einstiegslösung ist, andererseits vollständig vom Softwareanbieter für den Kunden betrieben wird – bei Garantie aller Datensicherheit. Hier ist mit einer Standardkonfiguration zu operieren, die nur begrenzt an individuelle Bedürfnisse adaptiert werden kann und sich auch nicht so umfassend mit den vorhandenen Warenwirtschaftssystemen oder Finanzbuchhaltungen und Debitorensystemen integrieren lässt. Dafür ist diese Lösung sehr kostengünstig.

4.1 Standardsoftwaremodule zur unternehmensspezifischen Lösung

Eine besondere Anforderung im Kreditrisikomanagement ist der modulare Softwareaufbau. In unterschiedlichen Unternehmenssituationen werden Informationsquellen für die Prüfungsprozesse, zum Teil mit unterschiedlichem strukturellen Aufbau der Datenbestände, herangezogen. Wichtig ist es dabei, dass man dazu ein modular aufgebautes Werkzeug zur Verfügung hat. Dieses vereinfacht die Handhabbarkeit auf das Notwendige und der Kunde muss nur die benötigten Module bezahlen. Bei diesem „Lego-System" sind auch stufenweise Erweiterungen und Veränderungen problemlos möglich, so dass damit auch die Investitionssicherheit gesteigert wird. CAM verfolgt diesen modularen Aufbau ganz konsequent.

Das Kernstück bildet dabei das CAM-Basismodul (siehe Bild 4). Dieses verfügt über die vollständige relevante Sicht auf die einzelnen Kunden oder Debitoren. Hier werden ausgehend von der Bonitätseinschätzung sämtliche kundenbezogenen bonitätsrelevanten Daten dargestellt. Bei Bedarf ist diese Darstellung auch über die verfügbaren historischen Zeitreihen in jeder Detaillierungstiefe möglich.

Aktives Kreditrisikomanagement mit dem Credit Application Manager (CAM)

Das Basismodul ist zugleich das Bindeglied an die Bestandssysteme. Durch die standardisierten Schnittstellen ist eine Anbindung an bestehende ERP-Systeme nahezu problemlos möglich. Adressdaten werden importiert, Bonitätsbeurteilungen und Limite exportiert: periodisch oder ereignisgesteuert, ganz wie in der jeweiligen Unternehmenssituation notwendig. ToDo-Listen zur Workflowsteuerung, Notizenverwaltung sowie Adressverwaltung sind integriert.

Für die permanente Überwachung steht eine intelligente ToDo-Liste zur Verfügung, die alle individuell nachzugehenden Vorgänge umfasst. Die ToDos für den Debitorenmanager kommen dabei z.B. aus veränderten Datenlagen, Bonitätseinschätzungen, fehlerhaften Datenquellen oder unbearbeiteten externen Datenbeschaffungsvorgängen.

Die permanente Überwachung aller Debitoren führt nach individuell anpassbaren Kriterien zur automatischen Erzeugung von ToDos für die Debitorenmanager. Die Flexibilität bei der Einstellung der Kriterien ist dabei extrem wichtig. Relevante Veränderungen müssen auf jeden Fall vorgelegt werden, zu viele Vorlagen führen allerdings wieder zu dem unerwünschten Effekt, dass die wichtigen übersehen werden.

Bei den Wiedervorlagen handelt es sich um die klassische Wiedervorlagefunktionalität: Der Debitorenmanager stellt sich einen Vorgang zu einem bestimmten Datum in die Wiedervorlage.

Über die ToDos wird der Workflow von Vorgängen gesteuert: Mitarbeiter können für andere Mitarbeiter ToDos zur Information oder zur Erledigung erzeugen. Entsprechend berechtigte Mitarbeiter bekommen auch Statusmeldungen des Systems in ihre ToDo-Liste gestellt.

Über die flexible Vergabe von Prioritäten, die Möglichkeit zur automatischen oder manuellen Zuordnung von Benutzern, die Möglichkeit, auch manuell ToDos zu erstellen, sowie insbesondere die freie Konfigurierbarkeit des Monitorings, wird ein extrem leistungsfähiges System bereitgestellt, das die Effizienz im Debitorenmanagement drastisch erhöht.

Natürlich stellt dieses Basismodul auch die Datenbankstrukturen für das Debitorenmanagement bereit. Um dieses Modul herum können nun flexibel weitere Module angeordnet werden, die die Unternehmen jeweils bezogen auf ihre individuellen Informationsbedarfe und Entscheidungsprozesse einsetzen können. Beispielhaft seien folgende Module aufgeführt:

- **CAM Modul Dokumentenanhänge:**, dieses CAM-Modul erlaubt die Hinterlegung aller wichtigen weiteren Informationen im CAM-System als Word-, Excel- oder Pdf-Dateien, unabhängig welches Dateiformat vorliegt. Selbst URL-Adressen können hinterlegt werden, ein „Doppelklick", und man befindet sich auf der gewünschten Internetseite. Zentrale Informationshaltung als „Muss" für jedes moderne Debitorenmanagement.

- **CAM Modul interne Zahlungserfahrungen:** Für Bestandskunden sind die eigenen Zahlungserfahrungen oftmals die wichtigste Information bei der Beurteilung der Bonität des Kunden. Mit diesem Modul werden die Daten aus den OP-Listen in wenige, aussagekräftige Kennzahlen verdichtet. Mittelfristige Veränderungen im Zahlungsverhalten der Kunden werden aufgedeckt und man kann rechtzeitig geeignete Maßnahmen ergreifen.

- **CAM Modul Dun Trade:** Der Zahlungserfahrungspool von D & B ist der älteste Zahlungserfahrungspool in Deutschland. Dieses Modul stellt einen Zugang zu den Zahlungserfahrungen der Kunden bei anderen Unternehmen bereit. Dafür muss man lediglich die eigenen aggregierten Zahlungserfahrungen dem Pool zur Verfügung stellen.

- **CAM Modul ZaC:** Der Zahlungserfahrungspool der Creditreform gewährt Zugriff auf Zahlungserfahrungen anderer Creditreform-Mitglieder. Mit diesem Modul erhält man einen exklusiven Zugang zu den Zahlungserfahrungen der Kunden bei anderen Unternehmen. Dafür muss man lediglich bereit sein, die aggregierten eigenen Zahlungserfahrungen dem Pool zur Verfügung zu stellen.

- **CAM Modul Gruppe:** Dieses Modul erlaubt die Hinterlegung beliebiger Gruppenstrukturen, wie z.B. Konzerne oder Filialstrukturen. Durch die intuitive, grafische Oberfläche werden auf einen Blick alle wirtschaftlichen Verflechtungen zwischen den Kunden dargestellt.

- **CAM Modul Creditreform:** Der Anschluss an die größte Wirtschaftsauskunftei Deutschlands ist durch dieses Modul gewährleistet. Nachträge, Recherchen werden automatisch vom CAM-System verwaltet. Wenn man die permanente Überwachung der Creditreform wünscht, also auch noch nach 12 Monaten über alle bewertungsrelevanten Veränderungen informiert werden möchte ohne eine neue Auskunft zu ziehen, sollte dieses Modul fester Bestandteil der Lösung sein.

- **CAM Modul Bürgel:** Mit diesem Modul kann man auf Firmenvollauskünfte oder den Bonicheck der Bürgel-Wirtschaftsinformationen zugreifen. Die Überwachung der Kunden kann mit diesem CAM-Modul sichergestellt werden. Nachträge fließen automatisch in das CAM-System ein, so dass die Kreditentscheider bei Veränderungen rechtzeitig informiert werden.

- **CAM Modul Schufa:** Dieses Modul ist für die Überwachung und Beurteilung von Privatpersonen geeignet. Die performante Schnittstelle ist Teil dieses Moduls und sichert den Zugang zum gesamten Schufa-Universum. Alle Vertragsarten der Schufa (A,B,D,F) werden von diesem Modul unterstützt.

Aktives Kreditrisikomanagement mit dem Credit Application Manager (CAM)

- **CAM Modul Bank**: Bankauskünfte sind in ihrer Struktur von der Art der Auskunft gebenden Bank abhängig. Die Deutsche Bank bietet einen Service, der eine Vereinheitlichung aller Bankauskünfte sicherstellt. Mit diesem Modul steht ein Zugriff auf diese homogenen elektronischen Informationen zur Verfügung. Damit sind sowohl Geschwindigkeitsvorteile als auch Bewertungsvorteile gegeben. Die Deutsche Bank übernimmt dabei auch die Auskunftseinholung von Drittbanken.

- **CAM Modul Jahresabschlüsse JANOSCH**: Bilanzen werden von vielen Kreditanalysten als das maßgebliche Mittel zur quantitativen Beurteilung von Bonitätsrisiken angesehen. In Verbindung mit der Software JANA zur Analyse und Erfassung von Jahresabschlüssen kann man mit diesem Modul Bilanzinformationen in das CAM-System einfließen lassen. Strukturbilanzen erlauben die Vergleichbarkeit zwischen Konzern- und Einzelbilanzen. Unterschiedliche Arten der Rechnungslegung wie HGB oder IAS/IFRS sind abbildbar.

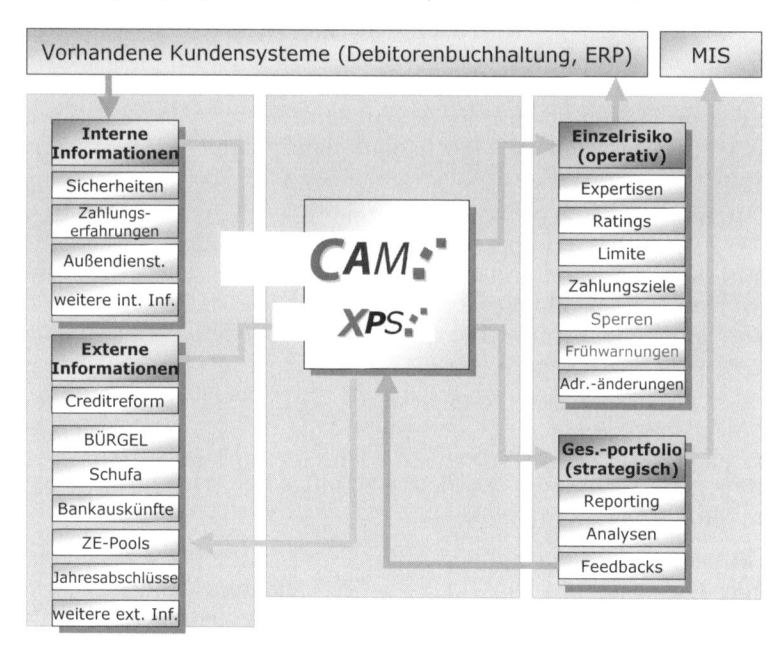

Bild 4: Aufbau des Credit Application Managers (CAM) der Prof. Schumann GmbH

Bild 4 zeigt im Überblick den Aufbau und die Integration von CAM. Ersichtlich wird die Einbindung in die Kundenbestandssysteme (z.B. Debitorenbuchhaltung und ERP) sowie die Informationsbereitstellung von internen und externen Informationen. CAM ermittelt Aussagen über das betrachtete Einzelrisiko, z.B. Rating und Limite und gibt diese an die Kundensysteme zurück. Für die strategische Betrachtungsweise ermöglicht CAM Berichte und Analysen, die Aussagen über den gesamten Kundenbestand erlauben. Aus diesen werden Feedbacks in CAM eingestellt, um damit ein langfristig geeignetes Kundenportfolio zu gestalten.

4.2 Abbildung der Entscheidungsmethoden

Neben der Zentralisierung und automatischen Beschaffung von Daten sind für das DV-unterstützte Kreditrisikomanagement auch die personellen Entscheidungsregeln oder auf statistischen Analysen basierende Scorecards zu hinterlegen. Darüber hinaus muss der Workflow flexibel steuerbar und einstellbar sein. Dieses alles muss ohne Programmierung ablaufen, wenn eine kostengünstige Lösung geschaffen werden soll. Vielleicht sollen sogar erfahrene Kreditentscheider im Unternehmen selber in der Lage sein, Veränderungen am Entscheidungssystem, den Beurteilungen oder am Entscheidungsweg vorzunehmen. Dieses wird in CAM über ein Expertensystem, die Komponente XPS, realisiert. XPS wurde ursprünglich nur für die flexible Hinterlegung von individuellen Regelwerken entwickelt. Heute wird damit auch ein Großteil des Customizings der Systeme vorgenommen.

XPS arbeitet Wenn-Dann-Regeln ab, die über Operatoren wie „Und", „Oder", „Nicht" verknüpft werden. Des Weiteren sind mathematische Operationen, z.B. zum Hinterlegen von Scorecards, enthalten. Die gesamte Hinterlegung der Regelwerke erfolgt vollständig über eine komfortable grafische Benutzeroberfläche mit Drag- und Drop-Mechanismen, dem XPS-Designer.

Die „sprachliche Nähe" dieser Systeme ist ihre Stärke: So lassen sich Anforderungen formulieren wie „WENN heute der 1. eines Monats ist UND ein Kunde über 100.000 Euro Umsatz im letzten Monat UND NICHT dem Mitarbeiter Müller zugeordnet ist, DANN erstelle ein ToDo für den Mitarbeiter Schulze."

Mit XPS können alle fachlichen Anforderungen, die Bewertung von Debitoren, die Steuerung von ToDos sowie viele Aspekte des Workflows sehr flexibel, individuell, kurzfristig und kostengünstig eingestellt werden, da eine individuelle Programmierung entfällt.

Qualitativ hochwertige Beurteilungen von Kunden werden erst durch die bedarfsgerechte Kombination unterschiedlicher Informationsquellen möglich. Sowohl interne als auch externe Informationen sind für sich gesehen gut, liefern aber erst in Kombination eine Qualität, die heutigen Ansprüchen genügt.

Als Methoden zur Erarbeitung von Kundenratings sollte man abhängig vom vorhandenen Datenbestand eine Kombination aus statistischen Verfahren und hinterlegtem Expertenwissen einsetzen. Diese ist so vollständig im Modul XPS abbildbar. Damit kann man Entscheidungsmodelle, die auf ganz unterschiedlichen Quellen beruhen, hinterlegen.

Der Vorteil beim Einsatz von XPS ist darüber hinaus, dass zu jeder Regel, die zur Anwendung kommt, ein Textbaustein generiert werden kann. Diese Textbausteine setzt XPS zu einer Expertise zusammen, die in Verbindung mit dem Kundenrating angezeigt werden. In der Expertise sieht man dann auf einen Blick, wie das entsprechende Rating zustande gekommen ist. Jede zusätzliche Regel, die man definiert, wird mit einem entsprechenden Textbaustein versehen – bei der täglichen Arbeit mit dem System werden bei den entsprechenden Fällen dann die vergebenen Texte ausgegeben. Es lässt sich so immer lückenlos nachvollziehen, wie eine Bewertung entstanden ist.

Beispiele für Expertisen können z.B. sein:
GESAMTRATING: B
KREDITLIMIT: 25.000 €
Das Gesamtrating von B wurde auf Grundlage folgender Informationsquellen erstellt:
Es liegt eine Auskunft der Creditreform vor, die mit CCC gerated wurde.
Es liegen interne Zahlungserfahrungen vor, die mit B gerated wurden. Da es sich um eine langjährige Geschäftsbeziehung (> 2 Jahre) handelt, werden interne Zahlungserfahrungen mit 70 % gewichtet.
Es liegen keine K.O. Merkmale oder widersprüchliche Angaben vor.
Bei der Limitvergabe von 25.000 € wurden neben obigem Gesamtrating folgende Aspekte berücksichtigt:
Die Informationsbasis wird als gut bewertet.
Das Unternehmen ist in einer wachsenden Branche tätig, die mit B gerated wurde.
Der Jahresumsatz beträgt 100.000.000 €.
Diese Expertisen sind nur Beispiele. Scoring, beliebige Wenn/Dann-Regeln sowie K.O.-Kriterien, Deckelungen, Widersprüche sind Komponenten, die, mit aussagekräftigen Expertisen versehen, ein hochgradig transparentes Bewertungssystem ermöglichen.

4.3 Application Service Providing als Lösungseinstieg

Gerade bei kleinen und kleineren mittelständischen Unternehmen ist es oft so, dass eine standardisierte Lösung den erwünschten Nutzen bringt und eine Systeminstallation, die ja auch einen Server und eine

Datenbank sowie entsprechende Sicherungsmechanismen benötigt, überdimensioniert wäre. Für diese Zielgruppe ist daher eine einfache, aber effiziente Lösung notwendig.

Dieses lässt sich durch eine vollwertige CAM-Installation realisieren, die auf den Servern der Prof. Schumann GmbH installiert, gewartet und gesichert wird. Über eine sichere und verschlüsselte Internet-Verbindung greifen die Kunden direkt von jedem internetfähigen Rechner aus darauf zu. Es entfallen Kosten für Installation, Server, Sicherung, Datenbanklizenz etc. Die Abrechnung erfolgt transaktionsorientiert. Damit ergibt sich ein volumenabhängiges Kostenmodell.

Das bedeutet größtmögliche Transparenz und Kalkulierbarkeit für die diese Dienste nutzenden Unternehmen. Dabei muss nicht auf Datenschnittstellen verzichtet werden. Ein periodischer Datenaustausch ist ebenfalls möglich. Eigene Daten des Debitorenmanagements können auch eingebunden und ausgewertet werden. Die Struktur zu dieser Lösung zeigt Bild 5.

in.CAM - Architektur

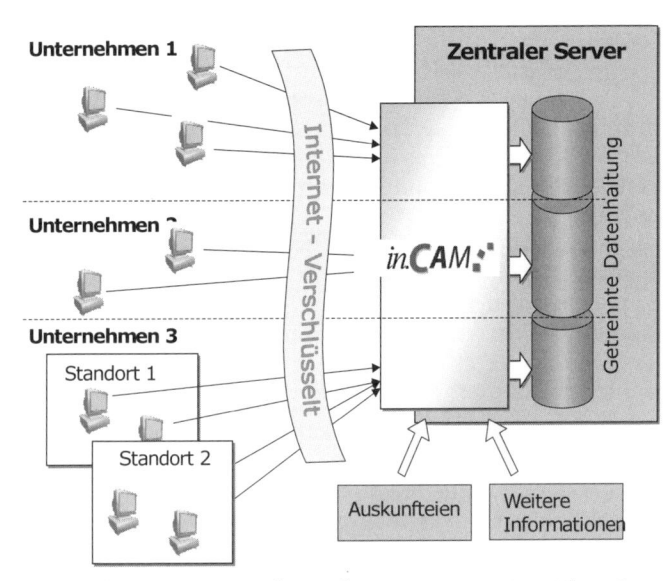

Bild 5: Architektur von CAM als Application Service Providing-Lösung: in.CAM

5 Ablauf eines Einführungsprojektes

Kritisch ist die Frage zu stellen, wie der Einführungsprozess eines solchen DV-gestützten Kreditrisikomanagements gestaltet ist. Erfahrungen zeigen, dass einzelne Projektschritte definiert werden müssen, um eine erfolgreiche Einführung und einen wirtschaftlichen und kontrollierten Projektablauf sicherzustellen. Das Projekt gestaltet sich dabei in folgenden Schritten:

1. Workshop zur Abstimmung der Prozesse und technischen Umgebung
2. Workshop zur Abstimmung der Bewertungsregeln und des Workflows
3. Testinstallation
4. Schulung
5. Produktivinstallation
6. Betreuung im laufenden Betrieb

In den einzelnen Schritten sind folgende Inhalte abzuarbeiten:

1. Workshop zur Abstimmung der Prozesse und technischen Umgebung

Als Vorbereitung für den Workshop wird dem künftigen Anwender ein Fragebogen zur Verfügung gestellt. Dieser gibt bereits einen groben Überblick über die Anforderungen, den bestehenden Prozessablauf und die bestehende Systemlandschaft als Grundlage für den Workshop.

Im Workshop selbst sitzen die Berater sowie der künftige Anwender gemeinsam daran und legen folgende Inhalte fest:
– Abstimmen der wesentlichen fachlichen Prozesse vom Vertrieb bis zum Inkasso
– Abstimmen der technischen Aspekte
– Projektmanagement (z.B. Aufgabenteilung, Termine, Testvorgehen)

2. Workshop zur Abstimmung der Bewertungsregeln und des Workflows

Auf den Ergebnissen des ersten Workshops basierend werden im zweiten Workshop die Regelwerke für die Bewertung der Auskünfte, die gesamte Bewertung der Bonität der Risiken sowie die detaillierte Abbildung des Workflows festgelegt.

3. Testinstallation

Die Installation eines Testsystems vor dem Produktivgang gibt dem künftigen Anwender Gelegenheit, sich vor Produktivstart mit dem neuen System vertraut zu machen. Zum anderen lohnt sich der Test von

Export- und Importprozessen im Vorfeld der Produktiveinführung, da eventuell auftretende Fehler rechtzeitig behoben werden können und so eine fristgerechte Einführung des Systems sichergestellt werden kann.

Wichtig ist es, dass klar definierte Ziele für die Projektschritte existieren, anhand derer auch eine Kontrolle und Steuerung erfolgen kann. Dieses ist auch ein Garant für kurze Einführungszeiten und das Einhalten von Projektbudgets.

4. Schulung

Damit die Mitarbeiter eine größtmögliche Sicherheit beim Umgang mit der neuen Lösung und den Bewertungen bekommen, werden Schulungen des Systems durchgeführt. Anhand von exemplarischen Arbeitsprozessen werden die Mitarbeiter an die Benutzung der neuen Arbeitsabläufe gewöhnt. Etwaige Akzeptanzprobleme, die bei Einführung einer neuen Software entstehen können, werden somit von Anfang an vermieden.

5. Produktivinstallation

Die Produktivinstallation ist der letzte Schritt der Einführung einer neuen Lösung. Auf Basis der Abstimmungen und Anpassungen, die innerhalb der Testphase gesammelt wurden, werden die Systeme endgültig mit dem Bestandssystem verknüpft.

6. Betreuung im laufenden Betrieb

Nach erfolgreicher Einführung der Lösung sind Fragen zur Validierung der Bewertungssysteme (Backtesting) zu prüfen, Portfolioanalysen zu initiieren und individuelle Fragestellungen zu detaillieren.

Die so dargestellte Prozessstruktur macht auch für die Fachabteilung die Einführung einer neuen Lösung überschaubar.

6 Konsequenzen

Ein systemunterstütztes Kreditrisikomanagement kann die Qualität der rein personellen Strukturen in diesem Bereich fundamental verändern. Dieses setzt allerdings auch die konsequente Optimierung der betroffenen Geschäftsprozesse voraus. Automatisierte ratingbasierte DV-Systeme führen damit zu

- einer Reduktion der Kosten durch Forderungsausfälle,
- einer effizenteren Abwicklung von Kreditantragsprozessen,
- einem permanenten Monitoring des Kundenbestandes mit der Chance, auftretende Risken rechtzeitig zu bearbeiten,
- einer Basel II-adäquaten Risikobeurteilung des Debitorenbestandes sowie
- damit insgesamt zu einem Beitrag zur Unternehmensrendite.

Die aufgezeigten modularen Softwarelösungen tragen auch dazu bei, Investitionssicherheit zu schaffen, da die so eingeführten Lösungen auch flexibel an zukünftige evtl. veränderte Anforderungen angepasst werden können.

Alexander Kraus

Expertensysteme zur Früherkennung von Insolvenzrisiken – Kreditrisiken erfolgreich bewältigen

No risk, no fun ...

Das älteste Gewerbe der Welt ...
... wurde nicht, wie häufig vermutet, durch Dienstleistungen im zwischenmenschlichen Bereich begründet, sondern durch den HANDEL. – Handel ist die älteste auf Gewinn ausgerichtete Tätigkeit der Menschheit. Wirtschaft bedeutet Handel; ohne Handel gibt es keinen Warenverkehr und keinen Wohlstand. Die Welt lebt vom Handel ...

Die Welt lebt vom Handel

Schöne Worte, die allerdings das Wesen des Handels nur sehr ungenau beschreiben. Die Welt lebt vom Handel, der Handel lebt von der korrekten Abwicklung der einzelnen Geschäfte. Dabei helfen keine verschwommenen Sinnsprüche, sondern klare Verhältnisse. Barzahlung bei Übergabe beispielsweise.

Irgendwo auf dem Weg vom Bazar zum Future Trading ist jedoch das Wort ‚Zahlungsziel' entstanden, und damit ein Bündel von Möglichkeiten, die wirtschaftliche Existenz des Händlers zu gefährden. Um zu überleben, musste und muss sich der Händler stets aufs Neue an die vorherrschende Situation anpassen. Das bedeutet: um erfolgreich zu bleiben, reicht es nicht mehr, neue Geschäftsfelder zu erschließen, vielmehr müssen die vorhandenen qualifiziert werden.

Der moderne Ausdruck dafür lautet *Debitorenmanagement!* Jeder Händler betreibt es – jeder benutzt andere Hilfsmittel: Je nach Unternehmensgröße reicht die Spanne dabei vom Personengedächtnis der Ehefrau des Inhabers (‚Extended Memory') über sorgsam geführte Kundenkarteien bis hin zu einer konzernweiten CRM-Lösung (CRM = Customer Relationship Management = ‚Behandlung von Kundenbeziehungen': der Überbegriff von *Debitorenmanagement*, klingt deutlich innovativer).

> Erfolgreiches CRM deckt drei Bereiche ab. Zwei davon werden in den meisten Unternehmen ausreichend beachtet: *Neukundengewinnung* und *Kundenbindung*.

Der dritte Bereich, die *Kundenstammqualifizierung*, wird häufig vernachlässigt bzw. in seiner Bedeutung unterschätzt, speziell dann, wenn die ersten beiden Gebiete zufriedenstellende Ergebnisse liefern.

Wir möchten uns in diesem Beitrag auf den Bereich *Kundenstammqualifizierung* konzentrieren, da hier in den meisten Unternehmen massiver Handlungsbedarf besteht. Unter dem Begriff *Kundenstammqualifizierung* fassen wir alle Anstrengungen zusammen, die darauf abzielen, die wirtschaftliche Handlungsfähigkeit des eigenen Unternehmens im Umgang mit bestehenden Kunden zu erhalten.

Handel bedeutet Risiko

Ist endlich die Unterschrift auf dem millionenschweren Kaufvertrag, passieren zwei Dinge: im *Vertrieb* knallen die Sektkorken und im *Kreditmanagement* läuten die Alarmglocken: Bis zur endgültigen Bezahlung befindet sich die Kaufsumme auf der Risikoseite des eigenen Unternehmens.

Liquidität ist die entscheidende Voraussetzung für den Erhalt der Handlungsfreiheit jedes Unternehmens. Forderungen binden Liquidität, also lautet der Auftrag ans Kreditmanagement, Forderungen auf die sichere Seite zu bekommen.

Dinge, die den Vertrieb nach Vertragsabschluss nicht mehr oder nur noch marginal interessieren, sind das tägliche Brot des Kreditmanagers: Der Kunde hält Zahlungsvereinbarungen nicht ein, zahlt gar nicht oder findet ständig neue Gründe, Zahlungen zu verzögern. Im schlimmsten Fall hört der Kunde auf zu existieren, nachdem die Ware geliefert oder die Dienstleistung erbracht ist.

> Je schlechter die allgemeine wirtschaftliche Lage, desto häufiger realisiert sich dieses Szenario!

Speziell in Zeiten sich verschlechternder Zahlungsmoral kommt damit der Abteilung *Kreditmanagement* eine hohe Verantwortung innerhalb des CRM zu. Sie muss dafür sorgen, dass die Geschäftsverbindung zum Kunden ertragreich bleibt. Der Kernpunkt erfolgreicher Arbeit liegt dabei in der *Vermeidung* verlustbringender Geschäfte, nicht in der Schadensbegrenzung.

So gesehen könnte man schlussfolgern, dass Vertrieb und Debitorenmanagement natürliche Feinde sind!

Die Zeiten werden härter...

Der Anlagen- und Energietechnikkonzern Babcock Borsig, der Flugzeugbauer Fairchild Dornier, das Bauunternehmen Holzmann, das Kirch-Imperium, Kinowelt Medien, die Automobilzulieferer Peguform und Sachsenring ... die Liste dieser Insolvenzen liest sich wie das *Who Is Who* der deutschen Wirtschaft.

Viele betroffene Konzerne standen beispielhaft für den Aufstieg der Nachkriegszeit und prägten die wirtschaftliche Identität Deutschlands: Krupp, Mannesmann, Klöckner, Bremer Vulkan ... sie alle wurden dichtgemacht oder gingen in internationalen Konzernen auf.

Ein Blick auf die nachstehende Tabelle spricht hier eine klare Sprache: Der medienwirksam inszen(s)ierte Untergang eines Konzerns ist nur der Anfang: Richtig ‚einschüchternd' wird das Ausmass des Schadens, wenn man *das Umfeld* ein paar Monate danach betrachtet: Von den Zulieferern ist dann vielfach auch nichts mehr zu sehen – und diese unselige Kette setzt sich bis in die Privathaushalte fort.

Zeitraum	Gesamtinsolvenzen (D)		Unternehmensinsolvenzen (D)	
1999	33.870		26.620	
2000	41.780	+ 23,4 %	27.930	+ 4,9 %
2001	49.510	+ 18,5 %	32.390	+ 16,0 %
2002	84.330	+ 70,3 %	37.620	+ 16,1 %
2003	98.000		38.600	
2004	*109.400 (geschätzt)*		*38.600 (geschätzt)*	

– Welche Schlüsse können Sie daraus ziehen?
- Die Insolvenz eines Ihrer Kunden betrifft auch Sie!
- Die Frage ist nicht, *ob* einer Ihrer Kunden insolvent wird, sondern vielmehr: *wann* wird dies passieren?
- Wenn Sie nicht ausreichend vorbereitet sind, *werden Sie Forderungsausfälle erleben!*

Basel II und Rating – Wir machen den Weg frei

Verlassen Sie sich beim Thema *Zwischenfinanzierung* nicht allzu sehr auf Ihre Bank. Die Zusammenarbeit mit Banken wird – speziell bei der Finanzierung von Warenströmen – in den nächsten Jahren sicherlich kritischer verlaufen. Etwas salopp ausgedrückt: bevor Sie künftig von einer Bank Geld erhalten, müssen Sie ihr erst einmal lückenlos nachweisen, dass Sie es eigentlich nicht benötigen.

Basel II und *Rating* sind die Schlagworte, die in diesem Zusammenhang häufig fallen. Was hat es damit auf sich?

Im Juni 1999 veröffentlichte der *Baseler Ausschuss für Bankenaufsicht* Vorschläge hinsichtlich der Eigenkapitalunterlegung von Kreditrisiken, die die Banken stärker als bisher in die Lage versetzen soll, das Kreditausfallrisiko mit eigenen Mitteln auszugleichen.

Das zweite Papier (,Basel II') wurde am 16. Januar 2001 publiziert, dient als Vorlage für eine Änderung der *EU-Richtlinien über die Eigenkapitalausstattung von Kreditinstituten* und wird anschließend in nationales Recht umgesetzt werden.

Basel II wird zum 1.01.2006 mit einer einjährigen Einführungsphase in Kraft treten. Unabhängig von der formellen Inkraftsetzung wenden viele Banken schon heute die geplanten Ratingkriterien bei der Kreditvergabe an.

Was heisst das?

Ohne allzusehr ins Detail zu gehen, lassen sich daraus folgende Konsequenzen ableiten:
- Banken werden mehr Geld hinterlegen müssen, um Ausfallrisiken abzusichern. Soll heissen: Kredite werden teurer oder nicht mehr gewährt. *Die Bank an Ihrer Seite* ist plötzlich weg!
- Um künftig Kredite erhalten zu können, müssen Bankkunden ein sogenanntes *Rating* über sich ergehen lassen. Hierbei werden auch *weiche Kriterien* wie ein schwungvoller Business-Plan, Führungsqualitäten, Personalkonzeption, Unternehmensstrategie oder Sortimentsplanung verstärkt betrachtet.

> ,Leben Sie! Wir kümmern uns um die Details!'
> Diesen Satz möchte die Bank vom Kunden am liebsten hören.

- Das Rating wird sich zur standardisierten Messlatte der Bonität entwickeln. Emotionale Faktoren wie *langjährige Geschäftsbeziehung, lokale Stellung des Unternehmens* oder *Vertrauen* werden an Bedeutung verlieren.
- Das hat *beinahe zwangsläufig* zur Folge: Ihre Kunden werden verstärkt auf Sie als (Waren-)Kreditgeber ausweichen, anstatt sich den Warenverkehr weiterhin von ihrer Bank finanzieren zu lassen. Hier muss Ihr Kreditmanagement ähnlich wie die Bank agieren und geeignete Beurteilungsmöglichkeiten finden, um sich keine Laus in den Pelz zu setzen.

Expertensysteme zur Früherkennung von Insolvenzrisiken

Was also tun?

Die einfachste Reaktion wäre, kurzerhand die Schotten dicht zu machen und nur noch Geschäfte abzuwickeln, bei denen definitiv nichts schiefgehen kann.

Pure Risikovermeidung wäre jedoch völlig praxisfremd. Das Unternehmen soll trotz allgemein rückläufiger Tendenz stabil weiterwachsen, die Umsätze sollen sich positiv entwickeln. Wer also auch in Stagnationsphasen gute Geschäfte machen möchte, muss naturgemäss bereit sein, Risiken einzugehen.

Das Kreditmanagement übernimmt damit neben seinen operativen Aufgaben zunehmend solche aus dem Bereich *Risikomanagement*. Das Ziel lautet, Risiken bereits an ihrem Ursprung gering zu halten und zu steuern.

Proaktives Risikomanagement... das bedeutet zu reagieren, *bevor* das Kind in den Brunnen gefallen ist: Im Vordergrund steht nicht, Forderungen zu administrieren bzw. sich bereits gelieferte Ware auf verschlungenen Pfaden zurückzuholen, sondern eine *entscheidungsorientierte Überprüfung* des Kreditengagements als solchem.

> Jeden machbaren Umsatz tätigen, aber:
> lieber *kein* Geschäft als ein *verlustreiches*!

Instrumente im Info-Management

Was kann man tun, um das Risiko an seinem Ursprung gering zu halten? – Keine Frage: man benötigt *qualifizierte Informationen*, muss einzelne Informationsbausteine richtig interpretieren können – und ein bisschen Glück braucht man auch!

Qualifizierte Informationen

Nur die umfassende Kenntnis des Kunden stellt das erste tragfähige Fundament für Kreditentscheidungen dar. Die folgende Tabelle liefert einen Abriss der für eine solche Entscheidung nötigen Informationen:

Informationen	Quelle(n)
Zahlungsverhalten	FiBu
Dauer der Geschäftsbeziehung	CRM
Integrität und Qualifikation des Managements	Vertrieb/Außendienst
Außendienstbeurteilung	Außendienst
Auftragslage	Vertrieb/Außendienst

Expertensysteme zur Früherkennung von Insolvenzrisiken

Informationen	Quelle(n)
Marktstellung usw.	Vertrieb/Außendienst
Rechtsform Branche/Branchenrisiko Alter des Unternehmens Handelsregistereintrag usw.	Wirtschaftsauskünfte ...
Zahlungserfahrungen	Mitbewerb
Krediturteil Konjunkturelle Entwicklung Presseinformationen	Wirtschaftsauskunftei/ Bank/WKV

Zur Beurteilung eines *Neukunden* ist mindestens die in obiger Tabelle dargestellte Informationsdichte (mit Ausnahme der Punkte 1 und 2) nötig.

Nun ist es so eine Sache mit Informationen: Sie veralten schnell, sind oftmals subjektiv und manchmal sogar grundfalsch!

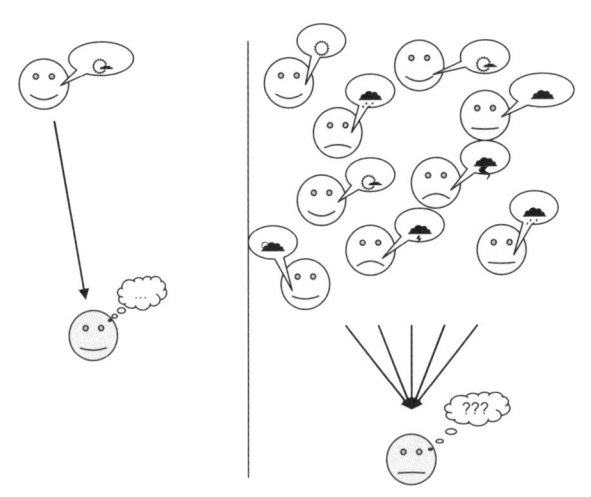

Einzelinformationen sind nicht verlässlich, viele Informationen können irreführend sein

Die schlussendliche Qualität der Entität *Information* lässt sich aus drei Elementen bestimmen: *Informationsmenge, Informationsart, Informationshäufigkeit*.

Expertensysteme zur Früherkennung von Insolvenzrisiken

Informationsmenge

Neben der *Verschiedenartigkeit* der Informationen ist auch die benötigte *Menge* jeder Informationsart zu beachten. *Singuläre* Informationen liefern kein aussagekräftiges Bild, da sie u.U. falsch sein können. Um falsche Informationen aus der Gesamtbetrachtung herauslösen zu können, müssen *viele* Informationen beschafft und deren Grundgesamtheit verwendet werden.

> Einfach ausgedrückt: wenn neun Informationsquellen besagen, der angefragte Kunde sei eine *GmbH*; und *eine* Informationsquelle behauptet, die Rechtsform sei *AG* ... wer hat dann wahrscheinlich recht?

Informationsart

Speziell bei Neukunden gibt es eine gefährliche Informationslücke: das erwähnte Fehlen der Punkte 1 und 2. Da man noch keine eigenen Erfahrungen mit dem Kunden aufbauen konnte, ist man zu seiner Beurteilung auf den Augenschein angewiesen; häufig aus dem Aussendienst, der sich aus dem Gesamteindruck (Zustand der Gebäude und des Fuhrparks, ggf. Beurteilung des Managements etc.) eine Meinung bildet.

Hier bietet sich ein **Informationspool an**: eine Art Solidargemeinschaft von Anbietern, die Zahlungserfahrungen mit ihren Kunden einmelden und abfragen. Die Informationen stammen aus *aktuellen, alltäglichen Geschäftstätigkeiten* und schildern deren Verlauf, unter anderem mit detaillierten Altersstrukturangaben (Prozentanteile des Gesamtvolumens, die innerhalb der Fälligkeit bzw. in kategorisierten Zeiträumen über Fälligkeit bezahlt wurden). Dies sind unschätzbare Hinweise auf die aktuelle wirtschaftliche Situation, in der sich Ihr Kunde befindet.

Solche Informationen können Sie von Wirtschaftsauskunfteien nicht erhalten. Neben den üblichen Strukturdaten erfahren Sie hier von Negativkriterien erst, wenn sie aktenkundig geworden sind. Und das dauert, wie jeder weiß, einige Monate bis zu einem Jahr.

Die Beurteilung einer *bestehenden Geschäftsverbindung* erfordert theoretisch die gleiche Informationsgrundlage als die eines Neukunden, in der Praxis wird jedoch der Anteil des Vertriebs an der Gesamtmeinungsbildung deutlich steigen. Schliesslich ist der Vertrieb naturgemäss am brennendsten daran interessiert, die Geschäftsverbindung zu halten bzw. auszubauen. Bonitätsengpässe werden gerne als saisonale Schwankungen interpretiert, die man ‚schon irgendwie in den Griff bekomme'.

Bei bestehenden Geschäftsverbindungen zeigt sich die wirkliche Qualität Ihres Risikomanagements: Aufgabe ist, eine etwaige – auch schleichende – Verschlechterung der Kundenbonität so rechtzeitig zu erkennen, dass ggf. weitere Belieferungen zum richtigen Zeitpunkt verhindert bzw. abgesichert werden können.

> Dieses Aufgabenprofil verdeutlicht, dass Systeme, die erst bei der Entstehung offener Posten greifen (OPM = Offene-Posten-Management) einen Schritt zu spät ansetzen, weil sie nicht das *Risiko signalisieren*, sondern das *Ergebnis* daraus.

Banken haben – nicht zuletzt aufgrund der aktuellen *Basel-II*-Thematik – ein recht feines Gespür für sich verschlechternde Bonitäten. Sie müssen künftig Ausfälle verstärkt ‚mit eigenen Mitteln tragen', haben also grosses Interesse daran, stets über die monetäre Situation des Kunden Bescheid zu wissen.

In der Tat ist das Informationsnetz des Bankgewerbes eines der besten der Welt: Minimale Bonitätsschwankungen, also solche, die sich innerhalb der Zahlungsfähigkeit bewegen, erlebt jedes Unternehmen einmal; und normalerweise bckommt kein Geschäftspartner davon Wind ... keiner, bis auf die kontoführende Bank! – Und damit wissen es bei Bedarf alle anderen Banken!

Von dieser Kultur des gegenseitigen, wettbewerbsübergreifenden Informationsaustausches sind Handels- und Dienstleistungsunternehmen noch meilenweit entfernt – ein kleiner Anfang ist der Pool, der im vorherigen Absatz beschrieben ist.

Was ein Handelsunternehmen aber tun sollte, ist: verstärkt **Bankauskünfte** einholen! – Nein, legen Sie dieses Buch jetzt nicht zur Seite!!! – Die Rede ist nicht von konventionellen Bankauskünften, die vom Zweigstellenleiter persönlich in schmucker Prosa verfertigt werden und damit vielleicht nicht unbedingt das Nonplusultra an Objektivität darstellen.

Nein, die Rede ist von eindeutigen, strukturierten Informationen, wie sie Banken untereinander austauschen. Diese Auskünfte sind völlig anonym via Online-Abfrage über eine Bank, die als zentraler ‚Information Broker' agiert, einzuholen. Als Anfragestelle treten also nicht Sie, sondern eine Bank auf. – Natürlich; das ist möglich; Informationen sind bares Geld wert und Banken haben die Marktwirtschaft nicht einfach nur *begriffen*, sie haben sie geradezu *erfunden*!

Die Inhalte einer solchen Bankauskunft setzen sich aus 74 Fragestellungen zusammen, die im Multiple-Choice-Verfahren beantwortet werden. Daraus ist die *aktuelle* und *historische* Qualität der Bankverbindung – d.h. die Art und Weise, wie Ihr Kunde sein Konto führt – eindeutig ablesbar. Aussagekräftiger geht's kaum!

Allerdings muss man die stark verklausulierte Banksprache richtig deuten. Es gibt einen feinen, aber letztlich letalen Unterschied zwischen den Formulierungen *Die finanziellen Verhältnisse erscheinen angespannt* und *Die finanziellen Verhältnisse sind angespannt*.
Ebenso sollte die Aussage *Das Konto wird auf Guthabenbasis geführt* nicht in jedem Fall den Eindruck vermitteln, der Kunde verfüge über ein angemessenes Guthaben.

Interpretation

Informationsmenge und -häufigkeit sind wichtig, kein Zweifel. Grundlage für eine tragfähige Kreditentscheidung können sie jedoch nur bilden, wenn sie sauber und realiätsnah interpretiert werden können.

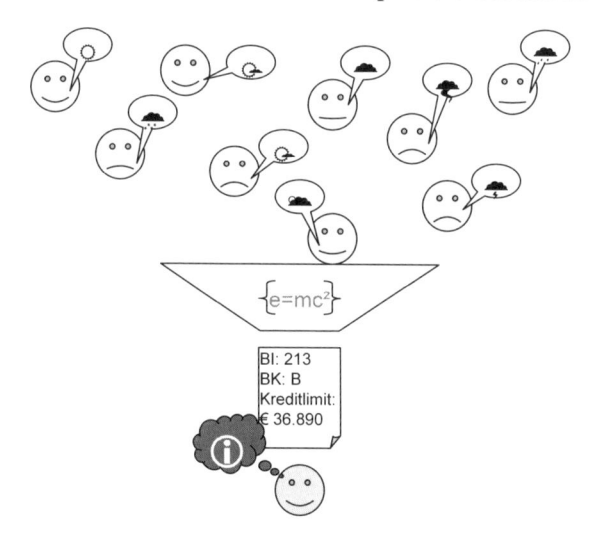

Neben der Vielfalt der Informationen, die Sie im Fokus behalten müssen, müssen Sie also auch noch darauf achten, die einzelnen Informationen richtig zu *bewerten*. Einige Beispiele:
- Kunden sollten auch nach ihrer Branche beurteilt werden. Ein Spediteur mit 5 % Umsatzrendite ist einsame Spitze; ein IT-Dienstleister mit 10 % Umsatzrendite ist am Ende.
- Zahlungszielüberschreitungen sind je nach Kundengruppe unterschiedlich zu beurteilen. Im deutschen Geschäftsleben ist eine DSO von 90 Tagen eine brandheiße Sache; ein Italiener, der seine offenen Posten bereits nach 120 Tagen ausgleicht, ist zweifellos als Vorfälligkeitszahler zu sehen.

- Eingegangene Schecks stellen – obschon die offenen Posten nominell ausgeglichen sind – noch bis zum tatsächlichen Geldeingang ein Risiko dar.

Solche und ähnliche Anforderungen machen die Arbeit des Kreditmanagers nicht gerade einfacher. Zwar ist man in einer modernen IT-Umgebung zumeist in der Lage, sich alle harten Fakten – notfalls aus verschiedenen Quellen – zu beschaffen; die Zusammenführung, Interpretation und die daraus abzuleitende Beurteilung der Kundenqualität bereiten jedoch häufig Kopfzerbrechen.

> Es gestaltet sich schwierig, nachts in einem dunklen Korridor einen schwarzen Kater zu fangen, zumal, wenn dieser sich dort nicht befindet.
> *(Kung Fu Tse)*
>
> In unserem Kontext bedeutet das: Es ist schwierig, den Zugriff auf alle Daten, die für eine ausreichende Bonitätsbeurteilung benötigt werden, aus dem eigenen Vorsystem zu erhalten, weil dort meist nur bereits eingetretene Ereignisse gespeichert und verwaltet werden.
>
> Eine sich langsam verändernde Bestellmenge, eine Änderung der Zahlungsart oder eine verschollene Auskunftsanfrage kann man aus bestehenden Daten nicht einfach *ablesen*, vielmehr muss gezielt danach gesucht und *interpretiert* werden.

Informationshäufigkeit

Um *schleichende Veränderungen* erkennen zu können, gibt es nur *ein* zuverlässiges Mittel: Sie müssen *alle* Kunden *täglich* beurteilen.

- Täglich muss geprüft werden, ob sich zeitrelevante Faktoren (Ereignisse, die durch das Eintreten eines bestimmten Datums ausgelöst werden, z.B. der Ablauf eines Kreditlimits oder einer hinterlegten Sicherheit) geändert haben.
- Spätestens bei einem Auftragseingang muss ein Satz neuer Auskünfte eingeholt werden. Die abgesendeten Anfragen müssen solange beobachtet werden, bis die Auskunft eingetroffen ist.
- Auch bei korrektem Ablauf des Vorgangs wäre es u.U. interessant zu wissen, ob sich die Zahlungsart geändert hat (z.B. von *Bankeinzug* auf *Scheck*, was Liquiditätsengpässe vermuten lassen könnte).

Fällt es Ihnen etwas auf? – In diesen drei Absätzen sind mehr Probleme als Lösungen beschrieben: ‚Alle Kunden *täglich* beurteilen' ist eine Forderung, die manuell nicht erfüllbar ist.

Es gibt zu diesem Thema hoffnungsvolle Ansätze: Der eine ist der Informationspool, der nachlassende Zahlungsmoral bereits zu einem Zeitpunkt erkennen lässt, an dem noch keine akute Gefahr besteht.

Der andere kommt aus der Ecke der professionellen Informationsanbieter und heisst **Monitoring**. Hierbei geht es im Wesentlichen darum, alle bonitätsrelevanten Änderungen, die der Auskunftei bekannt werden, sofort und ohne separate Anfrage allen Empfängern zur Verfügung zu stellen.

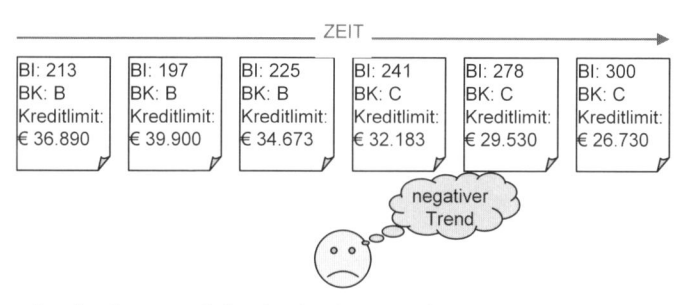

```
_____ ZEIT _____→

BI: 213      BI: 197      BI: 225      BI: 241      BI: 278      BI: 300
BK: B        BK: B        BK: B        BK: C        BK: C        BK: C
Kreditlimit: Kreditlimit: Kreditlimit: Kreditlimit: Kreditlimit: Kreditlimit:
€ 36.890     € 39.900     € 34.673     € 32.183     € 29.530     € 26.730

                                    ( negativer )
                                    (   Trend   )
                                         ☹
```

Der entscheidende Vorteil der laufenden Kundenüberwachung ist die Entstehung einer Bonitätshistorie, die als solche eine weitere wertvolle Informationsquelle und Interpretationshilfe darstellt.

All diese Informationsquellen und Methoden lassen im Laufe der Zeit eine wertvolle ‚Bonitäts-Fieberkurve' entstehen, die allein schon eine wertvolle Hilfe zur Früherkennung von Insolvenzrisiken darstellt.

Zusammenfassung

Kein Zweifel – die Bedeutung eines funktionierenden Risikomanagements wird sich in den kommenden Jahren deutlich erhöhen; Geschäfte werden nicht mehr aus dem Bauch heraus getätigt werden, sondern von einer soliden Basis aus *Information* und *Mathematik* getragen sein müssen.

‚Umsatz' – das Allheilmittel aus dem Vertrieb – wird auf den Prüfstand gehoben. Das hat zur Folge, dass man zum einen oder anderen verlockenden Geschäft auch mal ‚Nein' sagen wird. ‚Umsatz' bedeutet nämlich in vielen Fällen zunächst einmal ‚Investition', und erst dann ‚Gewinn', wenn er bezahlt ist.

Der Kreislauf des Erfolges

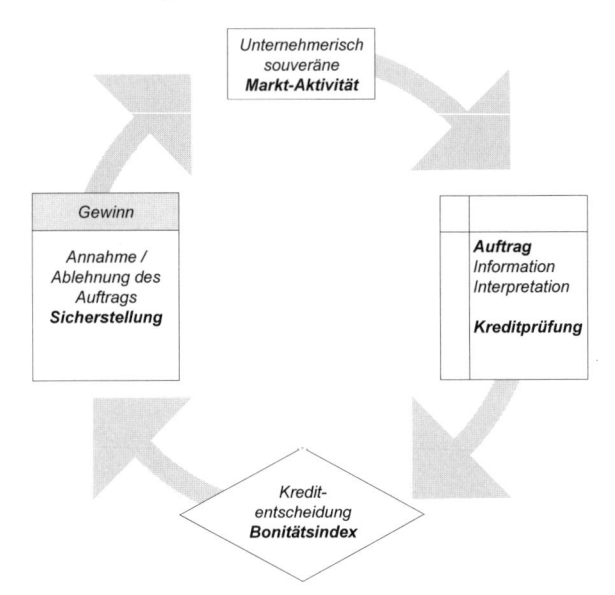

```
                    Unternehmerisch
                      souveräne
                    Markt-Aktivität

   Gewinn                                      Auftrag
                                                Information
   Annahme /                                    Interpretation
   Ablehnung des
   Auftrags                                    Kreditprüfung
   Sicherstellung

                    Kredit-
                    entscheidung
                    Bonitätsindex
```

Weniger ist mehr

Vertrieb und Kreditmanagement müssen verstärkt zusammenarbeiten; Unternehmenskultur und Unternehmenskommunikation müssen sich so entwickeln, dass man den Kunden gemeinsam beurteilt, *bevor* ein Auftrag abgewickelt wird.

Indem man einen riskanten Auftrag auch einmal ablehnt oder ihn nur mit Sicherheitsstellungen ausführt, trägt man zum weiteren souveränen Marktauftritt des eigenen Unternehmens bei.

Deutlich wird dies, wenn Sie sich die Antipode zu dem dargestellten Schema – quasi den ‚Kreislauf des Misserfolges' – vorstellen. Sie ist schwierig darzustellen, denn es ist kein Kreis, sondern eine Spirale. Eine Todesspirale gewissermassen. Lassen Sie alle Vorsichtsmassnahmen vor der Ausführung eines Auftrages weg, so werden Sie mit Sicherheit mehr Umsatz generieren, aber auch einige Forderungsausfälle erleben. So weit, so schön.

Irgendwann werden Sie beginnen müssen, diese Forderungsausfälle zu kompensieren, um wenigstens das Betriebsergebnis des Vorjahres halten zu können (an Wachstum ist in diesem Stadium ohnehin nicht mehr zu denken). Um jedoch Forderungsausfälle zu kompensieren, müssen Sie den *zigfachen* Betrag der Ausfälle an *Mehrumsatz* machen (wieviel genau, hängt von Ihrer Umsatzrendite ab; siehe Grafik *benötigter Mehrumsatz*).

Hier beginnt die Spirale: Sie generieren mehr Umsatz (ganz nebenbei stellt sich dabei die Frage, ob das in einem schwierigen wirtschaftlichen Umfeld so ohne weiteres möglich ist), nur um *den gleichen Ertrag* zu erzielen, den Sie vor Eintritt Ihrer Forderungsausfälle hatten, und erhöhen damit im selben Maße Ihr Risiko, *weitere Forderungsausfälle* zu erleiden.

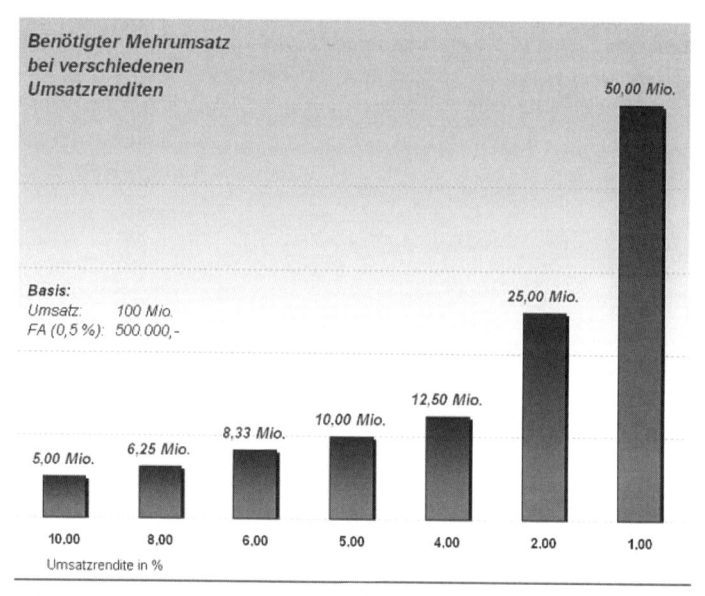

Der durch einen Ausfall von nur einem halben Prozent entstehende Bedarf an Mehrumsatz

Um es bündig auszudrücken: bei einer Umsatzrendite von zwei Prozent müssen Sie ‚läppische' 500.000,- Forderungsausfälle durch einen Mehrumsatz von *25 Millionen* wettmachen; wobei voraussichtlich weitere 125.000,- Forderungsausfälle entstehen werden.

Zu diesem Zeitpunkt noch mit Risikomanagement zu beginnen, ist ein undurchführbarer Kraftakt. Die Warenkreditversicherung hat Ihnen wahrscheinlich längst den Rücken gekehrt; Sie befinden sich in der Lage, *reagieren* zu müssen, statt souverän *agieren* zu können.

Kollege Computer – kann er's besser?

Hohe Informationsdichte und die erforderliche Schnelligkeit legen die Verwendung von Software nahe. Allerdings erfordert das Risikomanagement Erfahrung und Fingerspitzengefühl – etwas, das Software für diesen Bereich ungeeignet erscheinen lässt ...

Vielleicht ist das eine Erklärung dafür, warum es zu DebiTEX™ keine nennenswerte Alternative gibt.

Mensch und Maschine

Software muss – im Risikomanagement wie in allen anderen Bereichen – dem Anwender konkrete, messbare Vorteile liefern, um ihren Einsatz zu rechtfertigen.

Betrachtet man den Arbeitsalltag des Kreditmanagers, wird schnell klar, dass konventionelle Systeme des Rechnungswesens damit überfordert sind. *Risikomanagement*-Software muss ...

- ... Kontinuität und damit gleichbleibende Objektivität der Kundenbewertung gewährleisten, um dem Kreditmanager eine Basis für tragfähige, realitätsnahe Entscheidungen liefern,
- ... *alle* risikorelevanten Elemente ‚im Auge' behalten, auch die, die nicht auf den ersten Blick als solche erkennbar sind,
- ... selbstständig ‚schwarze Schafe' finden und so das Unternehmen vor Forderungsausfällen bewahren,
- ... die Aussenstandsdauer durchgängig verringern,
- ... den Workflow im Kreditmanagement positiv beeinflussen.

Daneben gibt es Bereiche im Risikomanagement, die den *Menschen* erfordern – wie erwähnt: Erfahrung und Fingerspitzengefühl. In einigen Fällen sprechen harte Fakten, isoliert betrachtet, für einen negativen Geschäftsverlauf, der aktuelle Vorgang verläuft jedoch – allen softwareseitigen Unkenrufen zum Trotz – blendend. Der umgekehrte Fall realisiert sich leider häufiger: Die Geschäftsverbindung läuft seit Jahren hervorragend, man vertraut dem Kunden (mehr oder weniger) blind – und merkt nicht, dass er langsam aber sicher auf die Insolvenz zusteuert.

Software im Risikomanagement muss daher neben den obengenannten, kategorisierbaren Merkmalen auch noch einige andere erfüllen, um sich als praxistauglich zu erweisen:

- Sie muss komplett an die Arbeitsweise des Kreditmanagers anpassbar sein; alle Werte müssen parametrisierbar, alle Aktionen schaltbar sein.

- Sie muss proaktiv arbeiten, d.h. Gefahren melden, bevor sie entstehen.
- Sie muss manuelle Eingriffe des Kreditmanagers zulassen.
- Sie muss *arithmetische* und *relevante* Qualitätsschwankungen voneinander unterscheiden. Minimale Veränderungen sollten ignoriert werden, da sie den Blick aufs Wesentliche trüben. *Fortlaufend auftretende minimale Veränderungen jedoch müssen nach Erreichen einer einstellbaren Signifikanzgrenze* gemeldet werden.

DebiTEX™ – ein einzigartiges Informationssystem

Nimmt man alle Aspekte der vorangegangenen Betrachtungen zusammen, wird eine Lücke erkennbar: ‚Harte' Informationen über den Kunden betreffen hauptsächlich die Vergangenheit, benötigt wird jedoch ein ‚Blick in die Zukunft'.

Unsere Erfahrung kann Ihnen dabei helfen: Die Stärke unserer Software liegt eindeutig in der Früherkennung! – Jahrelange Beobachtung und die Analyse tausender Insolvenzen waren nötig, um DebiTEX™ entstehen und wachsen zu lassen. – DebiTEX™ ist durch die Zusammenführung und Gewichtung verschiedenster Einflussfaktoren in der Lage, Unternehmensentwicklungen über lange Zeiträume hinweg zu betrachten, zu bewerten und Sie bereits zu einem sehr frühen Zeitpunkt auf negative Tendenzen bzw. drohende Insolvenzrisiken aufmerksam zu machen.

Tagesroutinen

Jede kundenorientierte Software gibt Ihnen beim Start die Möglichkeit, durch Eingabe diverser Kundendaten einen *Kundenstamm* anzuzeigen, von dem aus weitere Aktionen in die Wege geleitet werden können. DebiTEX™ macht da keine Ausnahme.

Nur – kaum jemand benutzt diese Herangehensweise.

Das Instrument, das unsere Kunden am häufigsten verwenden, ist die sogenannte *Tagesroutine*. Hierbei handelt es sich um einen Aufgabenplan, der selbstständig alle risikorelevanten Vorgänge/Warnungen an den zuständigen Kreditsachbearbeiter ausgibt.

> Tagesroutinen werden nicht *täglich*, sondern in *Echtzeit* aktualisiert, d.h.: tritt eine Limitüberschreitung ein, so wird DebiTEX™ nach einigen Minuten eine entsprechende Tagesroutine erzeugen. Möglich wird dies durch eine dienstebasierte Anbindung an Ihre Vorsysteme.

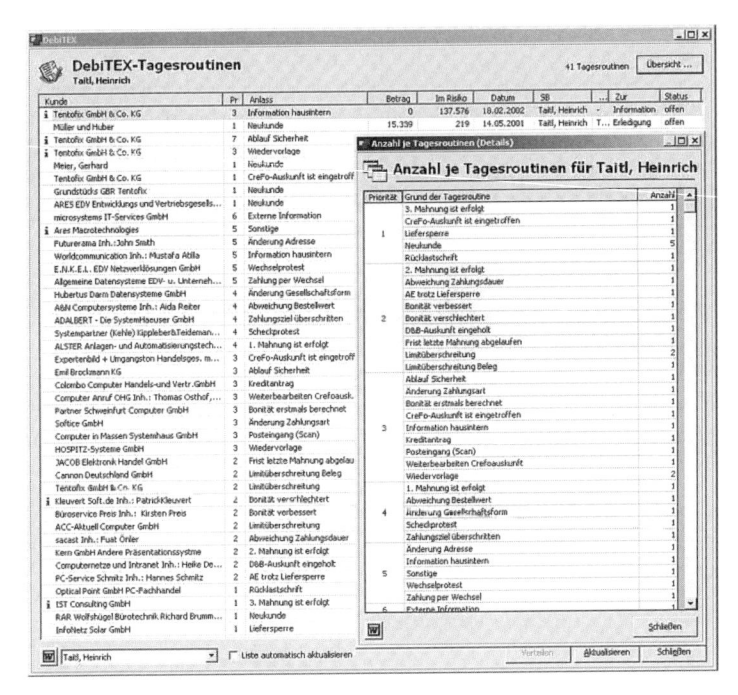

Expertensysteme zur Früherkennung von Insolvenzrisiken

Der Tagesroutinenbildschirm zeigt dem Kreditsachbearbeiter schon am Morgen, wieviel Arbeit ihn erwartet ...

Die dargestellten Firmennamen sind frei erfunden; Ähnlichkeiten mit tatsächlich existierenden Firmen oder Personen wären zufällig.

Bildschirmaufbau und Nutzen

Die erste Spalte zeigt, welchen Kunden die Tagesroutine betrifft. In der zweiten Spalte sehen Sie die Priorität (die ‚Wichtigkeit') der Tagesroutine, anhand derer Sie auf Knopfdruck (*Übersicht*) eine Zusammenfassung einblenden können (siehe eingeblendetes Dialogfeld).

Die dritte Spalte schliesslich bezeichnet die Aktion bzw. das Ereignis, das auslösend für diesen Eintrag war. Hier werden Sie zu Beginn Ihrer Arbeit mit DebiTEX™ vielleicht zehn verschiedene Ereignisse abfragen, doch das Produkt wächst analog zu Ihren Ansprüchen.

Unsere ‚hartgesottenen' Anwender werden hier mit bis zu 75 verschiedenen Ereignissen bzw. Frühwarnfaktoren konfrontiert, die DebiTEX™ laufend überwacht.

Auslöser für Tagesroutinen (beispielhaft)	
Ablauf (bezeichnetes) Limit steht bevor / (Bezeichnetes) Limit ist abgelaufen	Eine Information wird in n Tagen ablaufen
Ablauf Sicherheit steht bevor / Sicherheit ist abgelaufen	Frist letzte Mahnung abgelaufen
Abweichung Bestellwert	Externe Information
Abweichung Zahlungsdauer	InfoData ist eingetroffen
Änderung Adresse	Information hausintern
Änderung Gesellschaftsform	KFA wurde abgelehnt
Änderung Zahlungsart	KFA wurde genehmigt
Auftragseingang trotz Liefersperre	Kreditantrag
Bank Online Auskunft eingetroffen	Liefersperre
Bank Online Auskunft noch offen	Limitüberschreitung
Bewertung Bank Online Auskunft erforderlich	Limitüberschreitung Beleg
Bonität erstmals berechnet	LS trotz Liefersperre
Bonität hat sich verbessert	Mahnstufe n erreicht
Bonität hat sich verschlechtert	Manuelle Eingabe
Bürgel-Auskunft ist eingetroffen	Manuelle Erfassung WKV-Limit
Bürgelauskunft noch offen	n. Mahnung ist erfolgt
Bürgel-Informationen sind eingetroffen	Neukunde
Bürgel-Kurzinfo ist eingetroffen	OBN wird geschlossen
Bürgel-Trefferliste ist eingetroffen	Posteingang (Scan)
CMS Pool Alert: Änderung Firmenstammdaten	Rücklastschrift
CMS Pool Alert: Änderung Gesamtkapital	Scheckprotest
CMS Pool Alert: Änderung Geschäftsführung	Schufa-Auskunft ist eingetroffen
CMS Pool Alert: Bonitäre Negativmerkmale	Wechselprotest
CMS Pool Alert: Überfällige Posten	Weiterbearbeiten Crefoauskunft
CreFo-Auskunft ist eingetroffen	Weiterbearbeitung KFA
Crefoauskunft noch offen	Weiterbearbeitung Bürgel
D&B Auskunft noch offen	Weiterbearbeitung D&B
D&B-Auskunft ist eingetroffen	Wiedervorlage
D&B Monitoring: Benachrichtigung eingetroffen	Zahlungsziel überschritten
D&B Monitoring: Firma existiert nicht mehr	Zahlung per Wechsel
D&B Monitoring: Registrierung läuft aus	*usw.*

To Serve And To Protect ...

Lassen Sie uns das im vorangegangenen Kapitel erwähnte *proaktive Risikomanagement* anhand der Tagesroutinen ein wenig näher beleuchten.

Harte Faktoren: Fakten

Es gibt zahlreiche harte Risikofaktoren, die Sie anhand Ihrer IT selbst identifizieren können, z.b. *Liefersperre, Rücklastschrift* sowie zahlreiche externe Informationen wie *Auskünfte* aller Art, sofern diese in Ihrem Kundenstamm gespeichert werden.

Wenn DebiTEX™ nur diese harten Faktoren zusammenfassen könnte, wäre es bestenfalls ein Monitoring-Tool zur Überwachung der *bereits eingetretenen* kritischen Ereignisse, aber keine echte Hilfe zur *Vermeidung* dieser Fälle.

Zeit-Faktoren

Ein Ereignis, dessen einziger auslösender Faktor das Eintreten eines bestimmten Zeitpunktes ist, läuft naturgemäss Gefahr, vergessen zu werden (vgl: *Hochzeitstag*).

DebiTEX™ kümmert sich um risikorelevante Ereignisse dieser Kategorie, indem es Tagesroutinen für *Manuelle Wiedervorlagen, Abgelaufene Sicherheiten* und *Limite*, über einen längeren Zeitraum *Unbeantwortete Auskunftsanfragen* erzeugt, den *Sonderstatus* eines Kunden zum rechten Zeitpunkt wieder aufhebt – oder Sie einfach nur darauf hinweist, dass eine Information in näherer Zukunft veralten wird.

> *Manuelle Wiedervorlagen* könnten ebenso gut in Outlook verwaltet werden ... schön – und wie sieht's mit den anderen Punkten aus?

Interpretierte Faktoren: Wehret den Anfängen!

Etwas, das Sie keinem Vorsystem entnehmen können, sind Risikofaktoren, die aus bestimmten, einzeln betrachtet harmlosen Ereignissen entstehen. Beispiel hierfür: *Abweichung Bestellwert*. Kauft ein Kunde innerhalb einer bestimmten Zeitspanne doppelt so viel als im Vergleichszeitraum des Vorjahres, bedeutet dies offensichtlich, dass der Kunde den Lieferanten gewechselt hat. Warum er dies tut, steht nicht in den Unterlagen ... mag sein, dass er vom Mitbewerber nicht mehr beliefert wird. In diesem Fall ist erhöhte Vorsicht angezeigt.

Stellt ein Kunde plötzlich seine Zahlungsart um (Tagesroutine: *Änderung Zahlungsart, Zahlung per Wechsel*), und findet die Umstellung auf ein Medium statt, das eine längere Verweildauer bei der Bank hat (z.B. von *Bankeinzug* auf *Scheck*), so vermutet der besorgte Kreditsachbearbeiter hier meist zurecht einen gewissen Liquiditätsengpass.

Reklamationen kommen vor – hin und wieder. Sollten jedoch plötzlich Dutzende davon vom selben Kunden hereinkommen, so darf davon ausgegangen werden, dass der Kunde Wege sucht, allfällige Zahlungen zu verzögern ... – richtig, Kreditmanager sind naturgemäss recht vorsichtige Menschen ...

Alles halb so schlimm?

All diese Faktoren können aber ebenso gut harmlose Ursachen haben. Vielleicht hat sich der Kunde wirklich so sehr über Ihren Service gefreut, dass er Ihrem Mitbewerber den Laufpass gegeben hat; möglicherweise empfindet der Kunde die Zahlung per Scheck einfach transparenter als die per Bankeinzug, oder vielleicht gab es wirklich eine unglückliche Anhäufung fehlerhafter Lieferungen.

> Unbestreitbar ist, dass Sie manuell (abhängig von der Anzahl Ihrer Kunden) nicht bzw. kaum in der Lage wären, Ihren gesamten Kundenstamm täglich auf solche und ähnliche interpretative Faktoren hin zu überprüfen. DebiTEX™ kann – und tut es, ohne allerdings die Pferde scheu zu machen (d.h. ohne restriktiv in Ihren Workflow einzugreifen).
>
> DebiTEX™ erzeugt eine Tagesroutine – wie Sie darauf reagieren, ist allein Ihre Entscheidung. Wahrscheinlich werden Sie zunächst ein klärendes Gespräch mit dem Kunden suchen.

Allgemeine Risikoinformationen

Durch Anwahl einer Tagesroutine gelangen Sie unmittelbar in den Bereich *Allgemeine Informationen* des Kunden, den sie betrifft:

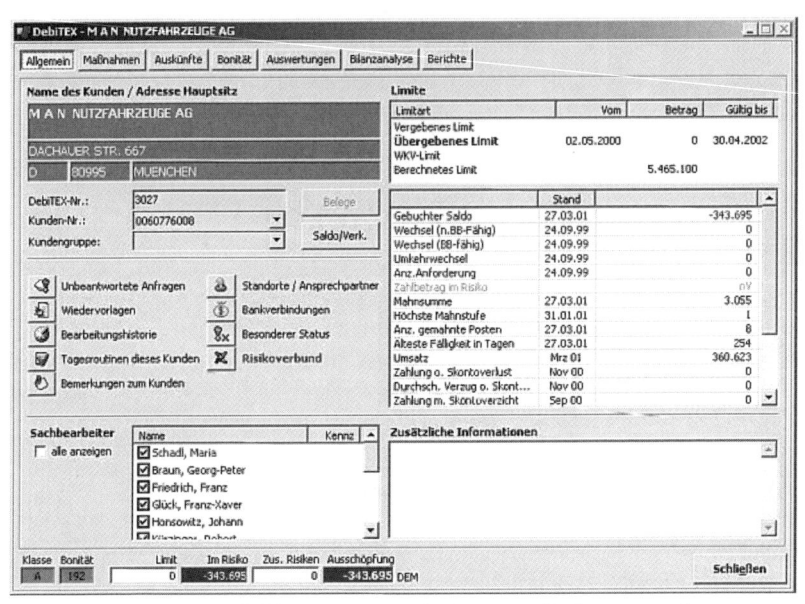

Der Allgemeine Kundenbildschirm. *Hier haben Sie alle bonitätsrelevanten Daten im Überblick*

> Auch hier gilt: Der Inhalt dieses Bildschirms ist beispielhaft: Welche Salden bzw. Belegsummen hier angezeigt werden, legen Sie bei der Produkteinführung gemeinsam mit unseren Projektleitern fest.

Alles Wissenswerte auf einen Blick

Auf dieser Seite sind die Adressangaben und Vorsystemkundennummern, die verschiedenen Kreditlimite (es gibt vier davon, das maßgebliche Limit ist fettgedruckt dargestellt), die gewünschten Salden bzw. Belegsummen sowie der/die diesem Kunden zugeordneten Sachbearbeiter dargestellt.

Alle detaillierteren Informationen bekommen Sie durch einen Klick auf die entsprechende Schaltfläche im linken mittleren Bereich des Bildschirms angezeigt.

Alle weiteren kategorisierbaren Informationen, wie eingeholte Auskünfte, Bonitätsverlauf etc. werden durch die ‚Reiter' am oberen Bildschirmrand symbolisiert und auf jeweils eigenen Bildschirmseiten angezeigt.

Bearbeitungshistorie

Während FiBu-Software aus verdichteten Daten meist nur die Umsatzzahlen je Kunde festhält, wird in DebiTEX™ jedes Ereignis, jede Tagesroutine und jede Aktion des Kreditsachbearbeiters – auch der Schriftverkehr mit dem bzw. über den Kunden – gespeichert und in einer Bearbeitungshistorie festgehalten.

Diese Historie ist nicht manipulier- bzw. löschbar.

> Die Bearbeitungshistorie gibt jedem Kreditsachbearbeiter dieselbe Informationsgrundlage. Fehlentscheidungen durch subjektive Bewertungen oder fehlende Einzelinformationen sind daher weitgehend ausgeschlossen.

Standorte/Ansprechpartner/Bankverbindungen

Dies sind klassische 1 : n-Beziehungen, d.h. Sie können zu einem DebiTEX-Satz beliebig viele davon erfassen.

Bankverbindungen werden einmal vierteljährlich durch ein BLZ-Verzeichnis aktualisiert. Selbstverständlich können Sie auch selbstdefinierte bzw. ausländische Bankverbindungen eintragen.

Besonderer Status

Hier können Sie Ihre *White Lists* realisieren, d.h. bestimmen, dass dieser Kunde nicht in Tagesroutinen auftauchen soll, etwa weil er über jeden Zweifel hinsichtlich seiner Bonität erhaben ist.

Sie können diese Aktion von vorneherein auf einen bestimmten Zeitraum begrenzen.

Immer derselbe Kunde?

Unserer Beobachtung zufolge hat jedes Unternehmen mehr Kundenstammsätze als Kunden, d.h. ein Kunde ist im Vorsystem mehrfach vorhanden. Kreditrisiken, die daraus entstehen könnten, beugen wir vor, indem wir mehrere Kundennummern zu einer DebiTEX™-Nummer zusammenfassen.

Der aufmerksame Leser hat es wohl bereits festgestellt: das Feld *Kunden-Nr.* des *Allgemeinen Kundenbildschirms* ist ein Listenfeld! – Hier werden alle Kundennummern, die dieser Kunde in Ihrem Vorsystem aufweist, aufgeführt.

> Bist du wieder mal blank, wechsle einfach die Bank ...
> respektive die Kundennummer beim Lieferanten, also bei Ihnen.
> Mit DebiTEX™ funktioniert das künftig nicht mehr ganz so einfach ...

Risikoverbund

Auch völlig legitime Risikoverbünde gibt es: Möchten Sie einem Firmenverbund bzw. Konzern ein gemeinsames Kreditlimit gewähren, so können Sie alle Einzelfirmen, aus denen dieser Verbund besteht, zusammenfassen.

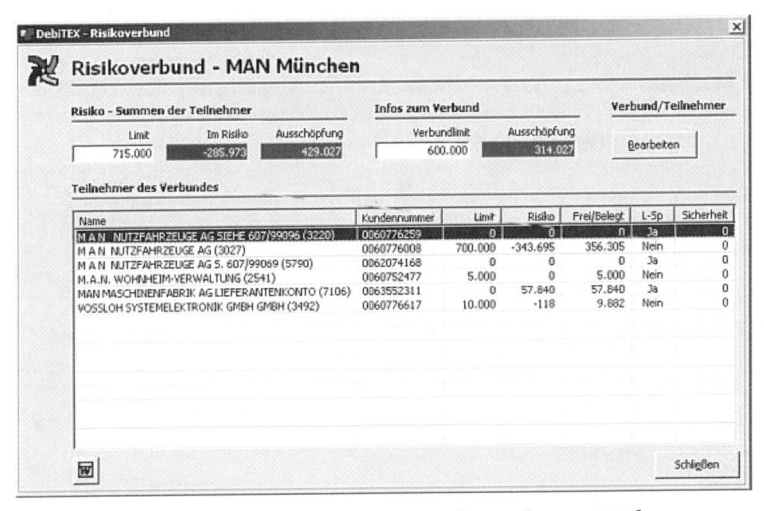

Risikoverbund: Viele Kunden, ein gemeinsam betrachtetes Risiko

Dies ist bitte nicht mit dem vorangegangenen Abschnitt zu verwechseln: Hier handelt es sich *tatsächlich* um verschiedene Kunden, die Sie nach Ihren eigenen Bewertungskriterien ‚in einen Topf werfen' möchten.

Bonität

Dieser – recht aussagekräftigen – Kundeninformation haben wir entsprechend ihrer Bedeutung einen eigenen Bereich zugeordnet:

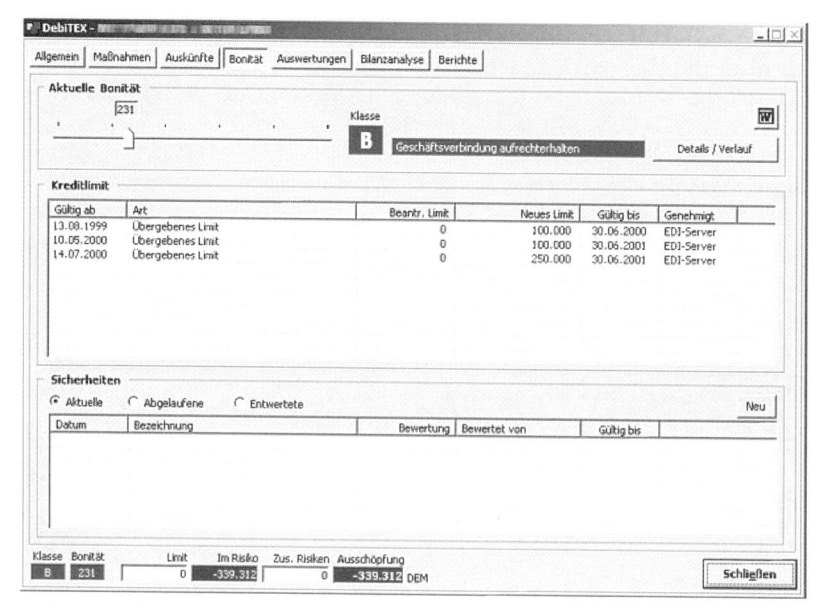

Expertensysteme zur Früherkennung von Insolvenzrisiken

Der Bonitätsbildschirm

1 + 1 = 3

DebiTEX™ macht's Ihnen bequem: Aus Einzel-Informationen, aus denen alleine sich noch keine umfassenden Aussagen bzw. Potentiale ableiten lassen (Branchenrisiken/Unternehmensalter/Konjunkturelle Entwicklung/Auftragsentwicklung/Auskunfteienindexe etc.) wird unter Anwendung der im Vorfeld mit Ihnen detailliert erarbeiteten Gewichtungsmatrizen ein Bonitätsindex ermittelt.

Dieser Bonitätsindex ist eine klar verständliche Sache (Schulnote mal einhundert, d.h. 100 bis 600).

Daneben werden die Bonitätsindexe in Klassen eingeteilt („... deren Grenzwerte natürlich auch frei definierbar sind), diese wiederum liefern klare Empfehlungen (z.B. ‚Geschäftsverbindung aufrechterhalten').

Der Bonitätsindex wird bei *jedem* – noch so unbedeutenden – Ereignis neu ermittelt. Sollte er sich dabei *signifikant* ändern, bekommen Sie dies per Tagesroutine mitgeteilt.

Der Bonitätsindex wird – nebst daraus resultierender Klasse – in der untersten Bildschirmzeile *ständig angezeigt*, d.h. auch wenn Sie eine andere Seite aufgeschlagen haben.

171

Als weitere wichtige Information sehen Sie in diesem Überblick die Kreditlimite, die diesem Kunden derzeit zur Verfügung stehen, sowie die Einzelwerte eventuell bestehender Sicherheiten (Kautionen, Bankbürgschaften etc.)

Details/Verlauf

Zur Beurteilung des Verlaufes der Geschäftsbeziehung reicht ein Blick auf den *aktuellen* Bonitätsindex nicht aus. Deshalb speichert DebiTEX™ jede signifikante Bonitätsänderung in einer Historie.

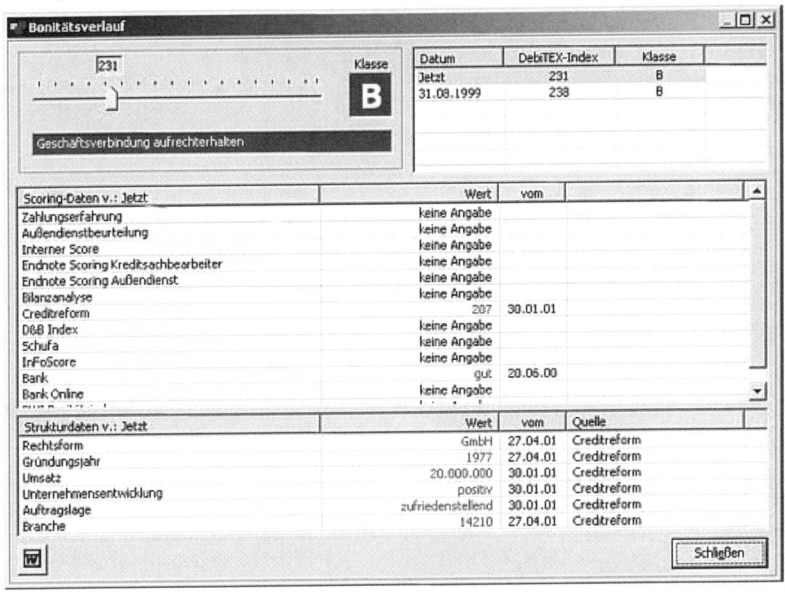

Hier können Sie die historische Entwicklung der Kundenbonität nachverfolgen

Dieses Dialogfeld teilt sich in zwei logische Hälften. Oben rechts sehen Sie die *signifikanten Änderungen* der Bonität (in diesem Beispiel *Jetzt* und *31.08.1999*), darunter je einen Bereich mit Scoring- bzw. Strukturdaten.

> Der Eintrag *Jetzt* kennzeichnet immer den aktuellsten Stand der Information, selbst wenn dieser schon etwas zurückliegt. Den Zeitpunkt seiner Entstehung können Sie den jeweiligen Detaileinträgen entnehmen.

Die Daten in den unteren beiden Listenfeldern zeigen die jeweiligen Einzelheiten des im oberen Bereich angewählten Datums. Die roten Einträge bezeichnen die Elemente, die *auslösend* für die Neuberechnung des Bonitätsindex waren.

Information – Interpretation

Im ersten Teil dieses White Papers haben wir dargelegt, dass zu einer *qualifizierten* Information, die dann auch sauber interpretiert werden kann, drei Bausteine erforderlich sind: *Informationsmenge, Informationsart* und *Informationshäufigkeit*.

Informationsmenge

Damit ist gemeint, *wieviele Informationselemente* Sie benötigen, um zu einer Aussage zu gelangen. DebiTEX™ kann die Menge der von Ihnen eingeholten Auskünfte nicht beeinflussen, aber wir können offensichtliche Fehler (Ausreißer) eliminieren: Durch die hervorgehobene Darstellung derjenigen Elemente, die sich im Vergleich zur bisherigen Situation geändert haben (rote Einträge).

Außerdem sieht das System eine sogenannte *Mindest-Informationsdichte* (d.h. *Anzahl Elemente* mal *Gewicht*) vor, vor dessen Erreichung keine Bonitätsaussage möglich ist.

Informationsart

Eine breitere Informationsbasis als in DebiTEX™ finden Sie nirgendwo. Das heisst im Klartext:

- Tägliche (ggf. auch mehrfache) Übernahme aller relevanten Daten aus Ihrer IT-Umgebung.
- Onlineanbindung *aller nennenswerten* professionellen Informationsanbieter (Wirtschaftsauskunfteien, Ratingagenturen).
- Anbindung an den Dienst *Bankauskunft Online* der Deutschen Bank in Hamburg.
- Anbindung an den *CMS-Pool* (Credit Management System) der KSI mit dzt. etwa drei Mio. Referenzdaten.
- Bedarfsgerechtes Matching Ihrer Kundendaten (Überprüfung auf postalische Richtigkeit).
- Anbindung an das Monitoring-System von *Dun & Bradstreet*.
- Aufnahme aller verfügbaren Struktur-Infos von Hoppenstedt, Markus etc., laufend aktualisiertes Bankenverzeichnis.
- Interpretation und Konsolidierung von Kundenbilanzen, soweit verfügbar.
- Eingabe, Gewichtung und Bewertung Ihrer eigenen Scores (Kreditmanagerbeurteilung, Außendienstbeurteilung, Kundenselbstauskünfte).

Zum Thema *Interpretation*: Alle Informationselemente sind individuell gewichtungsfähig, d.h. Sie können die *Bedeutung* jeder Information festlegen. Dies geschieht im Rahmen der Systemeinführung in Zusammenarbeit mit unseren Projektleitern und kann im Laufe Ihrer Arbeit laufend angepasst werden.

Informationshäufigkeit

Der Aufwand, sich über Kunden in regelmässigen Abständen neu zu informieren, wird Ihnen von DebiTEX™ nahezu komplett abgenommen.

- Jede Information hat eine bestimmbare Lebensdauer, vor deren Ablauf Sie eine Tagesroutine erhalten.
- Wenn Sie am D&B-Monitoring teilnehmen, erhalten Sie automatisch eine Nachricht, sobald sich ein Detail über eingemeldete Kunden ändert.
- Poolmeldungen („Alerts') erhalten Sie selbsttätig, sobald ein anderer Teilnehmer ein Ereignis einmeldet.

Massnahmen

Alle im Zusammenhang mit dem Risikomanagement erforderlichen Aktionen, also nicht nur die Bearbeitung der Tagesroutinen, sondern auch den gesamten einschlägigen Schriftverkehr (von Vertriebsanfragen bis hin zur Abgabe Ihrer Forderungen an ein Inkassobüro) können Sie ebenfalls mit DebiTEX™ erledigen.

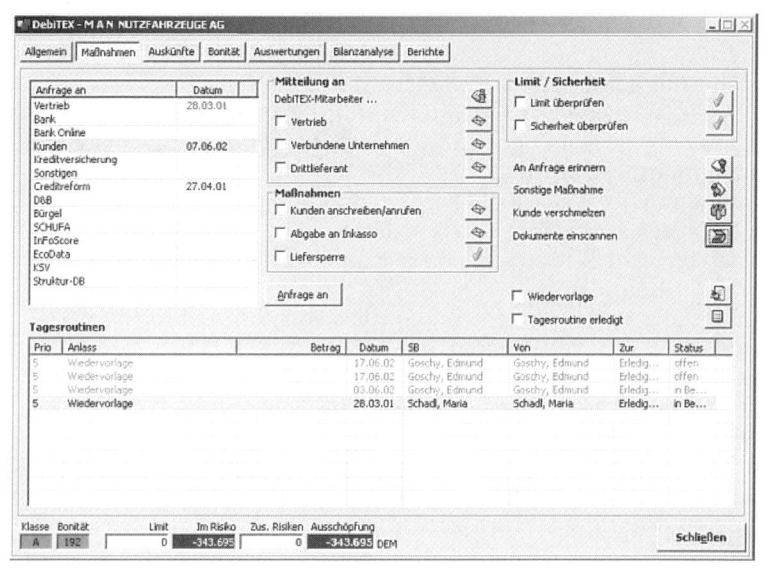

Der Massnahmen-Bildschirm ist die Aktionsplattform des Kreditsachbearbeiters

Schriftverkehr, heute ...

Wir haben – schon seit längerem – für den Schriftverkehr Microsoft Word eingebunden. Dieses Produkt hat einen hohen Bekanntheitsgrad und bietet erstklassigen Anwendungskomfort.

> Sollten Sie Microsoft Word nicht einsetzen, stellen wir Ihnen gerne eine Lizenz zur Verfügung.

Anders als im ‚Normalbetrieb' können Dokumente, die via Microsoft Word unter DebiTEX™ erzeugt werden, jedoch nicht lokal gespeichert werden. Vielmehr werden Sie – im Interesse einer korrekten Bearbeitungshistorie – in der DebiTEX-Datenbank in einem eigenen Format gespeichert.

> Diese Historie ist nicht manipulier- bzw. löschbar. Schriftverkehr ist, sobald er einmal veröffentlicht wurde, nicht mehr änderbar. Dies verschafft Ihnen bei evtl. gerichtlichen Auseinandersetzungen eine komplette, anerkannte Kundenakte.

... und gestern

Wenn wir schon von einer vollständigen Kundenakte sprechen: Sie können Ihre bestehenden Dokumente, die evtl. nur noch in Papierform vorliegen, einscannen und im Kundenstamm der DebiTEX-Datenbank speichern.

Berichte

DebiTEX™ löscht niemals Informationen über den Kunden (zumindest nicht absichtlich ☺).

Die Gesamtanzahl eingeholter Auskünfte, Bonitätsverläufe, Bearbeitungshistorien sowie der gesamte Schriftverkehr könnten zusammengenommen beängstigende Grössen annehmen, befürchtet da so mancher. Damit eine solche Informationsflut überschaubar bleibt, bietet DebiTEX™ einen hervorragenden Berichtsbildschirm:

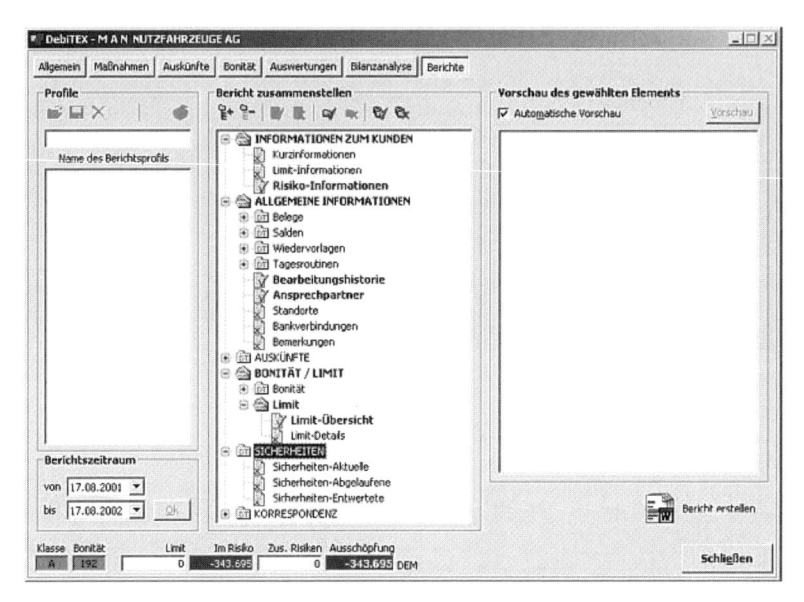

Expertensysteme zur Früherkennung von Insolvenzrisiken

Im Berichtsbildschirm *können Sie alle Informationen über den Kunden beliebig zusammenstellen*

Im Bereich *Bericht zusammenstellen* können Sie aus allen vorhandenen Informationselementen diejenigen auswählen, die Sie gerade benötigen. Hierbei haben wir uns für ein sogenanntes *TreeView* entschieden, das die meisten Anwender vom Windows-Explorer schon kennen – und das den besten Kompromiss zwischen Informationsmenge und Übersicht darstellt.

Jedes markierte Element wird (auf Wunsch automatisch) in einem Vorschaufenster angezeigt. Benötigen Sie beispielsweise nur dieses eine Element, so können Sie es durch einen Klick auf diese Vorschau sofort ausdrucken – und müssen nicht erst einen Bericht erstellen.

Damit Sie das ‚Zusammenklicken' eines Berichts nicht unnötig oft auf sich nehmen müssen, können Sie, sobald Sie einen Satz von Informationen zusammengestellt haben, diesen als *Profil* speichern (siehe Bereich *Profile* am linken Bildschirmrand)

Sie sehen: DebiTEX™ bietet Ihnen nicht nur großen fachbereichsbezogenen Nutzen, sondern ist auch softwareergonomisch auf dem letzten Stand.

Zusammen sind wir stark!

DebiTEX™ ist nicht nur eine Softwarelösung, sondern ein ganzheitlicher Ansatz. Vom ersten Tage an werden Sie von unseren Projektleitern begleitet.

Das beginnt schon lange vor dem eigentlichen Einsatz der Software. Hier legen wir mit Ihnen in einem Workshop (,Vorprojekt') alle Variablen fest, um Ihr Risikomanagement bestmöglich in DebiTEX™ abzubilden. Bestehende Workflows werden möglichst übernommen, bei fehlender Ausarbeitung stehen wir Ihnen beratend zur Seite.

Ihr Vorsystem wird von uns genauestens unter die Lupe genommen und ein darauf abgestimmter Konverter erstellt, der später DebiTEX™ täglich die benötigten Daten liefert.

Während Ihrer Arbeit mit DebiTEX™ werden Sie laufend – wann immer Sie es wünschen oder benötigen – von unseren Projektleitern unterstützt. Wir beraten Sie auch laufend hinsichtlich aktueller Entwicklungen im Risikomanagement.

Die Sprache(n) der Benutzeroberfläche können Sie frei wählen.

Im Rahmen Ihres Wartungsvertrages erhalten Sie stets die aktuellste Version des Programms sowie alle Service-Releases kostenlos. Vielfach geschieht dies ohne Ihr Zutun, weil DebiTEX™ so programmiert ist, dass es sich selbst aktualisieren kann.

Wir haben nicht viele, sondern nur wertvolle Kunden. Das heisst auch: wir können recht zügig auf Fehler bzw. Probleme reagieren. Wir haben geeignete Methoden, evtl. Fehler in Ihrem laufenden System zu diagnostizieren, vielleicht sogar sofort zu beheben.

Nachweisbarer Nutzen

Im Gegensatz zu vielen Einsatzbereichen von Softwaresystemen (Weiterbildung etc.) liefert Ihnen die Arbeit mit DebiTEX™ klare, eindeutige, d.h. monetär bewertbare Ergebnisse, die nach einem Jahr bereits sichtbar und nach drei Jahren hieb- und stichfest (d.h. planbar) sind.

Durch diese – durchweg positiven – Erfahrungen sind wir in der glücklichen Lage, Ihnen namhafte Referenzkunden nennen zu können, die gerne bereit sind, *Ihnen persönlich* Rede und Antwort zu stehen.

DebiTEX™ in der Fachliteratur

Bernd H. Meyer, Heinz C. Pütz
Forderungsmanagement im Unternehmen
Economica-Verlag

Prof. Dr. Bernd Weiß
Computerunterstütztes Forderungsmanagement
Verlag der FHS Essen

Peter Maibaum
Risiken verstehen und beherrschen
Bürgel inForm – Ausgabe August/September 2002

Wir freuen uns auf die Zusammenarbeit mit Ihnen!

Dr. Werner Hladil

Liquiditätssicherung per Mausklick: Online-Angebote bieten schnelle und einfache Unterstützung

Die Dramatik des Verschuldungs- und Insolvenzgeschehens in Deutschland ist allgegenwärtig und wird fast täglich mit neuen alarmierenden Meldungen veranschaulicht. Entsprechend sehen sich Unternehmen einer steigenden Zahl von Zahlungsausfällen gegenüber, die zudem aus einer allgemein schlechten, wirtschaftlich unbegründeten sinkenden Zahlungsmoral gespeist werden. Für Unternehmen wird damit aktives, vorausschauendes Forderungsmanagement, das den gesamten Lebenszyklus einer Kundenbeziehung umfasst, unverzichtbar; mehr noch: Forderungsmanagement ist Teil der strategischen Unternehmensführung. Mit keiner anderen Maßnahme lassen sich operative Erträge so unmittelbar steigern, in keinem anderen Bereich schlagen Versäumnisse so direkt ertragsmindernd durch.

Besonders kleine und mittelständische Unternehmen verfügen jedoch oft nicht über personelle, fachliche und finanzielle Ressourcen für ein wirkungsvolles Forderungsmanagement. Sie befinden sich angesichts des angespannten wirtschaftlichen Umfeldes in dem Dilemma, entweder in teure Ressourcen investieren zu müssen oder weiterhin ihr Forderungsmanagement zu vernachlässigen. Beides schwächt die oft ohnehin dünne Eigenkapitaldecke gleichermaßen.

Einen Ausweg bieten Online-Angebote, die einfach, schnell und sicher die Professionalisierung des Forderungsmanagements ermöglichen. Nutzer sollten jedoch darauf achten, dass sie mit dem Internet-Angebot Hilfestellungen und Services für jede Phase des Geschäftsprozesses bekommen: von Bonitäts- und Ratingauskünften zu Beginn einer Transaktion bis zu Modulen für die praktische Online-Weitergabe offener Forderungen an Inkasso-Spezialisten. Von großem Vorteil, gerade aus finanzieller Sicht, sind Angebote, die den Zugriff auf Informationsdienste unterschiedlicher Anbieter erlauben. Eine Lizenz, viele Dienste. Oft unterschätzt wird dabei der Nutzen tagesaktueller Adressauskünfte. Mit ihnen vermindern Unternehmen die Zahl der Rückläufer und sparen sowohl Porto als auch erheblichen Bearbeitungsaufwand.

Entscheidend für den Erfolg des Forderungsmanagements ist Unverzüglichkeit: Wer seine Rechnungen zu spät verschickt, muss sich über säumige Zahler nicht wundern. Gleiches gilt für das Mahnwesen. Oft fehlt jedoch einfach die Zeit für eine standardisierte und effizient gestaltete Forderungsbearbeitung. Einen Ausweg für überlastete Unternehmer und Mitarbeiter bietet Outsourcing per Internet: Die Online-Weitergabe von Forderungen an Spezialisten gewährleistet bei hoher Datensicherheit einen einfachen Weg zum verdienten Ertrag. Unternehmen sollten jedoch darauf achten, dass sie den Bearbeitungsstatus jederzeit einsehen und die Vorgänge gegebenenfalls modifizieren können. So bleiben sie Herr des Verfahrens und vermeiden Irritationen mit den Kunden.

Wie in vielen Bereichen, so sind auch im Forderungsmanagement Fachkenntnisse von hoher Bedeutung. Grundlegende Tipps sowie Musterbriefe bietet das Internet in ausreichender Zahl. Einen wesentlichen Schritt darüber hinaus gehen Weiterbildungsmaßnahmen zur Liquiditätssicherung. Geschult von Unternehmen mit hoher Branchenerfahrung, lernen Mitarbeiter hier den Umgang mit Schuldnern, Verhandlungen mit Banken und die effiziente Organisationsplanung – eine Investition, die sich lohnt.

Aktives Forderungsmanagement, das den gesamten Geschäftsprozess berücksichtigt und strukturiert durchgeführt wird, leistet einen erheblichen Beitrag zur Stärkung der finanziellen Substanz. Denn jeder Zahlungsausfall drückt den Gewinn und muss mit einem Vielfachen an Mehrumsatz kompensiert werden. Wer dagegen sein Forderungsmanagement professionalisiert, erhöht seinen Ertrag und stärkt die finanzielle Substanz. Insbesondere umfassende Online-Lösungen bieten hier einen hohen Return on Investment.

Rudolf Keßler

Die Einbindung von den verschiedenen Informationsquellen und Zahlungserfahrungen am Beispiel des Kreditmanagements der BayWa AG

1. Das Unternehmen

Die BayWa AG mit Sitz in München ist ein Handelsunternehmen, dessen Wurzeln in die Gründung der Raiffeisengenossenschaften für das Geld- und Warengeschäft im ländlichen Raum des 19. Jahrhunderts zurückreichen.

Wegen der Inflation erfolgte mit der Gründung der BayWa AG 1923 in Bayern die Trennung von Geld und Ware auf zentraler Ebene.

Die BayWa beliefert seither die bayerische Landwirtschaft mit Betriebsmitteln, nimmt deren Erzeugnisse auf und vermarktet diese gebündelt.

In den 70er Jahren erfolgte gezielt die Diversifikation in die Geschäftsbereiche Baustoff-Fachhandel, Bau- und Gartenmärkte und Mineralöle/Brennstoffe.

Ab 1991 wurde das Vertriebsnetz in den neuen Bundesländern aufgebaut, 2003 folgte die Ausdehnung in die Region Württemberg.

Der Konzern vergrößerte sich in den 90er Jahren durch Beteiligungen in Österreich und den mittelosteuropäischen Staaten.

2003 erzielten rd. 15 000 Beschäftigte einen Konzernumsatz von € 5,9 Mrd., der zu einem Drittel auf den Bereich Agrar, zu je gut 20 % auf Baustoffe und Energie und zu 10 % auf Technik entfällt.

2. Externe und interne Anforderungen

a) extern

Der in Bayern seit den 60er Jahren im Strukturwandel befindliche Agrarmarkt und die Ausweitung der Geschäfte in die gewerblichen und privaten Abnehmergruppen erforderte eine Ergänzung der klassischen Debitorenbuchhaltung um Aufgaben wie Bonitätsprüfung, externe Informationsbeschaffung und Kreditlimitfestlegung.

Die in Deutschland ab 1991 permanent steigenden Insolvenzzahlen und die seit Mitte der 90er Jahre andauernde Krise der Baubranche verlangten darüber hinaus Methoden und Instrumente zur aktiven Außenstandsbearbeitung im gesamten Leistungsprozess des Unternehmens.

Den Veränderungen im Zahlungsverhalten (Zahlungsfähigkeit) der gesamten Wirtschaft und der gewandelten gesellschaftlichen Einstellung zum Umgang mit Gläubigern („Zahlungsmoral") musste ebenfalls Rechnung getragen werden.

b) intern

Die Marktsituation, Struktur und Organisation des Unternehmens waren für die geplanten Änderungen im Kreditmanagement gleichwertig zu berücksichtigen und mit den Prozessen in Einklang zu bringen.

In der AG erzielen die Sparten Agrar-Erzeugnisse, Agrar-Betriebsmittel, Technik, Mineralöle/Brennstoffe, Baustoffe und Haustechnik an rd. 600 Standorten einen Kreditumsatz von rd. € 3,5 Mrd. mit den Abnehmergruppen Landwirtschaft, Agrarindustrie (Mühlen, Mälzereien), Transportunternehmen, Industrie/Handel allgemein, Baubranche, Private Abnehmer und Öffentliche Stellen.

Der Vertrieb ist dabei in 13 Niederlassungen mit jeweils 4–6 Sparten-Geschäftsführern organisiert.

Analog dazu wird die Administration in 13 Regionalen Verwaltungszentren abgewickelt, insbesondere für die Bereiche Finanzbuchhaltung, Personal und Kreditmanagement.

Verarbeitet werden müssen Rechnungen im Einzelfall von einhundert € bis zu mehreren hunderttausend €, die auf ca. 800 000 ständig aktiven Kundenkonten (von rd. 1,4 Mio. Stammsätzen) gebucht sind.

3. Ziele der BayWa-Kreditpolitik

Von der Unternehmensleitung gab es neben den in allen Unternehmen relevanten Zielen wie Minimierung der Forderungsausfälle, Reduzierung des durch Forderungen gebundenen Kapitals, Verbesserung der Liquidität, Senkung der Finanzierungskosten und Verbesserung der eigenen Bonität auch klare Signale an das Kreditmanagement zu aktiver

Vertriebsunterstützung und zur Erhöhung der Kundenzufriedenheit (Bestandteil der Unternehmensleitlinien).
Im Kreditmanagement wurden ergänzende Ziele gesetzt zu
- organisatorischer Einbindung des Kreditbereichs in die gesamten Geschäftsprozesse mit aktiver Steuerung der Kreditabwicklung,
- umfassender und aktueller Informationsbasis für Neu- und Bestandskunden sowie
- Einführung eines Systems zur automatisierten Informationsbeschaffung mit Standardisierung von Bewertungsmodellen und deren Umsetzung in Entscheidungsregeln

Ein wesentliches Detailziel aus dieser Gesamtdarstellung ist der Übergang von der statischen, zeitpunktbezogenen Bonitätsbetrachtung eines Kunden zur dynamischen Bonitätsbeobachtung (Monitoring) der beim Kunden stattfindenden Veränderungen aller Art („*wir wollen Veränderungen beobachten, erkennen, bewerten und mit angemessenen Maßnahmen behandeln*").

4. Lösungen

Um Lösungen zu schaffen, die allen Anforderungen gerecht werden und der Zielerreichung dienen, wurden Organisation und Prozesse umfassend hinterfragt.

Nachstehend sind einige dieser Fragestellungen beispielhaft und verkürzt dargestellt:
- zu Kreditpolitik   was wollen wir eigentlich?
- zu Organisation   wer macht was, wo, wie?
- zu Bonitätsprüfung   wer prüft wann, was, wie?
- zu Limitentscheidung   wer darf was, wann, wie hoch?
- zu Überwachung   wer prüft was, wann, wie?

Lösungen ergaben sich schließlich u.a. in den Kategorien 4.1 Richtlinien, 4.2 Informationsbeschaffung, 4.3 Prozesssteuerung, 4.4 Einbindung des Vertriebs und 4.5 Systemtechnische Umsetzung, die nachstehend beschrieben werden.

4.1 Richtlinien

Aus den über Jahre durch die laufende interne und externe Entwicklung entstandenen verschiedenartigen Arbeitsanweisungen, Ausführungsregeln, Leitfäden, Rundschreiben und dergl. wurden komprimierte, einheitliche Kreditrichtlinien gebildet. Die Vorgabe von Rahmenbedingungen erhielt ausdrücklich Vorrang vor zu detaillierten Einzelprozessanweisungen, um die Richtlinien überschaubar und übersichtlich zu halten. Die Mitarbeiter sollen Verantwortung übernehmen dürfen und übertragen bekommen, um angesichts der heterogenen Anforderungen von außen und innen flexibel und anspruchsvoll arbeiten zu können.

Die BayWa-Kreditrichtlinien wurden in einer allgemeinen Fassung geschaffen, die für alle im Unternehmen Beschäftigten gültig ist. Für die Kreditsachbearbeiter gibt es zusätzlich eine vertiefte Fassung, die einige fachlich relevante Fragestellungen exakter beschreibt.

Der Vorstand hat bereits in der Präambel der Richtlinien definiert
„Risikominimierung bei der Kreditgewährung ist das oberste Ziel für Vertrieb und Debitorenmanagement"
und damit die gemeinschaftliche Verantwortung aller Prozessbeteiligten für den Unternehmenserfolg dokumentiert.

Die Grundlage für die dazu notwendige Kommunikation ist in der Formulierung enthalten:
„Zu kontrollierter Kreditvergabe, effektiver Kreditüberwachung und zum erfolgreichen Inkasso ist kooperative Zusammenarbeit zwischen dem Vertrieb und dem Debitorenmanagement auf regionaler und zentraler Ebene zwingend erforderlich".

Basis für die inhaltliche Arbeit sind die nicht disponiblen Grundsätze:
- **„Jeder Kunde hat ein eigenes Konto"** (keine Führung von Sammelkonten)
- **„Jeder Kunde hat nur ein Konto"** (keine Dubletten für verschiedene Sparten oder Betriebsstätten)
- **„Die Bonität jedes Kunden wird geprüft"** (keine Kreditentscheidung ohne ausreichende Informationen)
- **„Für jedes Konto wird ein Kreditlimit festgelegt"** (keine unbegrenzten Liefermöglichkeiten)

Die Eröffnung von Kundenkonten (Stammsätzen) erfolgt deshalb ausschließlich in den Kreditabteilungen der Regionalen Verwaltungszentren. Der Vertrieb darf (und kann technisch) keine Konten anlegen oder ändern.

Die Kompetenz zur Festlegung von Kreditlimiten ist gestaffelt von der örtlichen Ebene (in Abhängigkeit zu den Abnehmergruppen) über den Vorstand bis zum Aufsichtsrat festgelegt. Der Vertrieb hat ausdrücklich keine Kreditzuständigkeit.

„Die Bonitätsprüfung erfolgt vor Vertragsabschluß, spätestens vor Lieferung".

Die Prüfung erfolgt durch den Kreditsachbearbeiter so umfassend wie möglich und notwendig nach Art der Kunden sowie Art und Umfang der Geschäfte. Der Vertrieb kann diese Informationsbeschaffung nicht aus „Kostengründen" einschränken.

4.2 Informationsbeschaffung

Schriftliche und telefonische Informationen aus externen Quellen wurden seit der Geschäftsausweitung in die nicht landwirtschaftlichen Bereiche eingeholt, sofern man den Kunden nicht auf örtlicher Ebene „kannte".

Bereits in den 80er Jahren erfolgte die Beschaffung auf zentraler Ebene per PC über Datex-P-Leitung.

Seit den 90er Jahren sind externe Zusatzinformationen grundsätzlich verpflichtend.

Die Informationsbeschaffung hat für gewerbliche Kunden (B2B) durch Handelsauskünfte (Creditreform, Bürgel, D+B), Bankauskünfte, Grundbuchauszüge und Bilanzen zu erfolgen. Bei Verbrauchern (B2C) sind Positiv/Negativinformationen (SCHUFA mit Handelsscore, InFoScore), Bankauskünfte und Grundbuchauszüge einzuholen.

Welche Auskünfte im Einzelfall tatsächlich (kumulativ oder alternativ) beschafft werden müssen, ergibt sich aus der Art der Geschäfte und einer Risikostaffel, die in den Richtlinien für die Kreditsachbearbeiter enthalten ist.

Die Beschaffung dieser Informationen ist mittlerweile vollständig auf online-Zugriffe direkt vom Anwender-PC in die Anbieterdatenbanken umgestellt. Über das Kreditmanagement-System DebiTEX™ (näheres dazu später unter „Technische Lösungen") kann der Sachbearbeiter ohne Programmwechsel per Button alle Handelsauskunfteien, die SCHUFA und InFoScore erreichen und über eine „Providerbank" Bankauskünfte von allen Banken in Deutschland abrufen.

Grundbuchauszüge können derzeit in den Bundesländern Bayern und Sachsen ebenfalls schon online eingeholt werden.

Als Ergänzung zu den klassischen Handelsauskünften gibt es mittlerweile in unterschiedlichen Ansätzen Datenpools zum Austausch von Zahlungserfahrungen. Diese Möglichkeit dynamischer Informationsbeschaffung wird getestet. Verwertbare, gültige Aussagen liegen dazu noch nicht vor.

4.3 Prozesssteuerung

Die Umstellung der Informationsbeschaffung auf online-Lösungen brachte erhebliche Vereinfachungen der permanenten Prozesse und deren Steuerung mit sich.

Mit dem System DebiTEX™ wurden weitere tägliche Aktivitäten automatisiert. Das System liefert daneben „Tagesroutinen" als Arbeitsvorrat an jeden Sachbearbeiter und zeichnet dessen Tätigkeiten in einer unveränderbaren Historie auf.

Die Kreditsachbearbeiter wurden nicht nur mit den nötigen technischen Mitteln ausgestattet und mit Kreditrichtlinien unterstützt, sondern seit Jahren durch gezielte Ausbildungsprogramme von passivem Handeln zu aktivem Steuern trainiert.

Die wesentlichen, in Richtung Kunden wirkenden Maßnahmen bestehen in einer permanenten Verzugszinsenrechnung auf den Kundenkonten mit monatlicher automatischer Buchung, die sowohl Kreditsachbearbeiter als auch Vertrieb zur Auseinandersetzung mit den betroffenen Kunden führt und zu Entscheidungen zwingt.

Mahnungen werden außergerichtlich in drei Stufen versandt, wobei die Mahnläufe täglich stattfinden und somit immer sehr nahe zur Fälligkeit erfolgen.

Der Vertrieb wird bei Versand der dritten Mahnung informiert, hat aber nur unter bestimmten und befristeten Bedingungen Eingriffsmöglichkeiten.

Mahnungen niedrigerer Stufen entscheidet der Kreditbereich selbstständig und selbstverantwortlich.

Das Mahnsystem wird insbesondere im B2B-Geschäft durch telefonische Mahnungen ergänzt. Dieser Bereich ist aber noch auszubauen.

4.4 Einbindung des Vertriebs

Die Aufgabentrennung zwischen dem Vertrieb und dem Kreditmanagement führte zu dem klassischen Zielkonflikt, der in jedem Unternehmen in unterschiedlich starker Ausprägung vorhanden ist.

Ein erster Ansatz zur Änderung von Denk- und Verhaltensweisen ergibt sich bei der BayWa AG aus der Umformulierung des Zielkonflikts in ein gemeinsames oberstes Ziel der *„Risikominimierung für Vertrieb und Debitorenmanagement"* in der bereits vorgestellten Präambel zu den Kreditrichtlinien.

Einbindung von verschiedenen Informationsquellen und Zahlungserfahrungen

Fraglich bleibt natürlich, ob die „Beschwörung" des gemeinsamen Ziels oder wiederholte Appelle an die Zusammenarbeit mit dem Kreditmanagement bei den Vertriebskollegen tatsächlich wirksam eine zielführende Änderung der persönlichen Einstellung herbeiführen.

Um nachhaltig reale Verbesserungen zu erreichen, wurden deshalb in den Richtlinien konkrete Informationsschnittstellen definiert. Diese Schnittstellen sind bei den einzelnen Kapiteln der Richtlinien wie *Bonitätsprüfung, Kreditentscheidung, Kreditüberwachung, Verantwortung*, als Teil des jeweiligen Prozesses für Vertrieb und Kreditmanagement eingearbeitet.

Alle betroffenen Mitarbeiter wurden darüber hinaus auf die Einhaltung der Kreditrichtlinien persönlich verpflichtet.

Zur Ergänzung dieser formalen Einbindung findet im Rahmen von Vertriebsbesprechungen auf Niederlassungsebene ein regelmäßiger Informationsaustausch statt, der für das gegenseitige Verständnis sehr hilfreich ist.

Vom zentralen Kreditmanagement werden zusätzlich Informationsveranstaltungen für den Vertrieb zu besonderen Themen (z.B. Basel II) durchgeführt.

Sehr bewährt haben sich gemeinsame workshops mit 12–15 Mitarbeitern aus Vertrieb und Kreditbereich auf örtlicher Ebene, die vom zentralen Kreditmanagement moderiert werden.

Aus den durch die Tagesarbeit bedingten, anfangs oft kontroversen Ansichten werden die Mitarbeiter dabei relativ gut zum Verständnis der Arbeit der „anderen Seite" und zu kooperativem Verhalten geführt, das auch nachhaltig Wirkung zeigt.

Entscheidend ist aber letztlich auch die „Führung über den Geldbeutel" durch wirtschaftliche Einbindung des Vertriebs in die Prozesse nach dem Verkauf.

Bei der BayWa AG erfolgt hier die Steuerung durch Verzinsung der Zeit zwischen Wareneingang und Fakturierung (*Lagerzins*) und zwischen Fakturierung und Zahlungsziel (*Kreditzins*). Diese Zinsen zum internen Zinssatz schmälern direkt das Rohergebnis der Vertriebseinheit und sorgen deshalb für schnelle Rechnungsstellung und angemessene Zahlungszielvereinbarungen mit den Kunden.

Die auf jedem Kundenkonto gerechneten und gebuchten Zinsen müssen vom Vertrieb getragen werden, wenn sie beim Kunden nicht eingeholt werden sollen oder können; sämtliche Forderungsausfälle werden ebenfalls zu Lasten der Vertriebseinheit gebucht und schmälern deren AO-Ergebnis.

Das führt zu einem bewussteren Umgang mit der Bonität und der Zahlungsweise der Kunden und trägt zu effektiver Ergebnisverbesserung durch frühzeitiges Handeln bei.

4.5 Systemtechnische Umsetzung

Gerade nach der Einführung von SAP-FI im Jahr 1997 stellte sich in Verbindung mit den aufgezeigten internen und externen Anforderungen die Aufgabe, ein System zur Gestaltung eines aktiven Kreditmanagements zu installieren.

Zwar bietet SAP unendlich viele Möglichkeiten, Kunden zu prüfen und Berichte zu erstellen; allerdings nur durch im Voraus bestimmte, gezielte Abfragen. Es fehlt der aktive Hinweis auf wichtige Veränderungen beim einzelnen Kunden, ohne dazu lange Reports bearbeiten zu müssen.

Die BayWa AG hat deshalb das Kreditmanagcment-System DebiTEX™ installiert, das nach zweijähriger Vorarbeit seit Mitte 2001 die volle Leistungsfähigkeit besitzt.

Die wesentlichen Funktionen dieses Datenbanksystems mit Selbstlerneigenschaften sind:
- Übernahme der Kundenstamm- und Bewegungsdaten aus SAP (täglich overnight).
- Beschaffung aller Auskünfte online per Button ohne Programmwechsel (einschließlich SCHUFA-Informationen und Bankauskünften).
- Bewertung der Kunden in Risikoklassen mit Scorewert aus der Summe aller externen und internen Informationen.
- Selbstständige Erzeugung von priorisierten Tagesroutinen (Arbeitsvorräten) für den einzelnen Sachbearbeiter zu definierten Vorgängen und Veränderungen bei seinen Kunden.
- Erstellen von internem und externem Schriftverkehr per Button (weitgehend mit standardisierten Texten) incl. direktem mail-Versand.
- Unlöschbare Aufzeichnung der Historien der Bonität des Kunden, der angefallenen Tagesroutinen und der durchgeführten Maßnahmen.
- Schnellprüfung für neue Kunden, die noch kein Konto haben.
- Darstellung von Risikoverbünden bei Konzernkunden und ähnlichen Risikokumulationen.
- Darstellung vorhandener Sicherheiten mit Bewertung.
- Berichtsmöglichkeiten zu allen Anwendungen.

Die zentrale Funktion des Systems besteht darin,
Informationen in der richtigen Menge einzuholen, zusammen zu fassen, zu bewerten, gewichten und zu klaren Aussagen zu verdichten.

Dazu wurden in der BayWa AG die nachstehend näher bezeichneten sechs Risikoklassen geschaffen, die durch ihr Punktesystem und die farbliche Risikoklassendarstellung zu hoher Akzeptanz gerade auch im Vertrieb führten.

Diese Darstellung wird gegenüber der früheren, rein verbalen Risikodarstellung durch die Mitarbeiter des Kreditbereichs als wesentlich objektivere Bonitätsaussage verstanden.

BayWa – DebiTEX™ - Risikoklassen

Klasse	Bonitätsaussage	Farbe	Scorebreite
A	Geschäftsverbindung ausweiten	Hellgrün	100 -200
B	Geschäftsverbindung aufrecht erhalten	Dunkelgrün	201 – 300
C	Geschäftsverbindung beobachten	Gelb	301 – 380
D	Vorauskasse, Barzahlung, Sicherheiten	Rot	381 – 599
KO	Hartes Negativmerkmal eingetreten	Rot	600
N	Bewertung nicht möglich	Gelb	Zu wenige Kriterien für Scoring vorhanden

5. Ergebnisse

Die Einführung der einheitlichen Kreditrichtlinien und deren gezielte Umsetzung in Verbindung mit der Installation von DebiTEX™ führten in relativ kurzer Zeit zu einer spürbaren qualitativen Verbesserung der Arbeit im Kreditmanagement und der Zusammenarbeit mit dem Vertrieb.

Das liegt neben der permanenten Aufzeichnung der Maßnahmen vor allem auch in der Vereinfachung vieler Abläufe, die früher manuell und mit entsprechendem Zeitaufwand erledigt werden mussten, sowie in der Konzentration auf *die* Kundenkonten, die tatsächlich aktuell Maßnahmen erfordern.

Das System bringt eine echte Früherkennung von Risiken sowohl bei Eröffnung von neuen Konten als auch bei laufender Geschäftsbeziehung, so dass in den letzten drei Jahren sowohl die Menge als auch die Summe der Forderungen, die ins gerichtliche Mahn- bzw. Inkassoverfahren übergeben werden müssen, stetig zurückgegangen ist.

Aus dieser wirksamen Prävention und der Veränderung der Arbeitsqualität folgte die Verbesserung der Messzahlen, die ebenfalls in relativ kurzer Zeit eingetreten ist und zu schnellem „return on investment" der Aufwendungen für die Systemeinführung sorgte.

- Die Forderungsverluste sind trotz der ständig steigenden Insolvenzzahlen in den letzten drei Jahren um über 50 % zurückgegangen.
- Der Anteil der Forderungen an der Bilanzsumme liegt nur noch bei knapp über 20 %, der Anteil der fälligen Forderungen (gerechnet ab erstem Tag nach Zahlzielvereinbarung) beträgt weniger als ein Viertel davon.
- Trotz der dargestellten Anforderungen aus den unterschiedlichen Abnehmergruppen (insbesondere der Landwirtschaft und der Agrarindustrie) liegt der DSO-Wert zum 31.12.2003 bei nur noch 28 Tagen.

Zusammenfassend lässt sich bereits aus diesen wenigen ausgewählten Messgrößen deutlich erkennen, dass ein stringentes Kreditmanagement einen wesentlichen Beitrag zum gesamten Unternehmenserfolg darstellt.

Dies stärkt wiederum die Finanzkraft und die Bonität des eigenen Unternehmens und wirkt sich nicht zuletzt in besseren Konditionen bei Banken und der Beurteilung von Analysten aus.

Werner Sallach

Credit & Collection und Kundenbeziehung

> „Dem Geld muss man nicht nachlaufen,
> man muss ihm entgegengehen"
>
> [Aristoteles Onassis]

I. Einführung

Die Kundenbeziehung spiegelt heute die wirtschaftlichen Verhältnisse wider und hat einen durchaus höheren Stellenwert bekommen, da heute Marktanteile die wirtschaftliche Bedeutung eines Unternehmens bestimmen. Zu oft wird allerdings immer noch rein vertriebsorientiert die Aufgabe der Betreuung der Kunden angegangen und viele Unternehmen sehen mit der Auslieferung der Ware und der Rechnungsstellung den Leistungsvorgang als beendet an. Doch gerade hier liegt das Potential, die Kundenbindung zu verstärken und sowohl das Image wie auch die Qualität der Arbeitsvorgänge des Unternehmens und damit die Kundenzufriedenheit zu bestärken. Durch pro-aktives Handeln ist die interne und externe Servicedienstleistung des Credit Managements umzusetzen.

II. Allgemeines

Zunächst müssen die allgemeinen Grundsätze des Credit Managements im Unternehmen festgestellt werden, um somit die Anpassung durchführen zu können. Wichtig ist hierbei, die beteiligten Bereiche Stück für Stück einzubeziehen. Das eigene Konzept darf nicht aufgegeben, sondern muss den betrieblichen Besonderheiten angepasst werden. Dies erfordert Durchsetzungsvermögen und Empathie, so dass später alle Bereiche eine gemeinsame Vorgehensweise und den eigenen Handlungsrahmen kennen.

1. Organisation des Credit Managements

Die Organisation bedarf der genauen Prüfung der Arbeitsabläufe und der zwingenden Voraussetzungen im Unternehmen. Es ist sowohl die funktionalen wie auch die prozessualen Tätigkeiten aufzuführen. Für Credit & Collection sind die folgenden Besonderheiten maßgeblich.

a) Kreditlimitvergabe

Für die interne Vergabe von Kreditlinien sind Kundengespräche zu führen, so dass alle erforderliche Unterlagen und Informationen gesammelt werden und ein umfassendes Bild des Geschäftspartners entsteht. Die zu führenden Gespräche sollten nur von Verantwortlichen in leitenden Funktionen geführt werden, um die zu erhaltenden Informationen seriös und vertrauensvoll von dem Geschäftspartner anvertraut zu bekommen. In diesem Zusammenhang sei auf die Diskussion verwiesen, welche Begriffe verwendet werden. Im täglichen Geschäft sollte man die Beziehung zwischen dem eigenen Unternehmen und dem Kunden partnerschaftlich betrachten und so ist der Begriff „Geschäftspartner" der einzige, der alle Interessen vereinbart. Ganz zu vermeiden ist der Ausdruck Schuldner, da hier bereits ein rechtlicher Begriff verwendet und damit ein weiterführendes Verfahren vermittelt wird.

b) Kundenportfolio

Die Ermittlung des Kundenportfolios über eine Score Card sollte im ersten Schritt manuell erstellt werden, um einen Überblick über die entscheidenden Faktoren und den Umfang des Kundenportfolios zu erhalten. Hierbei ist sicher entscheidend, ob sich das Unternehmen im Individualgeschäft oder Massengeschäft befindet. Denn entscheidend ist in diesem Zusammenhang, dass ein überschaubarer Geschäftspartnerkreis in einem Händlernetz ohne direkte Endkundenanbindung (z.B. Automobilbau, Großhandel usw.) eines anderen Umgangs bedarf wie im direkten Kontakt zu Endkunden (z.B. Energieversorgung, Telekommunikation usw.). Grundsätzlich sollten Wirtschafts- und Bankauskünfte sowie Bilanzbewertungen durch Kennzahlen genauso einfließen wie die individuelle Beurteilung und Gewichtung, wobei zu Letztgenanntem die Bonitätskriterien und das Verhalten und Gebaren im Umgang einen entscheidenden und wichtigen Faktor einnehmen, denn ein zahlungsbereiter und angenehmer Geschäftspartner lässt die Beurteilung leichter fallen, als einer, der mit allen Tricks und Kniffen und die Zahlungen verzögert und sich nicht den allgemeinen unternehmensinternen Grundsätzen anpassen will. Zu dem muss die Gewichtung der Kriterien zunächst in einem groben und klar strukturierten Maß erfolgen. Im weiteren Verlauf werden wichtige Erkenntnisse gewonnen, die dann die Möglichkeit des Aufbaus einer systemgebundenen Score Card ergeben.

c) Dienstleistungsunternehmen

Die Einbindung von Dienstleistungsunternehmen wie Kreditversicherung, Factoringunternehmen, Inkassounternehmen im Credit Management ist in eine grundsätzliche, unternehmensstrategische Entscheidung, welche jedoch im Entscheidungsprozeß das Argument der Kundenbindung entscheidend prägt, aber muss zudem auf die Weitergabe unternehmenswichtiger Daten über den eigenen Kundenstamm verwiesen werden. Der Begriff Outsourcing wird oft in diesem Zusammenhang genannt und geht den Beteiligten recht leicht von den Lippen. Oft wird daran gedacht, dass Kosten gespart werden, da unternehmenseigenes Personal nicht mehr benötigt wird und alles „von allein" läuft. Außerdem müssten wichtige systemtechnische Entwicklungen nicht gemacht werden, wodurch zusätzliche Kosten entfallen. Dieser Trugschluss führt zu einem bösen Erwachen, wenn sich die Ergebnisse im Berichtswesen niederschlagen. Es sollte doch beachtet werden, dass Mitarbeiter in den angesprochenen Dienstleistungsbereichen keine Bindung zum Unternehmen haben, welches die Leistungen übertragen hat. Insbesondere fehlen Branchenkenntnisse und spezifische unternehmensinterne Informationen oder werden diese nicht unmittelbar zur Kenntnis genommen bzw. dürfen diese gar teilweise aufgrund des Wettbewerbs nicht zur Kenntnis gelangen. Umso wichtiger ist der mögliche Verlust des direkten Kontakts zum Geschäftspartner, welcher gerade in einem so sensiblen Bereich der finanziellen Abwicklungen zu einem großen Risiko der Geschäftsbeziehung werden kann. In diesem Zusammenhang ist auch auf den trügerischen Gedanken des Vertriebs hinzuweisen, dass mit einer Kreditversicherung nur noch sichere Geschäfte gemacht werden können, da alle Lieferungen ja die erforderliche Sicherheit im Verlustfall hätten. Die wirtschaftlichen Faktoren wie Anbietungsgrenze, Eigenbehalt und Versicherungshöchstbetrag sind wesentlich in der Abwicklung mit Kreditversicherungen, dazu kommen technische Anbindungen und vertragliche abgesicherte Meldungen, die bei Nichtausführung die Auszahlung der Kreditversicherung ausschließen. Im Rahmen des Factorings bestimmt die Kapitalbeschaffung den wesentlichen Teil der Abwicklungen. In wirtschaftlich schwierigen Situationen sind hier dem Unternehmen Möglichkeiten gegeben, die Liquidität zu verbessern. Zu beachten ist jedoch, dass das gesamte Mahnwesen einem Dienstleistungsunternehmen übergeben wird, der im Einzelfall über keine Branchenkenntnisse verfügt. Darüber hinaus, und dies ist der allerwichtigste Faktor, vergibt der Dienstleistungsunternehmen dem Geschäftspartner ein Kreditlimit, in welchem er die Forderungen ankauft. Hierbei gelten die engen Richtlinien des Kreditwesengesetzes und somit greifen auch die allseits lebhaft diskutierten Haftungsrisiken der Banken für Kredite, besser bekannt unter Basel II, obwohl dies oft fälschlicherweise als Grund für nicht gewährte Kredite des Geschäftspartners und dessen Wirtschaftlichkeit genannt wird. Nichts desto trotz bietet das Factoring Gestaltungsspielräume durch die Handhabung durch das Recourse-Verfahrens oder aber im Wege der Haftungsproblematik, insbesondere bei Jahresabschlüssen nach IAS-Standard, durch das sog. Loss-Pool-Verfahren. Des weiteren wird mit Systemen gearbeitet, welche auf die Einholung neuer Wirtschaftsdaten und den Ablauf der Fristen und Kreditlimite hinweisen, so dass im Falle der Nichtbearbeitung das Kreditlimit automatisch gelöscht wird und somit keine Forderungen angekauft werden, bzw. die Haftung beim Unternehmen verbleibt. Im Credit Management ergibt sich dann die Aufgabe, interne zusätzliche Kreditlinien festzulegen, um die anstehenden Lieferungen zumindest prüfen und abwickeln zu können. Also müssen interne Regeln bestehen, die Bonität und Kreditwürdigkeit der Geschäftspartner auch unabhängig vom Dienstleistungsunternehmen bewerten zu können. Die Arbeit des Dienstleistungsunternehmens muss unternehmensintern kontrolliert werden und in diesem Zusammenhang wird dann die Kosten-Nutzen-Analyse interessant, denn die anfallenden Gebühren und Zinsen können gegebenenfalls ein beträchtliches Ausmaß annehmen. Im Wege der Einbeziehung von Inkassounternehmen gilt grundsätzlich die gleiche Überlegung, denn auch hier darf es im Mahnwesen und im Rahmen des außergerichtlichen Mahnverfahren kein reines schematisches Vorgehen geben, falls sich im Einzelfall eine Lösungsmöglichkeit ergibt. Auch hier ist die Auswahl des geeigneten Partners im Dienstleistungssektor ein entscheidendes Kriterium in der Darstellung des eigenen Unternehmens, aber auch hier unter Beachtung der Kosten.

d) Mahnwesen

Das Mahnwesen in einem Unternehmen ist von wesentlichen Abläufen abhängig und die Steuerung muss grundlegend erarbeitet werden, da hier in einem sensiblen Bereich nach außen gearbeitet wird.

aa) Voraussetzungen

Die Voraussetzungen des unternehmensinternen Mahnwesens beginnen mit der zeitgerechten Verbuchung von eingehenden Zahlungen, sei es bereits nach den Verfahren der automatischen Anbindung an Banksysteme mit automatischer Einspielung der Eingangszahlungen auf das Kundenkonto oder der Online-Einholung der Bankauszüge mit anschließender Verbuchung. Hier sollten bereits enge Zeitrahmen gesetzt werden, so dass die Datenbestände auf dem Kundenkonto aktualisiert sind

Credit & Collection und Kundenbeziehung

und somit dem Credit Management entscheidendes Datenmaterial vorliegt. Oft genug wird hier Entscheidendes all zu leicht genommen und der zeitliche Verzug kann nicht nur schlimmstenfalls zu Forderungsverlusten führen, sondern vielmehr können die täglich anfallenden Zinsen eine beträchtliche Summe ausmachen. Hinzu kommt, dass Anfragen seitens des Geschäftspartners mit mehr Sicherheit und Präzision beantwortet werden können. Die Beurteilung der Bonität im Wege der Vergabe der Kreditlinien und der Analyse des Kundenportfolios ist von extrem hoher Bedeutung.

Unter Berücksichtigung der Kreditlinien ist hier ein entscheidender Faktor der Lieferungen, Auftragserfassung, Einkauf und Lagerhaltung. Insoweit kommt dem Credit Management dahin gehend ein mitentscheidendes Kriterium der unternehmerischen Steuerung des Vertriebs und Einkaufs zu, und unter dem Gesichtspunkt der Finanzen nimmt das Credit Management einen hohen Stellenwert und damit einen wichtigen Anteil im Unternehmen ein.

Der technische Standard des betriebswirtschaftlichen Systems ist enorm wichtig und Nachlässigkeiten oder sogar Einsparungen haben große Auswirkungen im Wettbewerb hartumkämpfter Märkte.

bb) Durchführung

Die Durchführung des Mahnwesens benötigt hier eine ausführliche Darstellung und einige Änderungen sind unabdingbar, welches jedoch ein Umdenken in der Handhabung erfordert. Entscheidend ist die Nutzung der bereits oben genannten Auswertungen des Kundenportfolios, um eine Aufteilung der Durchführungsmaßnahmen des Mahnwesens zu erreichen. Gerade im Massengeschäfts ist hier eine entsprechende Aufteilung im Hinblick auf den Servicegedanken entscheidend. Unternehmensbedeutende Geschäftspartner müssen hier herausgefiltert werden und es muss pro aktiv an diese herangetreten werden, so dass durch Informationsvermittlung von fällig werdenden Rechnungsbeträgen ein zügiger Ausgleich erfolgen kann. Mag dieses in Deutschland noch sehr fremd und ungewohnt sein, so prägt dies schon den Arbeitsalltag im Credit Management in vielen anderen Staaten, weil hier die Kontaktpflege entsprechend der Mentalität sehr wichtig ist. So gibt es Staaten wie USA und Schweiz, in denen es verpönt ist, Mahnungen zu verschicken, sondern es gehört zum guten Ton, vor Fälligkeit der Rechung den Geschäftspartner zu kontaktieren. Der unternehmensinternen Kommunikation mit dem Vertrieb kommt entscheidende Bedeutung zu und sie ist Auslöser für die Darstellung des Unternehmens und der Förderung der Geschäftskontakte. In Großbritannien, Irland, Italien, Griechenland, Türkei, Niederlande, Belgien, Frankreich, Spanien, Portugal, Schweden,

Dänemark, Finnland, Norwegen gehört die telefonische und persönliche Kontaktaufnahme dazu und ist wesentlich im Umgang.

Im Massengeschäft bzw. in den im Kundenportfolio als negativ einzustufenden Geschäftspartner ist ein durchgreifendes Mahnwesen unabdingbar. Es muss ein klar formuliertes Schreiben mit der Androhung von Konsequenzen an den Geschäftspartner geschickt werden. Zu empfehlen ist ein zweistufiges Mahnsystem mit der Androhung einer Liefersperre in der ersten Stufe und der Weiterleitung zum Inkasso bzw. ins außergerichtliche Mahnverfahren in der zweiten. Die konsequente Umsetzung ermöglicht die sofortige Feststellung des Risikos der Forderungsverluste und hat damit letztendlich Auswirkungen auf das Unternehmensergebnis. Dem zur Folge muss auch die Konsequenz mit dem außergerichtlichen Mahnverfahren und der Einleitung rechtlicher Schritte im Klageweg durchgesetzt werden und damit müssen die geschäftlichen Beziehungen beendet werden.

cc) Auswertung

Die Auswertung des Mahnwesens bietet die hervorragende Grundlage des Reklamations- und Qualitätsmanagements im Unternehmen. Schon durch die telefonische Kontaktaufnahme ist die Erfassung von Gründen möglich, die einer Zahlung des fälligen Betrages entgegen stehen. Mit schnellem Handeln können hier Fehler in der Auftragsbearbeitung, Rechnungsstellung und Verbuchung der Zahlungseingänge behoben werden und damit den Service gegenüber den Geschäftspartnern verbessern. Es sind im schriftlichen Mahnwesen Auswertungen über die erfolgten Mahnungen, Mahnungsstufen und Mahnbeträge gegebenenfalls mit Zinskosten und Mahngebühren erhältlich. Mit den Rückläufen von Bearbeitungsunterlagen oder Anfragen durch die Geschäftspartner ist ein Nachweis der Ursachen möglich. Zu dem sind in beiden Verfahren die Ankündigungen oder Nachweise von Zahlungen wesentlich, so dass die Verbuchungen unverzüglich bei Zahlungseingang erfolgen können. In der nächsten Stufe sind dann die Außenstände der angemahnten und nicht zahlungs- und beantwortungswilligen Geschäftspartner anzugehen.

2. Unternehmen und Branche

Im weiteren Zusammenhang sind die Auswirkungen von unternehmerischen Gestaltungen von Bedeutung und dazu ist entscheidend, in welchem geschäftlichen und Branchenumfeld sich das Unternehmen bewegt, aber auch welche Anstrengungen unternommen werden müssen, ein entsprechendes Umfeld aufzubauen.

Credit & Collection und Kundenbeziehung

a) Organisation und Abläufe

Die Organisation und Abläufe bestimmen im Wesentlichen ebenso die Arbeitsweise in den Bereichen und Abteilungen, so dass diese Spezifikationen der Art des Unternehmens (z.b. Distribution, Produktion) Auswirkungen hat genauso wie die Branche (z.b. Elektronik, Maschinenbau, Textil). Die entsprechende Handhabung der Auftragsbearbeitung und Fertigung sowie Lieferung hat dementsprechend Ausdruck im Credit Management, weil die entscheidenden Abläufe bis zur Lieferung nicht allein beeinflusst werden können. In den meisten Abläufen findet eine Prüfung erst mit der anstehenden Lieferung an. Dennoch ist auch hier die Projektion der anstehenden Lieferungen und der Berechnung einer ausreichenden Kreditlinie anzustreben. Dies ermöglicht eine Kontrolle der Zahlungseingänge, Beaufsichtigung der Kreditlinien und Einleitung entsprechender Maßnahmen intern und extern, so dass unter Umständen vom Geschäftspartner sogar durch Leistung einer vorgezogenen Zahlung eine zeitgerechte Lieferung erfolgen kann.

b) Mitarbeiterschulung und Arbeitsumfeld

Die Schulung der Mitarbeiter und die Schaffung eines entsprechenden Arbeitsumfeldes tragen wesentlich zum Erfolg im Credit Management bei. Spezifische Ausbildungsmöglichkeiten sind im Credit Management rar und so werden Qualifizierungsprogramme, Workshops und Seminare im Bereich Telefoninkasso angeboten, die neben der Vermittlung fachspezifischer Grundlagen darüber hinaus auch die kommunikativen Fähigkeiten schulen und teilweise auch die betriebswirtschaftlichen und rechtlichen Grundkenntnisse, Zusammenhänge sowie Auswirkungen vermitteln. Für das Arbeitsumfeld sind die notwendigen modernen Kommunikationsmittel erforderlich, so dass eine jederzeitige Erreichbarkeit gegeben ist. Neben den elektronischen Mitteln gehören aber auch die entsprechende Büroausstattung und die Schaffung eines angenehmen individuellen Umfeldes dazu.

c) Stellenwert

Der Stellenwert des Credit Managements im Unternehmen ist grundsätzlich von der allgemeinen Eingruppierung in der Unternehmensstruktur durch die Unternehmensleitung abhängig. Hierdurch wird schon nach innen und außen sichtbar, welche Bedeutung der Abteilung beigemessen wird. Hinzu kommen die unternehmerischen Zielsetzungen und Konzepte, welche eine Einbeziehung des Credit Managements zur Umsetzung erfordern. Die ermöglicht den Mitarbeitern entsprechend selbstbewusst und zielgerichtet die Aufgaben wahrzunehmen und die gesetzten Ziele zu erreichen. Die Wirkung nach außen ist nicht zu unterschätzen, da der Geschäftspartner diese Haltung wesentlich einzuschätzen weiß. Die Einbeziehung der Geschäftspartner wird die Tätigkeit erfolgreich unterstützen.

d) EDV-Systeme

Aktuelle EDV-Systeme ermöglichen die schnelle Bearbeitung von Vorgängen und dazu sind spezielle Anwendungsprogramme im Bereich Credit Management erhältlich, die neben Auswertungen, Kontrollen, Aufgabenzuweisungen auch die schnelle Kommunikation intern und extern ergeben. Dazu sind Grundlagen geschaffen, die Risiken des Kundenportfolios zu prüfen und aufgrund mathematischer Berechnungsprogramme ist die Entwicklung einer Score Card und das Aktualisieren ohne große Probleme möglich.

III. Spezifische Gestaltung

Die Spezifische Gestaltung des Credit Managements erfordert sehr viel Verständnis der Arbeit der verschiedenen Abteilungen, aber auch die Konzeption und Vermittlung der Vision des Credit Managements. Hinzu kommt technisches Verständnis über die Funktionsweisen von EDV-Systemen und die Möglichkeiten der Schaffung neuer Datentools bzw. Systemanbindungen. Nicht zu vergessen sind die Führungsqualitäten, Mitarbeiter in der eigenen Abteilung zu motivieren und zu coachen, aber auch die der anderen Abteilungen mit einzubeziehen. Dies alles sind Vorbereitungen, ein effizientes und kundenorientiertes Mahnwesen aufzubauen und es sollte von Anfang an unter Einbeziehung der Mitarbeiter erfolgen, um so auch die höchste Effektivität erreichen zu können.

1. Kommunikation

Der Kommunikation im Unternehmen und damit auch in der Abteilung kommt große Bedeutung zu, da hier schon über die internen Hierarchien und Bedeutungen hinweg die maßgeblichen Informationen den Mitarbeitern zugänglich gemacht werden und somit auch die entscheidenden Nachrichten direkt ankommen und somit an der Umsetzung von Lösungen gearbeitet werden kann. Diese Wege setzen sich dann auch in der Verbindung auch Außen fort, indem diese intern verwendete Kommunikationsfähigkeit auf den Umgang mit dem Geschäftspartner fortgesetzt wird und auch die Vermittlung der Informationen wohl überlegt und geschult werden.

a) Kommunikationswege

Die Kommunikationswege zwischen Geschäftpartner, Vertrieb und Credit Control sind klar zu definieren, um ein effektives Arbeiten im Credit & Collection zu ermöglichen. Da in jeder Abteilung heute Spezialisten arbeiten, welche über ein umfangreiches Wissen verfügen und spezielle Daten erfassen und auswerten, die schließlich Auswirkungen auf das Unternehmensergebnis haben, sollte man diese Potenziale ausschöpfen und ausbauen. In der Kommunikation sollte von der Struktur der Weg gewählt werde, dass die Aufnahme von Informationen über die Finanzdaten zwischen der Abteilung Credit Control und der Finanzabteilung, des Geschäftspartners erfolgen, die Informationen über die Auftragsdaten sind über der Abteilung Vertrieb und der Einkaufsabteilung des Geschäftspartners abzuwickeln. Außerdem sind die jeweiligen Ansprechpartner mit den verschiedenen Kontaktdaten zu hinterlegen, so dass jederzeit eine persönliche Ansprache der Beteiligten möglich ist.

b) Interne Verständigung

Die interne Verständigung ist von Faktoren abhängig, die auch in den zwischenmenschlichen Bereich münden. Zunächst ist aber die Verständigung von der Führungsebene vorzuleben und dann in die einzelnen Bereiche und Abteilungen sukzessive zu übertragen. Hierbei ist eine enorme Persönlichkeitsstruktur der Führungspersonen gefragt, für die es gilt die Informationen und Aufgaben entsprechend weiterzugeben, so dass die Mitarbeiter diese aufnehmen, verarbeiten und umsetzen können. Das alles muss so gesteuert sein, dass es nicht zu einer Überforderung führt und diese Umsetzung bedarf gegebenenfalls einer langen Zeit. Hilfreich sind hier Kommunikationsseminare, die spezifisch auf die Bedürfnisse der Abteilungen eingehen und dann die entsprechenden Gruppen zusammenbringen. Entscheidend hierbei ist, dass die Vermittlung der Grundeinstellung Auswirkung auf die Zusammenarbeit mit dem Geschäftspartner hat. Nimmt man die Seminare zum Telefoninkasso hinzu, erfolgen hier grundlegende Schulungen im Credit & Collection auch Situationen zu erkennen, anzusprechen und Lösungen zu überbringen.

c) Inhaltliche Gestaltung

Die inhaltliche Gestaltung von Botschaften bzw. der Überbringung von Informationen muss grundlegend erarbeitet werden. Die Gestaltung von Schriftstücken ist ein Aushängeschild des Unternehmens und so muss die Wortwahl sehr überlegt sein. Im Zeitalter von e-mails ist hier auf die besondere Bedeutung der Kommunikation verwiesen, sich hier aufgrund des schnellen Austauschs von Informationen auch hier eindeutige Regeln im Umgang aufzustellen. Oft genug werden hier die Regeln eines offiziellen Briefes verletzt, weil gerade intern eine all zu schnelle und lockere Kommunikation geschaffen wird. Die Wortwahl und Interpunktion sind hier genauso zu beachten wie die Rechtschreibung. Entsprechende Vorgaben müssen von der Führungsebene vorgegeben und vorgelebt werden.

d) Festlegung der Zuständigkeiten

Die Festlegung der Zuständigkeiten hat grundlegende Bedeutung für die Zufriedenheit und Arbeitsatmosphäre und der dadurch verbundenen Entwicklung der Kommunikationsfähigkeiten. Hierbei sind die essentiellen Aufgaben der Führung den richtigen Mitarbeiter mit den richtigen Aufgaben zu betrauen, so dass er seine Stärken einsetzen und weiterentwickeln und mit der gewonnenen Sicherheit die Schwächen angehen und bewältigen wird. Dies erfordert eine genaue Struktur der Abteilung mit Organigramm und Arbeitsplatzbeschreibungen. Die Vermittlung dieser Aufgaben muss durch individuelle Gespräche und Gruppengespräche herausgearbeitet werden. Der hohe Zeitaufwand und die umfangreiche Vorbereitung werden durch die Arbeit im Unternehmen und der Wirkung nach außen gedankt, denn ein Geschäftspartner merkt aufgrund der wenigen, aber gezielt eingesetzten Kommunikation die genaue Entwicklung.

2. Ausführung einer internen und externen Dienstleistung

Mehr und mehr muss in die Unternehmen das Bewusstsein der Dienstleistungsgesellschaft gebracht werden. Noch wird zu sehr in den veralteten Strukturen gedacht und gerade im Verwaltungsbereich tut man sich schwer, Veränderungen durchzusetzen. Grundlegend muss hieran gearbeitet werden, das Credit Management und damit verbunden Credit & Collection als interne Dienstleistung zwischen den betroffenen Abteilungen einzubinden und auch in der Außenwirkung als Dienstleistung im entscheidenden Bereich der Zahlungsabwicklungen zu sehen.

a) Bearbeitung von Sachverhalten

Die Bearbeitung der eingehenden Informationen und der damit verbundenen Sachverhalte müssen genau aufgenommen werden, zur Bearbeitung den entsprechend zuständigen Personen zugänglich gemacht werden. Gerade im Mahnwesen können als letzte Stufe des Abwicklungsverfahrens einer Lieferung die Gründe zu Tage kommen, die in früheren Stadien unbemerkt blieben, wie z.B. der Preis, die Menge oder aber auch die Qualität des Produkts, so dass im Zweifelsfall umfangreiche Kenntnisse gewonnen werden, die Änderungen erforderlich machen, so können Fehler in den Erfassungssystemen, individuelle Fehler und auch Qualitäts- und Zulieferprobleme zu einer Verbesserung des Qualitätsstandards führen. Gerade im Zeitalter der ISO-Zertifizierungen werden hier Grundlagen geschaffen.

b) Entscheidungen

Das Treffen von Entscheidungen und die Umsetzung von Entscheidungen sind wichtigste Ansatzpunkte im Credit & Collection. Die Credit Controller müssen genaue Vorgaben zu ihren Prüfungsaufgaben und Entscheidungsbefugnissen haben, so dass schnelle und richtige Entscheidungen getroffen werden können. Maßgebend sind hier die Umsetzung der Vorgaben und die Aufgliederung innerhalb der Entscheidungen, denn auch hier müssen psychologische Grundlagen erarbeitet werden, d.h. es muss das erforderliche Selbstbewusstsein entwickelt und ausgebaut werden, sowohl einfache als auch unpopuläre Entscheidungen zu treffen und durchzusetzen. Diese Entscheidungsraster sind so aufzubauen, dass alle Beteiligten nach und nach einbezogen werden und zu dem wird auch der Geschäftspartner diese klare Struktur erkennen, denn klar getroffene Entscheidung, die kommuniziert werden, schaffen eine gemeinsame Sprache im Umgang.

c) Hinterlegung von Informationen

Die Hinterlegung und Erfassung von Informationen in EDV Systemen mit dem Nachweis der Bearbeitung und der jederzeit abrufbare aktuelle Stand der Informationen ist der wichtigste Bestandteil im Credit & Collection. Moderne Credit Management Tools schaffen hier die Grundvoraussetzung einer zeitgerechten Bearbeitung, aktuellen Informationen und gleichzeitig auch der wesentlichen Kontrolle der Bearbeitungsstände, zusammenfassend in Berichten für die Verantwortlichen im Credit Management und aber auch im Vertrieb.

d) Kontrolle durch Auswertungen

Die Kontrolle durch Auswertungen muss durch standardisierte Berichte erfolgen, die neben dem Vergleich der grundlegenden Zahlen auch die spezifischen nach Geschäftsbereich oder Sachbearbeiter gestatten.

Auswertungen müssen den Vergleich des Forderungsbestandes, der Außenstandstage als Grundlage haben, dazu müssen Vergleichszahlen über den Umsatz, der Zahlungseingänge, Anzahl der Mahnungen und Mahnbetragssummen kommen. Diese Zusammenhänge sollen den Credit Controllern erklärt werden, damit Sie diese erkennen und für die tägliche Arbeit ausnutzen. Hinzu kommen muss auch die Bewertung der

Geschäftspartner in einer Risikoaufteilung, so dass entsprechende Prognosen über die zu berichtigenden Einzelwerte erfolgen können.

3. Mahnwesen

Das Mahnwesen ist eines der wichtigsten Grundlagen zur Heranziehung interner Daten über die Bonität der Geschäftspartner und hat damit Auswirkungen auf die Beurteilung in der Risikoeinstufung und der Vergabe von Kreditlinien. Neben den Bilanzdaten und betriebswirtschaftlichen Auswertungen werden hier wesentliche Merkmale erfasst.

a) Integration

Das Mahnwesen muss in die gesamten Abläufe als Bestandteil integriert werden und zwar so, dass hier alle beteiligten Abteilungen die Zusammenhänge kennen und an der Aufarbeitung mitwirken. Die Durchführung des Mahnens darf nicht Hauptaufgabe sein, sondern muss ein Mosaikstein in der Beurteilung des Kundenportfolios sein. Auch muss entsprechend den Mahnvorgängen der Status an den Vertrieb weitergegeben werden, so dass vor der Einleitung des weiteren Verfahrens der Vertrieb die Tätigkeiten unterstützt.

b) Prüfung des Kundenportfolios

Die Prüfung des Kundenportfolios soll die Eingliederung in den Mahnprozess bewerkstelligen. Maßgeblich sind die Zahlungserfahrungen, aber auch Veränderungen in den einfließenden externen Daten. Hierbei ist zunächst nach den Prinzipien zu verfahren, und dabei ist die Handhabung für die spätere Vorgehensweise zu beachten. Die Analyse muss eine Unterteilung für die Geschäftspartner ergeben, welche einerseits im automatischen Mahnverfahren und andererseits durch individuelle Betreuung bearbeitet werden. Auch ist hier die Einbindung des Vertriebs angebracht, da somit grundlegende Weichen für die Zusammenarbeit gelegt werden können. So könnten je nach Geschäftsbereich oder auch nach der Organisation des Vertriebs gemeinsame Auswertungen zu Umsatzzahlen und Bonität erarbeitet werden und die sich so ergebenden Empfehlungen zu einer gemeinsamen Liste von Geschäftspartnern führen, welche durch individuelle Betreuung schon vor Fälligkeit der Rechnungen durch Kontoauszüge mit den erfassten Rechnungen des Geschäftspartnerkontos informiert werden, so dass die entsprechende Sachbearbeiterin in der Kreditorenbuchhaltung des Geschäftspartners die Vollständigkeit der erhaltenen Rechnungen und deren inhaltliche Abstimmung durchführen kann. Hier liegt ein ungeheures Potential die Kundenbindung zu verstärken und andererseits mit dem sofortigen

Informationsaustausch und rechtzeitigen Zahlungseingang von Geschäftspartnern mit hohem Umsatz die Liquidität und die Kennzahlen entscheidend zu verbessern.

c) Gestaltung und Durchführung

Für die Gestaltung und Durchführung ist entscheidend, welche organisatorischen und personellen Möglichkeiten bestehen. Am einfachsten ist die Lösung durch Automatisierung und Durchsetzung der angekündigten Maßnahmen. Gerade im Massenkundengeschäft ist dies der einzige Weg, die Risiken des Kundenportfolios abzuschätzen und die konsequente Umsetzung führt zur Verringerung des unternehmerischen Risikos und damit zur Realisierung des Umsatzes.

Mit dem Ausfall zahlungsunwilliger Geschäftspartner wird die Konzentration auf den bestehenden Kundenstamm verstärkt und gleichzeitig werden die wichtigen Kriterien für Neuaufnahmen und Prüfung des Bestandes geschaffen. Neuerdings gehen Unternehmen nach und nach dazu über, durch die unternehmensinternen Call-Center die Geschäftspartner auf ausstehende Zahlungen hinzuweisen. Dies rührt daher, dass oft das Credit Management in der Struktur des Unternehmens an den Vertrieb gekoppelt wird, um möglichst rasch die Entscheidungen über Lieferungen zu haben. Hierbei muss die Ausbildung der Call-Center Agenten beachtet werden, denn die spezifischen Informationen über Kontenführungen müssen bestens vermittelt und vertraut sein.

d) Reklamationsbearbeitung

Die Reklamationsbearbeitung gehört mit Kenntnisnahme durch Credit & Collection in den Aufgabenbereich des Vertriebs und muss hier den entscheidenden Prozessen angepasst werden. Wichtig ist hierbei die Bearbeitungszeit, deren Vorgabe nach Arbeitstagen bis zur Wiedervorlage und den erstellten Maßnahmen wie Gutschriften oder Nachforderungen einzurichten ist. Entscheidend ist hierbei, dass bis zur Entscheidung der Maßnahme der Vertrieb die entscheidenden Gespräche mit der Einkaufsabteilung des Geschäftspartners führt. Erst dann wird der Vorgang wieder an Credit Control zurückgegeben, so dass hier die Abstimmung des Geschäftspartnerkontos erfolgen kann. Dies hat zur Folge, dass über die Systemsteuerung die Qualität der Arbeit im Unternehmen nachweisbar ist. Schlimmstenfalls müssen bei fehlenden Entscheidungen Liefersperren bis zur Lösung gesetzt werden, weil davon auszugehen ist, dass sich diese entdeckten Fehler wiederholen. Zudem muss intern der Vertrieb mit den ausstehenden Forderungen in der Art und Weise belastet werden, dass intern die Zinssätze für die Außenstände auf den Vertrieb umgelegt werden. Die Erstellung der Kosten- und Zinsrechnung muss ebenso in das Berichtswesen integriert werden wie die bereits festgestellten speziellen Berichte des Credit Managements.

4. Finanzielle Unterstützungshandlungen

Die finanziellen Unterstützungshandlungen des Geschäftspartners sind in Wege des Credit & Collection auf ein Minimum zu halten, müssen darüber hinaus genehmigt und nachgewiesen werden.

a) Valutierung

Die Valutierung einer Rechnung muss im Entscheidungsrahmen des Credit Controllers liegen, um so die Entscheidungsstärke zu haben, sich über die eigene Arbeit und den damit verbundenen Ergebnissen im klaren zu sein. Diese Valutierungen sind aber erste Anzeichen, dass entweder Rechnungsstellung oder Zeitpunkt der Lieferung abweichen, aber auch die ersten finanziellen Probleme des Geschäftspartners anstehen können. In Einzelfällen können aber auch bei zu frühen Lieferungen die mit hohem Aufwand verbundenen Rücklieferungen ausgenommen werden.

b) Ratenplan

Ratenpläne sind Vereinbarungen über abzuwickelnde Zahlungen und bedürfen in der Regel der Schriftform. Gleichzeitig müssen genaue Zahlungstermine einschließlich der aufgelaufenen Zinsen feststehen, so dass eine regelmäßige Kontrolle gegeben ist. In der Entscheidung sollte der Credit Manager sich die Kennzahlen und den aktuellen Informationsstand vorlegen lassen. Die Vereinbarung von Ratenplänen ist gerade im Wege des Mahnwesens oft schon das erste Zeichen einer beginnenden finanziellen schwierigen Situation.

c) Sicherheiten

Die Vereinbarung der Sicherheiten beginnt schon mit der vertraglichen Regelung von Warenlieferungen und dem Verweis auf die allgemeinen Geschäftsbedingungen, denn schon hier sollte neben dem einfachen Eigentumsvorbehalt, im Einzelfall der verlängerte und wenn möglich der erweiterte Eigentumsvorbehalt vereinbart werden. Darüber hinaus finden die Sicherungsübereignungsverträge im geschäftlichen Umgang dann Bedeutung, wenn es durch das Mahnwesen aufgedeckt, zu Zahlungsproblemen des Geschäftspartners kommt. Im Extremfall der Sicherung weiterer Lieferungen sind notarielle Schuldanerkenntnisse empfehlenswert.

5. Insolvenzen

Die festgestellten Probleme können schlimmstenfalls in der Eröffnung des vorläufigen Insolvenzverfahrens des Geschäftspartners enden. Hier zeigt sich aber dann im vorhinein, welche Arbeit das Credit Management geleistet hat, denn unter Beachtung der Vorgehensweisen ergeben sich genügend Hinweise auf die angeschlagene Situation des Geschäftspartners.

a) Handlungen

Mit den Möglichkeiten der Sicherheiten, müssen im richtigen Zeitpunkt die richtigen Maßnahmen im Rahmen der gesetzlichen Regeln getroffen werden. Oft wird hier zu spät reagiert oder es werden falsche Entscheidungen getroffen, da die rechtliche Beratung fehlt. Zunächst ist es doch wichtig, die eigenen Rechte zu sichern und die spätere Abwicklung mit dem vorläufigen Insolvenzverwalter zu besprechen.

b) Abwicklungen

Zunächst sind auf dem formellen Weg die erforderlichen Nachweise des Eröffnungsbeschlusses und der Bestellung des vorläufigen Insolvenzverwalters einzuholen. Die darin festgestellten Sachverhalte sind genau zu prüfen, denn oft sind hier schon entscheidende Fakten für den weiteren Verlauf des Verfahrens erkennbar. Bei umfangreichen Lieferungen mehrerer Lieferanten wird von Seiten der Kreditversicherungen gemeinsam mit dem vorläufigen Insolvenzverwalter oft ein Pool-Verfahren angestrebt. Nichts desto trotz ist dem vorläufigen Insolvenzverwalter, der aufgrund der gesetzlichen Bestimmungen mit umfangreichen Rechten ausgestattet ist, nicht bedingungslos zu glauben. Manchmal stehen auch die wirtschaftlichen Interessen des vorläufigen Insolvenzverwalters mit der eigenen Kanzlei im Vordergrund. Es bedarf also einer klaren Analyse des Ist-Zustandes des Geschäftspartners und einer Stellungnahme gegenüber dem Insolvenzverwalter. Letztlich ist entscheidend, ob die bereits vorliegenden Aufträge abgewickelt werden müssen oder aber der vorläufige Insolvenzverwalter aufgrund der schwierigen finanziellen Lage die Aufträge storniert. Zu dem ist im Einzelfall entscheidend, ob die Geschäftsbeziehung weitergeführt werden soll. Im eigenen Unternehmen sollte daher eine Task Force zusammen gestellt werden, die diese Maßnahmen bespricht und die Aufgaben verteilt.

c) Darstellung

Die Darstellung von Geschäftspartnern in schwierigen Situationen muss in einem Berichtswesen kontinuierlich geführt werden. Hierbei sind die Credit Controller einzubeziehen, welche die entscheidenden Hinweise auf die Beurteilung des Risikos geben. Demnach sind die Geschäftspartner in einer Liste aufzuführen, die mit eindeutiger Sicherheit in Insolvenz und vorläufiger Insolvenz sind, so dass mit einer hundertprozentigen Ausfallwahrscheinlichkeit gerechnet werden muss. Interessanter sind dann die Geschäftspartner, die durch die Vorgehensweise im Mahnwesen als risikoreich eingestuft werden. Hier ist eine Einschätzung von 30–40 % der Forderungen, netto, angebracht, jedoch sollte man hier eine Prozentzahl für die Bewertung festlegen. Im monatlichen Bericht sieht man dann die kontinuierlichen Verbesserungen.

IV. Schlussfolgerungen und Aussichten

In den nächsten Jahren werden die Veränderungen im klassischen Bereich des Finanz- und Rechnungswesens zunehmen, um sich den international bereits eingesetzten Standards anzupassen. Gerade hier liegt eine ungeheure Wertsteigerung des eigenen Unternehmens, denn im Zeitalter der enger werdenden Märkte und der Wettbewerbsverdrängung steht weniger die Akquirierung von Neukunden im Vordergrund, sondern vielmehr die Beziehung zu den Geschäftspartnern, um auch dadurch neue Produkte zuverlässig in den Markt zu bringen.

Entscheidend ist mit dem Credit Management einen Bereich zu schaffen, der neben den Spezialisten im Bereich der Verarbeitung von Zahlungsdaten (Debitoren), genau die Spezialisten hat, die durch Weitsicht und spezielle interne und externe Schulungen die Bewertung der Risikostruktur durch tägliche Arbeit mit den Geschäftspartnern ermöglichen (Credit Controller). Vor allem ist hier eine Persönlichkeit gefragt, die neben betriebswirtschaftlichem und juristischem Wissen über Führungserfahrung verfügt, die entsprechenden Ziele zu verfolgen (Credit Manager). Hier muss nun die nur in Deutschland geführte Diskussion um Begriffsbezeichnungen angesprochen werden, wie Credit Manager mit „C" für die Position in Unternehmen, Kreditmanager mit „K" als Zeichen für die Position in Banken, sowie Debitorenmanager und Forderungsmanager. Dies liegt im Naturell der Deutschen, durch Begriffe sich wichtiger und besser darzustellen zu wollen als der andere, ohne jedoch die Zusammenhänge der einzelnen Aufgaben zu erkennen. Man sollte sich endlich entschließen, die angelsächsische Schreibform des Credit Managers für dieses Berufsbild anzunehmen. Sowohl Debitorenmanager und Forderungsmanager müssen sich genauso mit der internen Vergabe von Kreditlinien beschäftigen, auch wenn entsprechende Dienstleistungen wie oben beschrieben nach außen übertragen wurden, denn für den Kapitalfluss des Unternehmens und die Risikobeurteilung des Kundenportfolios sind sie ebenso verantwortlich. Diese aktive Einflussnahme in die Risikominimierung hat entscheidende Ausmaße im Umgang mit dem Geschäftspartner und trägt außerdem noch zur Reduzierung der Kosten bei. Die Motivation aller Beteiligten, in- und außerhalb des Unternehmens an Lösungen zu arbeiten und diese umzusetzen ist von Bedeutung.

Sollte der Eindruck entstanden sein, dass sehr viel interne Vorgänge entscheidend kontrolliert und aufgebaut werden, so ist dies beabsichtigt, denn stimmen die internen Vorgaben und deren Umsetzung nicht, so spiegelt sich dies gerade im Mahnwesen nach außen wider und damit im direkten Kontakt mit dem Geschäftspartner.

Mit der Ausbildung zum „Certified Credit Manager® CCM" hat der Verein für Credit Management (VfCM) e.V. einen entscheidenden Grundstein in Deutschland gelegt, durch das Qualifizierungsprogramm entsprechende Führungspersönlichkeiten auszubilden. Im nächsten Schritt, und dieser ist wesentlich schwieriger, müssten neben den Häuptlingen auch Indianer zu Verfügung stehen, die Credit Controller. Bis es soweit ist, stehen die Credit Manager in der Pflicht diese Veränderungen umzusetzen und zu schulen, gerade in Hinblick auf Credit & Collection und Kundenbeziehung.

Heinz C. Pütz

Nur optimale Informationen reduzieren Kosten und Verluste im Forderungsmanagement
– Checklisten und Praxistipps –

Weltweit sind die Insolvenzen und Forderungsverluste für Lieferanten in den letzten Jahren deutlich angestiegen. Mit einer grundlegenden Trendwende ist trotz verbesserter Konjunktur in absehbarer Zeit nicht zur rechnen. Die wesentlichen Gründe hierfür liegen in der weiterhin erheblichen Brisanz der verursachenden Faktoren, wie z.B. Wettbewerbsdruck, sinkende Nachfrage, Kostendruck und Konjunkturentwicklung. Ein wesentlicher Ursachenkomplex ist unbedingt hinzuzufügen: Fehlverhalten im Management. Falsche Entscheidungen, Organisationsmängel und unzureichendes Wissen in nur einem wichtigen Geschäftsbereich können rasch das Ende eines Unternehmens einläuten. Hierzu zählt insbesondere der Bereich des Forderungsmanagements, d.h. alles „rund um den Lieferantenkredit". Wenn ein Unternehmen in diesem Sektor nicht alle angemessenen und notwendigen Maßnahmen ergreift und nicht auf dem neuesten Wissensstand ist, werden negative Auswirkungen auf Liquidität und Ertrag die konsequente Folge sein.

Check up des Fachwissens

In Deutschland werden in 2004 die Verluste aller Gläubiger durch Forderungsausfälle infolge insolventer Kunden auf über 40 Mrd. € geschätzt. Nach Analysen von Atradius wird in 2004 mit einem weiteren Anstieg der Insolvenzen im Inland und vielen anderen Ländern gerechnet. Ein erheblicher Anteil an den Ausfällen entfällt auf Produzenten und Dienstleistungsunternehmen, die ihren Geschäftspartnern Lieferantenkredite gewähren. Dem oben genannten Betrag stehen mindestens noch einmal gleich hohe finanzielle Aufwendungen gegenüber, die durch nicht vereinbarungsgemäße Zahlweise , mithin durch die schlechte Zahlungsmoral der Kunden, entstehen. Bei einem Jahresumsatz von z.B. 10 Mio. €, kostet allein die Ausweitung der durchschnittlichen Debitorenlaufzeit (DSO) um einen Tag den kreditgewährenden Lieferanten bereits zusätzlich 3000 €.

Ein erheblicher Teil dieser finanziellen Belastungen kann deutlich reduziert oder sogar vermieden werden. Er ist zu einem erheblichen Teil verursacht durch unzureichendes Fachwissen im Bereich des Forderungsmanagements. Aktuelles Wissen über alle wichtigen Aspekte, die mit der Gewährung von Lieferantenkrediten in Zusammenhang stehen, ist – in Verbindung mit der konsequenten Umsetzung in die Praxis – besonders gegenwärtig ein absolutes Muss für jedes Unternehmen.

Die folgenden Fragen (als Auswahl) können Informationsdefizite aufzeigen:

- Wie betreiben erfolgreiche Unternehmen das Forderungsmanagement?
- Wie kann die Debitorenabteilung – einschl. Mahnwesen – effizienter arbeiten?
- Welche Vorteile bietet die aktuelle Informationstechnologie?
- Welche rechtlichen und vertraglichen Sicherheitsmöglichkeiten bestehen?
- Was bieten Kreditversicherung, Factoring, Asset Backed Securities?
- Wo sind Hilfen und Tipps für die Praxis erhältlich?

Maßnahmen zur Behebung des Wissensdefizits

Die Beschaffung von praxisorientiertem Fachwissen und Know-how muss möglichst effizient mit wenig Zeitaufwand erfolgen. In Frage kommen zielgerichtete Aktivitäten zur besseren Qualifizierung. Hierzu gehören:

Themenbezogenes Suchen im Internet

Suchmaschinen bieten vielfältige Möglichkeiten, aktuelle Informationen über Themen aus dem Forderungsmanagement zu erhalten. Leider besteht aber oft auch eine Überfülle an (nicht qualifizierten oder nicht gewünschten) Beiträgen. Sehr empfehlenswert ist die Suchmaschine Google, die ihre Auswahl vor allem nach den empfohlenen Links trifft. Auf der ersten Seite können Sie meist bereits bei einem eingegebenen Stichwort – z.B. Forderungsmanagement – die gewünschten Informationen erhalten.

Erfahrungsaustausch mit anderen Debitorenmanagern

Für den Erfolg in der täglichen Praxis sind Erfahrungen anderer Unternehmen unentbehrlich. Vielfach sind spezielle Veranstaltungen ein gutes Austauschforum. Leider gibt es kaum „Stammtische", die einen re-

Informationen reduzieren Kosten und Verluste im Forderungsmanagement

gelmäßigen Austausch von negativen und positiven Erfahrungen sowie praktischen Hinweisen im Fachgebiet Forderungsmanagement bieten. Erst in letzter Zeit befassen sich spezielle Vereine, wie z.B. der Verein für Creditmanagement e.V. oder der Verband Forderungsmanagement e.V. mit derartiger Foren oder Praxismeetings.

Information durch aktuelle Fachbeiträge

In Fachzeitschriften – z.B. Der CreditManager – und vielfach in branchenorientierten Magazinen werden ständig Beiträge über Teilbereiche des Forderungsmanagements veröffentlicht. Hingewiesen sei auch auf Spezialbroschüren (z.B. von Kreditinstituten, Kreditversicherern, Auskunfteien) oder übergreifende Bücher, wie z.B. das Handbuch „Forderungsmanagement im Unternehmen" (Economica Verlag). Hierdurch werden wertvolle Anregungen für die Praxis gegeben.

Qualifizierung der Führungskräfte und Sachbearbeiter

Ständige Weiterbildung ist besonders im Debitorenbereich eine wichtige Aufgabe, die von der Geschäftsleitung gefördert werden muss. Nur qualifizierte Mitarbeiter sind in der Lage, die richtigen Maßnahmen zu ergreifen. Industrie- und Handelskammern, das RKW und viele Seminarveranstalter bieten ständig Seminare oder sonstige Veranstaltungen über einzelne Spezialthemen, teilweise auch Inhouse-Seminare, an.

Beratung durch Banken, Makler, Dienstleister

Das große Fachwissen aus obigen Bereichen sollte unbedingt „angezapft" und im eigenen Interesse genutzt werden. Zu Gesprächen ist man von Seiten dieser Spezialisten gern bereit. Bei jedem Gespräch wird man Sachverhalte klarer erkennen und schafft somit die Grundlage für geeignete maßgeschneiderte Maßnahmen im eigenen Unternehmen. Diese können z.B. in der Verwirklichung individueller Konzepte in Form von Factoring, Kreditversicherung oder Asset Backed Securities bestehen. Empfehlenswert ist es, sich eine Checkliste für Informationsdefizite anzulegen.

Verbände

Viele Branchenverbände haben die aktuelle Bedeutung der Forderungen für den Ertrag und die Liquidität erkannt und befassen sich auch mit Themen aus diesem Bereich in Form von Seminaren und Referaten sowie Broschüren. Der Verein für Creditmanagement e.V. und der Verband Forderungsmanagement e.V. konzentrieren sich ganz speziell auf alle wichtigen Themen, die im Zusammenhang mit den Debitoren stehen. Bereits auf den Webseiten *dieser Vereine* sind vielfältige Informationen erhältlich

Fazit

Durch Mangel an Wissen entstehen jährlich den Unternehmen durch Forderungsausfälle und die schlechte Zahlungsmoral der Kunden Milliarden Euro an finanziellen Verlusten. Dies ist umso erstaunlicher, da aufgrund vielfältiger Möglichkeiten Informationsdefizite behoben werden können. Die Investition in Wissen über alle Aspekte des Forderungsmanagements „rechnet sich", vor allem, wenn man bedenkt, wie viel Umsatz nötig ist, um bei geringen Umsatzrenditen Forderungsverluste auszugleichen.

Erfolgreiches Forderungsmanagement unerlässlich

Vor dem Hintergrund der besorgniserregend zunehmenden Insolvenzentwicklung im In- und Ausland ist die Bedeutung des Kredit-/ Forderungsmanagements unbestritten. Vor allem zwei brisante Problemfelder stehen in diesem Zusammenhang bei den Unternehmen im Mittelpunkt:
- Erhebliche Kosten der Debitorenfinanzierung und -verwaltung – vor allem durch lange Zahlungsziele und schlechte Zahlungsmoral der Kunden
- Forderungsverluste durch Kundeninsolvenzen – mit steigender Tendenz

Nur die erfolgreiche Bewältigung der Probleme ist die Gewähr dafür, dass die Liquidität gesichert und Ertragseinbußen und ernsthafte finanzielle Probleme vermieden werden können.

Übergreifende Sicht als Grundprinzip

Wie kaum ein anderer Bereich in einem Unternehmen ist das Kredit-, bzw. Forderungsmanagement durch ein großes Spektrum sehr differenzierter Teilbereiche gekennzeichnet. Es handelt sich somit um ein umfangreiches Netzwerk. Für ein erfolgreiches Agieren mit dem Ziel einer Minimierung der Kosten und Forderungsausfälle ist die optimale Berücksichtigung aller wichtigen Aspekte und Maßnahmen unerlässlich. Hingewiesen sei z.B. auf die aktuelle und angemessene Bonitätsbewertung von Kunden, ein effizientes Mahn- und Inkassowesen, die risikomindernde Vertragsgestaltung und Vereinbarung von Sicherheiten, das richtige Verhalten im Insolvenzfall eines Abnehmers und vieles mehr. Das erfolgreiche Forderungsmanagement beginnt bereits beim ersten

Kontakt mit dem Kunden! Zunehmend setzt sich in den Unternehmen die Einsicht durch, dass nicht das Umsatzdenken bei der Kundenbeziehung Vorrang haben darf, sondern eine ausgewogene Sicht zwischen Umsatz- und Ertragsdenken und das Abwägen von Chancen und Risiken. Hierbei kommt besonders dem Kredit-/Forderungsmanagement eine zentrale entscheidende Bedeutung in jedem Unternehmen zu, das seinen Kunden Lieferantenkredite einräumt.

Bausteine für ein effektives Forderungsmanagement

Die im Folgenden kurz erläuterten Elemente innerhalb eines erfolgreichen Agierens „rund um die Außenstände" stellen nur eine Auswahl dar. Je nach individueller Situation eines Unternehmens ergeben sich unterschiedlich sinnvolle Profile für einen bestmöglichen Handlungsmix.

Risiko- und Bedarfsanalyse

Für die Ermittlung des Handlungsbedarfs und die Intensität der Aktivitäten im Forderungsbereich ist das Abchecken vor allem der folgenden Gegebenheiten und Aspekte unerlässlich:
- Struktur/Streuung der Debitoren
- Allgemeines Risiko des Kundenstammes
- Bisherige Forderungsausfälle
- Künftige Geschäfts-/Vertriebsausrichtung
- Finanzielle Auswirkungen möglicher Ausfälle auf Liquidität und Rendite
- Zur Verfügung stehende Informationsquellen
- Qualität der eigenen Bonitätsüberwachung
- Erfolgswerte im Mahn- und Inkassobereich
- Vereinbarte Sicherheiten bei Lieferungen
- Einsatz von spezieller Software
- Outsourcing von Risiken oder Dienstleistungen (z.B. Factoring, Kreditversicherung)
- (evtl.) Sonderrisiken im Export
- Qualifikation und Wissensstand der Mitarbeiter
- Deckungsbeiträge und Ertragslage

Einschätzung der allgemeinen Risikosituation

Zur Einschätzung des generellen Risikos gehören ständige Informationen über aktuelle Entwicklungen, Hintergründe und Trends in der Insolvenzentwicklung. Sehr wichtig ist auch die Kenntnis der aktuell gültigen Gesetzgebung, die im Zusammenhang mit Lieferantenkrediten eine

Rolle spielen. Beim Export sind auch die Veränderungen der Länderbonitäten zu beachten.

Bonitätsbewertung der Kunden

Ziel bei dieser schwierigen Aufgabe ist die Einstufung der Ausfallwahrscheinlichkeit bei den einzelnen Kunden. Unerlässlich sind bei eigener Analyse hierbei vor allem – verständlicherweise abgestuft nach Höhe der Kreditengagements – Berichte der Auskunfteien und Banken, Auswertung von Jahresabschlüssen, evtl. Ratings, Registrierung von Zahlungsveränderungen, Außendienstberichte und Besuche vor Ort. Bei „Auslagerung" der Bonitätsbewertung, z.B. auf Kreditversicher oder Factoringinstitute, kann der eigene Aufwand reduziert werden.

Realisierung der Forderungen

Ein effizientes Mahn- und Inkassowesen kann bewirken, dass die effektiven Zahlungsfristen und der Anteil der unpünktlichen Zahler verringert werden. Entscheidend kann die richtige Mischung diverser Maßnahmen sein. Hierzu gehören z.B. das telefonische Mahnen, zeitliche Konsequenz des Mahnvorgangs, Forcierung von Abbuchungsvereinbarungen, die Einschaltung von Inkassoinstituten oder Rechtsanwälten und vieles mehr. Messlatte für den Erfolg ist der DSO-Wert („day's sales outstandings"), der die durchschnittliche Laufzeit der Debitoren angibt.

Organisation

Die Erarbeitung und Durchsetzung von Richtlinien sowie eine gut organisierte Abteilung mit qualifizierten Mitarbeitern sollten zum Standard jedes erfolgreichen Forderungsmanagements gehören. Unerlässlich ist auch der Einsatz moderner IT-Hilfsmittel. So kann z.B. spezielle Software viele Einzelfunktionen im Arbeitsablauf (z.B. Bonitätsbewertung, Anmeldung beim zentralen Mahngericht etc.) wirksam unterstützen. Natürlich ist die Organisation in einem mittelständischen Unternehmen anders organisiert als in einem international tätigen Unternehmen. Wichtig ist aber in jedem Fall, dass die Debitorenabteilung einen angemessenen Platz im Betrieb einnimmt und nicht nur eine zweitrangige Buchhaltungsaufgabe erfüllt.

Vereinbarung von Sicherheiten

In der Praxis berührt die Vereinbarung von Sicherheiten das Grundproblem des richtigen Standorts zwischen Umsatz- und Ertragsdenken. Kunden verlangen weitgehend nach Lieferung ohne Sicherheiten, denn die Einräumung von Zahlungszielen ist ein wichtiges Hilfsmittel, um Geschäftsbeziehungen aufzubauen und zu erhalten. Lieferanten dagegen würden weitestgehend Sicherheiten bevorzugen, haben aber das Problem der Durchsetzbarkeit ohne Gefährdung der Geschäftsbeziehung. Kenntnisse darüber, welche Sicherheiten (z.B. Eigentumsvorbehalt, Bürgschaften) eingesetzt werden können, welchen Wert sie in der Praxis haben und wo sich Probleme ergeben können, sollte zum Handwerkszeug nicht nur von Juristen, sondern auch – in Grundzügen – von Kreditmanagern gehören.

Outsourcing

Es bestehen vielfältige Möglichkeiten, einzelne Teilfunktionen auszugliedern. Die im folgenden aufgeführten Dienstleistungen stellen nur eine Auswahl dar.

Inkassoinstitute stellen ihr Know-how für die Eintreibung von Forderungen zur Verfügung und erzielen hierdurch meist bessere Erfolge als ein Lieferant selbst.

Der Kreditversicherungsmarkt bietet weltweit individuelle Varianten für die Absicherung der wirtschaftlichen und politischen Ausfallrisiken. Die Zusammenarbeit mit einem Kreditversicherer bedeutet eine wirksame Barriere gegen Forderungsausfälle.

Bei Factoring wird bei den üblichen Verträgen neben der Abdeckung der Ausfallrisiken auch die Debitorenbuchhaltung übernommen und Zahlung bei Übernahme der Forderungen geleistet.

Ein Forderungskauf ist auch bei der Forfaitierung gegeben. Hier kaufen Kreditinstitute unter bestimmten Gegebenheiten größere Einzelforderungen auf und übernehmen hierbei gleichzeitig das Ausfallrisiko.

Richtiges Verhalten in Krise und Insolvenz

Wenn sich ein Kunde in Zahlungsschwierigkeiten befindet, ist das bestmögliche Verhalten sorgfältig abzuwägen. Falsch wäre es, gutes Geld schlechtem nachzuwerfen. Geeignete Schritte, die vielfach nur mit Hilfe von Anwälten ergriffen werden, können das Ausmaß von Forderungsverlusten reduzieren helfen.

Aktuelles Wissensmanagement für die Praxis

Insbesondere wegen der zentralen Bedeutung der Forderungen für die Liquidität und den Ertrag besteht ein Bedarf an intensivem Wissensmanagement „rund um die Außenstände". Auch im Hinblick auf die zunehmende Insolvenzgefährdung und die wachsende Internationalisierung ist ein zeitnahes Wissen aller relevanten Sachverhalte fast eine Überlebensnotwendigkeit. Die Kenntnis des aktuellen Risikoumfeldes und neuer Entwicklungen bei Dienstleistungsangeboten, in der Gesetzgebung oder der Informationstechnologie, aber auch Informationsveranstaltungen und Erfahrungsaustausch sind wichtige Stichworte für eine erfolgreiche Debitorenpraxis.

Wichtiger Hinweis

Bei der Einschätzung künftiger Risiken spielt auch Basel II eine nicht unerhebliche Rolle. Es ist davon auszugehen, dass viele Kunden aufgrund von Kreditrestriktionen oder -verteuerungen der Banken noch mehr als bisher auf den Lieferantenkredit ausweichen. Hierbei ist gleichzeitig ein Lieferant in noch größerem Ausmaß gefordert, im Forderungsmanagement professionell vorzugehen.

Check-up für Ihre Debitoren

Angesichts der deutlich angestiegen Insolvenzen und des zunehmenden Wettbewerbs, der den meisten Unternehmen nur noch geringe Ertragsmargen übrig lässt, sind alle Maßnahmen unerlässlich, die Verluste vermeiden und Erträge sichern.

In diesem Zusammenhang kommt dem Forderungsmanagement, d.h. dem bestmöglichen Handling der Außenstände, eine besonders wichtige Rolle zu. Größere Forderungsverluste durch zahlungsunfähige Kunden können ein Unternehmen selbst insolvent werden lassen, schlechte Zahlungsmoral erhöhen die Finanzierungskosten und belasten das Ergebnis.

Zur besseren Erkennung der Risiken und dem Erkennen von Handlungsbedarf soll der folgende kurze Check-up dienen, der sich auf einige der wichtigsten Aspekte konzentriert.

Wie sieht die Struktur Ihrer Debitoren aus?

Bei den meisten Unternehmen entfällt auf relativ wenige Abnehmer ein überproportional hoher Anteil an den Debitoren. Gefahr hierbei: spürbare Verluste bereits durch nur einen insolventen Großkunden oder mehrere mittelgroße Pleiten. Hierunter kann auch die Kalkulation leiden, da nun Deckungsbeiträge ausbleiben. Nur selten dürfte es gelingen, rasch neue Kunden (zum Ausgleich der bisherigen) zu ertragsorientierten Lieferkonditionen zu gewinnen.

Praxistipp

Bei einer „kopflastigen" Debitorenstruktur muss ein besonders intensives Forderungsmanagement – einschl. wirksamer Absicherung – betrieben werden. Für den „worst case" sollte ein Krisenplan vorliegen.

Höhe und Struktur der bisherigen Forderungsausfälle in den letzten Jahren

Größere Forderungsverluste deuten auf erhöhte Ausfallrisiken hin, besonders wenn sie aus mehreren Insolvenzfällen resultieren. Aber auch ein einzelner Vorfall weist auf die ständige Risikoproblematik hin. Ein einzelner Großschaden, kann sogar für ein Unternehmen folgenreicher sein als ständige kleinere Insolvenzfälle, die vorhersehbar sind. Ein günstiges bisheriges Verlustszenarium sollte nicht für die Zukunft hochgerechnet werden. Dagegen sprechen das weltweit weiterhin hohe Insolvenzaufkommen und die mittlerweile festzustellende erhöhte Häufung von überraschenden Firmenzusammenbrüchen.

Praxistipp

Frühere Insolvenzfälle sollten eingehend analysiert werden. Hierzu gehören z.B. auch Informationen über mögliche Fehlerquellen und Versäumnisse im eigenen Unternehmen. Diese können in einer unzureichenden Bonitätsprüfung, mangelnden Sicherheiten, inkonsequentem Mahnen oder der Einräumung zu „großzügiger" Kreditsummen und langer Zahlungsziele begründet sein. Hieraus müssen handlungsorientierte Schlussfolgerungen gezogen werden.

Potenzielle künftige Gefahren im Forderungsbereich

Bisherige Ursachen für Forderungsausfälle und die erlittenen Verluste können nicht in die Zukunft projiziert werden, wenn z.B. geschäfts- oder vertriebspolitische Veränderungen in einem Unternehmen stattfinden. Dadurch ändert sich die Risikowahrscheinlichkeit von Forderungsverlusten. (Stichwörter: Gewinnung vieler neuer Kunden in neuen Marktsegmenten oder Umsatzsteigerung in besonders risikogefährdeten Branchen oder Ländern).

Ebenfalls zu beachten: Höhe der kalkulierten Deckungsbeiträge bei den einzelnen Produkten. Bei knapp kalkulierten Preisen sollte die Bonität der Abnehmer noch genauer als sonst üblich überprüft werden. Denn Forderungsverluste bedeuten bei geringen Gewinnmargen besonders hohe Zusatzumsätze zur Kompensation.

Praxistipp

Vorgesehene Änderungen der Abnehmerstruktur und der Verkaufskonditionen sind im Forderungsmanagement zu berücksichtigen – insbesondere durch strengere Bonitätsprüfungen. Enger Kontakt sollte auch mit dem Vertriebs- und Marketingbereich des eigenen Unternehmens gehalten werden, um die mögliche zukünftige Wettbewerbssituation im relevanten Markt einzuschätzen. Besonders bei starkem Wettbewerbsdruck stehen die Lieferkonditionen ständig im Fokus. Wichtig hierbei: rechtzeitige Abstimmung über Konditionen und Sicherheitsmaßnahmen, um Ausfallrisiken und Kreditbelastung zu begrenzen.

Welche Auswirkungen können Forderungsverluste auf das eigene Unternehmen haben?

Forderungsausfälle können empfindlich zu Buche schlagen. Das Ausmaß der finanziellen Risiken wird deutlich, wenn man einem Forderungsausfall das Umsatzvolumen gegenüberstellt, das zum Verlustausgleich nötig wäre. Hat ein Unternehmen z.B. einen Forderungsausfall von 20.000 €, müsste zu dessen Ausgleich – bei einer Umsatzrendite von 4 % – ein Mehrumsatz von 500.000 € erzielt werden.

Praxistipp

Die notwendigen erheblichen Vertriebsbemühungen, um über Umsatzzuwächse Forderungsverluste ausgleichen zu können, lassen sich unter Einbezug der aktuellen. Umsatzrendite transparent machen. Zu empfehlen ist eine unternehmensindividuelle Aufstellung entsprechend den spezifischen aktuellen Werten (Gegenüberstellung der Umsätze, die z.B. bei einem Forderungsverlust von 20.000 € und der gegenwärtig erzielten Umsatzrendite (von z.B. 2,5 %) zu dessen Ausgleich nötig sind). Eine genaue Berechnung kann mittels des sog. „eRechners" vorgenommen werden, den Sie kostenfrei innerhalb des Internetportals „*www.forderungsmanagement.com*" nutzen können.

Reichen die Ihnen vorliegenden Informationen zur Bonitätsbeurteilung aus?

Auskunftei- und Bankberichte, Außendiensthinweise und Bilanzauswertungen sowie die eigenen Zahlungserfahrungen reichen einzeln für eine Bonitätsbewertung nicht aus. Aber selbst bei Nutzung aller genannten Informationsquellen erhält man noch keinen umfassenden Überblick, der gerade bei bedeutenden Kreditsummen unerlässlich ist. Häufige Schwachstellen: Aktualität, fehlende Genauigkeit, subjektive Betrachtung statt Objektivität (wie z.b. oft bei Berichten des Außendienstes). Häufig zu kurz kommen besonders wichtige Informationen über Kunden zur Risikoeinschätzung, wie z.b. Absatzprobleme, Fehlinvestitionen, Personalprobleme oder die Beziehung zur Hausbank und anderen Lieferanten.

Praxistipp
Jeder Lieferant sollte kritisch überprüfen, ob die genutzten Informationsquellen ausreichend den aktuellen Bonitätsstand der Kunden widerspiegeln. Die Investitionskosten für Recherchen machen sich erfahrungsgemäß durch geringere Forderungsverluste bezahlt.

Werden alle Möglichkeiten des Forderungsmanagements genutzt?

Zu einem qualifizierten Forderungsmanagement gehören vielfältige Maßnahmen, die auf die Besonderheiten des Geschäftes ausgerichtet sind.

Beispiele für Bausteine des Forderungsmanagements
- Intensive Auswertung aller aktuellen Bonitätsinformationen
- Festlegung angemessener/individueller Kreditlimits
- Überwachung der Kreditlimite und Einhaltung der gewährten Konditionen
- Systematisches Mahnwesen und Inkasso
- Optimierung der Zusammenarbeit zwischen Rechnungswesen und Vertrieb
- Erfolgswirksames Verhalten im Insolvenzfall eines Kunden

Erfolgt eine wirksame Absicherung durch eine Kreditversicherung?

Bei der Zusammenarbeit mit einem Kreditversicherer lassen sich Probleme bei der Bonitätsbewertung von Kunden sowie der Festlegung risikogerechter Lieferantenkredite lösen und Forderungsverluste weitestgehend vermeiden. Die spezialisierten Versicherer konzentrieren sich auf die eingehende Beurteilung von Unternehmen und stellen ihr aktuelles Wissen dem Lieferanten ständig zur Verfügung. Durch diese interaktive Zusammenarbeit werden Ausfälle vielfach vermieden. Bei Forderungsausfällen, erfolgt ein weitgehender Ersatz. Das Debitorenmanagement des Lieferanten wird spürbar entlastet. Die unkalkulierbaren Risiken werden durch kalkulierbare Beitrage ersetzt. Diese werden nach individuellen Kriterien festgelegt. Sie richten sich im Wesentlichen nach Branchenzugehörigkeit, bisheriges Ausfallvolumen, Umsatzgröße und im Export der Länderstreuung. Vielfältige Vertragsformen (z.b. Spezialpolicen für kleinere Unternehmen oder Internationale Policen mit länderübergreifendem Service) passen sich den Wünschen des Lieferanten an.

Die führenden Kreditversicherer, wie z.b. Atradius, bieten neben der Kreditversicherung ein Servicepaket an, das z.b. auch den Inkassobereich, Factoring, Abdeckung politischer Risiken und vieles mehr einschließt.

Praxistipp

Bei der Gestaltung der auf die eigenen Bedürfnisse zugeschnittenen Versicherungspolice sollten vor allem folgende Aspekte berücksichtigt werden:
- Bisherige Schadenentwicklung
- Debitorenstruktur
- Umsatzentwicklung
- Veränderungen im Kunden-Portfolio
- Länderstreuung
- Ertragsverlauf
- Deckungsbeiträge Anzahl neuer Kunden
- Risikobereitschaft und finanzieller Background

Wurden wirksame Sicherheiten vereinbart?

Angesichts des intensiven Wettbewerbs verzichten Lieferanten meist auf wirksame Sicherheiten. Dies trifft auch immer häufiger auf Auslandsgeschäfte zu. Hierbei besteht die Gefahr, im Insolvenzfall leer auszugehen. Unbedingt sollte zumindest in Deutschland darauf geachtet werden, den Eigentumsvorbehalt mit seinen Erweiterungsformen wirksam zu vereinbaren. Analog ist dies allerdings im Ausland nicht möglich oder nur mit vielfältigen Schwierigkeiten verbunden. In vielen Ländern ist hier aber auch eine Verbesserung der Sicherungsposition für den Lieferanten möglich. Je nach Bonität des Kunden ist ein Verhandeln über weitere vertragliche Sicherheiten und eine wirksame Fixierung anzuraten.

Praxistipp

Zur rechtlichen Wirksamkeit des Eigentumsvorbehaltes (EV) gehört eine Einigung beider Parteien, die z.B. nicht gegeben ist, wenn zwar die eigenen Verkaufsbedingungen, aber nicht die Einkaufsbedingungen des Kunden einen entsprechenden Passus über den EV beinhalten. In diesem Fall ist unbedingt anzuraten, sich vom Kunden das Einverständnis zu den von Ihnen gewünschten EV-Bedingungen schriftlich geben zu lassen.

Haben Sie die Exportrisiken im Griff?

Ein Exporteur steht angesichts des weltweit deutlich gestiegenen Wettbewerbs vor dem Problem, angemessene Kreditlinien festzulegen, obwohl die Bonitätsbeurteilung seiner Kunden oftmals äußerst schwierig oder gar unmöglich ist. Sicherungsmaßnahmen wie der Eigentumsvorbehalt können wegen anderer rechtlicher Gegebenheiten nicht oder nur eingeschränkt vereinbart werden. Notwendig ist daher, alle erhältlichen Informationsquellen und Sicherungsmaßnahmen zu nutzen und gegebenenfalls Dienstleister, wie Inkassodienste, Kreditversicherer, Factoringinstitute sowie Banken einzubeziehen. Auch die deutsch-ausländischen Handelskammern bieten Hilfe.

Praxistipp

Auf Folgendes sollten Sie besonders achten:
- Eingehende Informationen über die wirtschaftliche und rechtliche Situation in den relevanten Exportländern (insbesondere Zahlungsgepflogenheiten und Rechtsverfolgung)
- Intensivere Bonitätsprüfung als im Inland
- Vereinbarung von Sicherheiten (Akkreditiv, Bankgarantien, Eigentumsvorbehalt) soweit aufgrund des Wettbewerbsdrucks möglich
- Evtl. Zusammenarbeit mit einem Kreditversicherer oder Factoringinstitut
- Konsequentes Mahn- und Inkassowesen

Autorenverzeichnis

Joachim C. Bartels

Joachim C. Bartels beschäftigt sich seit über 40 Jahren mit der Beschaffung, Verarbeitung und Auswertung von Informationen.

Im Rahmen seiner beruflichen Laufbahn hat er mehrere führende Funktionen bei europäischen und amerikanischen Firmen ausgeübt. 1972 trat Herr Bartels der Firma Reuben H. Donnelley, einer Tochtergesellschaft von Dun & Bradstreet, bei und war hier als Vizepräsident für Nord Europa verantwortlich. 1980 wechselte er zu Dun & Bradstreet, Murray Hill, USA, als Senior Vizepräsident Global Business Development.

Heute ist Herr Bartels Eigentümer und Vorsitzender der Intrepid Explorers Incorporation USA.

Neben seiner beruflichen Tätigkeit engagiert sich Herr Bartels bei Vortragsveranstaltungen und war Teilnehmer diverser Foren. Des Weiteren hat Herr Bartels bereits diverse Publikationen im Bereich Wirtschaft veröffentlicht.

Björn Bucher

Nach kaufmännischer Berufsausbildung und Studium der Betriebswirtschaftslehre absolvierte Björn H. Bucher ein Trainee-Programm bei einem der großen Kreditversicherer. Nach Beendigung des Programms übernahm er die Aufgaben eines Firmenkundenbetreuers. Seit 1996 ist Herr Bucher in der Führungsgesellschaft des Freudenberg-Konzerns, Freudenberg & Co. Kommanditgesellschaft, verantwortlich für Führungs- und Koordinationsaufgaben im globalen Creditmanagement. Neben diversen Veröffentlichungen zum Thema Creditmanagement und Mitarbeit in internationalen Organisationen verfügt Herr Bucher über einen Lehrauftrag an der Berufsakademie Karlsruhe.

Klaus Flück

Jahrgang 1960, Studium der Volkswirtschaftslehre, 1989 Aufnahme der Tätigkeit bei der Hermes Kreditversicherungs-AG und Betreuung der Geschäftsfelder Kredit- und Kautionsversicherung und Factoring. Anfang 1997 trat Herr Flück in die GfK als Geschäftsführender Gesellschafter ein, welcher er zu einem der führenden und kreativsten deutschen Spezialmakler für das Debitorenmanagement ausbaute. Die GfK betreut heute national und international ca. 700 mittelständische Unternehmen bei der Konzeption von Kreditversicherungs-, Factoring- und Bürgschaftskonzepten sowie ABS-Modellen. Die GfK ist Gründungsmitglied der ICBA, einen internationalen Netzwerk von unabhängigen Fachmaklern für das Debitorenmanagement, die als Plattform dient, um global agierende Unternehmen effizient zu begleiten. Darüber hinaus ist die GfK ständiges Mitglied der FCIB (Die globale Allianz von Entscheidungsträgern in Finance, Credit and international business) sowie Mitglied des Vereins Credit Management e.V.

Erhard Gorny

Jahrgang 1962, Ausbildung: Kaufmännische Lehre, Handelsfachwirt, Bilanzbuchhalter.

Von 1982–1984 Hörgeräte Seifert GmH, München, Assistent der Geschäftsleitung; 1985–1987 Macrotron GmbH, München, Assistent der Geschäftsleitung; 1988 Puls GmbH, München, Kaufmännischer Leiter; 1989–2002 Ingram Macrotron AG, München, Senior Director Credit & Collection, Verantwortungsbereiche: Controlling, Credit Controlling, Debitoren, Collection und Recht.

Seit 2002 selbständig, Gründung der IT Risk- und Forderungsmanagement

Harald Hahn

Seit 1996 ist Harald Hahn Mitglied in der Geschäftsführung von der Kasolvenzia Holding GmbH in Bad Rappenau und ist verantwortlich für Vertrieb und IT.

Zuvor besetzte der gelernte Groß- und Außenhandelskaufmann in der Zeit von 1986 bis 1995 leitende Positionen bei der Handels- und Wirtschaftsauskunftei Bürgel in Frankfurt und Darmstadt. 1989 erhielt Hahn seine Zulassung als Inkassomandatar vom Gerichtspräsidenten in Darmstadt.

Dr. Barbara Hendricks

Ministerialrätin a.D., Parlamentarische Staatssekretärin beim Bundesminister der Finanzen.

Geboren am 29. April 1952 in Kleve. Abitur 1970 am Johanna-Sebus-Gymnasium in Kleve; Studium in Bonn, Staatsexamen für das Lehramt an Gymnasien in Geschichte und Sozialwissenschaften, (WS 1970/71 – WS 1975/76); Doktorarbeit über "Die Entwicklung der Margarineindustrie am unteren Niederrhein".

Von 1976 bis 1978 Honorartätigkeit Deutsches Studentenwerk; von 1978 bis 1981 Pressestelle Bundestagsfraktion der SPD; von 1981 bis 1990 Sprecherin des nordrhein-westfälischen Finanzministers; seit 1991 Ministerialrätin im NRW-Umweltministerium, zuständig für grenzüberschreitende Planungen.

1972 Eintritt in die SPD; 1984 bis 1989 Mitglied des Kreistages; seit 1989 Vorsitzende der SPD Kreis Kleve; 1985 und 1990 Kandidatur zum Landtag; 1987 bis 2001 Mitglied des Landesvorstandes der SPD; 1996 bis 2001 Schatzmeisterin; 1990 bis 2001 Mitglied des Parteirates; seit 1994 Mitglied des Deutschen Bundestages; 1995 bis 1998 Mitglied des Fraktionsvorstandes; seit Oktober 1998 Parlamentarische Staatssekretärin beim Bundesminister für Finanzen; seit März 2000 Vorsitzende des Kuratoriums der Museumsstiftung Post und Telekommunikation; seit November 2001 Stellvertretendes Mitglied des Stiftungsrates des Jüdischen Museums Berlin; seit November 2001 Mitglied des Bundes-Parteivorstandes.

Seit 1996 Mitglied des Landesvorstandes Verband Deutscher Kriegsgräberfürsorge (VDK); Mitglied mehrerer kulturfördernder Vereine; IG-Medien/Verdi; AWO; „Gegen Vergessen, für Demokratie".

Dr. Werner Hladil

Leiter Sales & Services Portale der ABIT AG und in dieser Eigenschaft unter anderem für die Internet-Plattform ABIT e.POS sowie das Portal OptiMahn-Office, eine Plattform zur Onlinebeantragung von Mahnbescheiden, verantwortlich. Vor Beginn seiner Tätigkeit für die ABIT-Gruppe in 2001 war Dr. Hladil 10 Jahre im Großkundenvertrieb und Projekt-/Produktmanagement von Bürgel Wirtschaftsinformationen tätig.

Andreas Stephan Huber

Jahrgang 1968, studierte Wirtschaftsprüfung, Controlling und Steuerrecht in Duisburg. Seit 1997 beim Verband der Vereine Creditreform als Projektleiter im Bereich Risikomanagement tätig. Von 1998 an war er an der Entwicklung eines Mittelstandsorientierten Ratings und später an dessen Ausgestaltung beteiligt. Nach Gründung der Creditreform Rating AG zeichnet er verantwortlich für den Bereich Kreditrisiko- und Portfolioanalysen, sie umfassen strukturierte Risikoanalysen, Bewertung von Kreditportfolios sowie die Entwicklung und Verifizierung interner Ratingsysteme.

Rudolf Keßler

Staatl. gepr. Betriebswirt, absolvierte nach der Schulausbildung eine Ausbildung zum Kaufmann im Groß- und Außenhandel bei der BayWa AG in Bischofsheim an der Rhön und Bad Neustadt. Anschließend war Herr Keßler in verschiedenen Funktionen und in mehreren Betriebsstätten des Unternehmens in Vertriebssparten tätig. Mit Einführung der EDV wechselte er in die Finanzbuchhaltung.

Ab 1976 war Herr Keßler als überregionaler Kreditsachbearbeiter in Franken tätig; gleichzeitig absolvierte er nebenberuflich das Studium der Betriebswirtschaft mit Schwerpunkt Finanzierung an der BWA Mainz bzw. Fachschule für Wirtschaft in Wiesbaden.

Seit September 1989 ist Herr Keßler in der Kreditabteilung der BayWa-Zentrale in München beschäftigt, seit 1997 als Abteilungsleiter, ab 1998 mit Gesamtprokura.

Herr Keßler legt Wert auf Prävention in der Kreditbearbeitung durch umfassende Informationsbeschaffung und -auswertung. Er ist seit Jahren ein Verfechter der qualifizierten Ausbildung von Sachbearbeitern im Kreditmanagement und hat das im eigenen Unternehmen mit einem strukturierten Programm umgesetzt.

Im Verein Credit Management e.V. engagiert er sich seit Mitte 2002 für den firmenübergreifenden Ausbildungsgang zum Certified Credit Manager sowie für ein insgesamt professionelleres Kreditmanagement in deutschen Unternehmen.

Herr Keßler ist ehrenamtlich als Handelsrichter am Landgericht München tätig.

Oleg Mänz

Seit 2002 im Bereich Asset Backed Securities der Euler Hermes Kreditversicherungs-AG in Hamburg tätig. Sein Aufgabenfeld umfasst neben der Akquisition und Strukturierung auch die versicherungsmathematische Bewertung von Kreditportfolien verschiedenster Forderungsklassen.

Nach dem Abschluss des Studiums der Wirtschaftsmathematik an den Universitäten von Berlin und Leuven begann Herr Mänz seine berufliche Laufbahn im Bereich Asset Securitisation der Bankgesellschaft Berlin AG mit dem Schwerpunkt Structuring and Investments von ABS-Transaktionen.

Rainer Meckelein

Seit Gründung im Januar 2002 ist Herr Rainer Meckelein als Geschäftsführer der KarstadtQuelle Information Services GmbH für die Bereiche Risiko- und Debitorenmanagement sowie die in- und ausländischen Inkassounternehmen verantwortlich.

Zuvor war Herr Meckelein Direktor Kredit- und Inkassomanagement der Neckermann Versand AG.

Autorenverzeichnis

Dr. Utz Meyer-Reim

Studierte Rechtswissenschaft und Betriebswissenschaft an der Universität Hamburg. Seit Mai 2003 verantwortet er das ABS-Geschäft der Euler Hermes Kreditversicherungs-AG in Hamburg. Zuvor war er für die internationalen Beteiligungen sowie das M&A-Geschäft innerhalb des Konzerns sowie die internationale Produktentwicklung verantwortlich. Dr. Meyer-Reim kam 2000 von der LB Kiel (jetzt HSH-Nordbank), wo er zuletzt den Bereich International Corporate Finance leitete. Tätigkeit als Dozent und Autor zahlreicher Zeitschriftenbeiträge zu rechtlichen und Finanzthemen.

Franz J. Michel

Seit 2000 Geschäftsführer der Allgemeine Kredit Coface Finanz GmbH, einer Factoring-Tochtergesellschaft der Allgemeine Kredit Coface Holding AG in Mainz. Nach seiner Ausbildung zum Bankkaufmann bei der Raiffeisenbank Pirmasens eG begann er seine berufliche Laufbahn 1972 als Kreditsachbearbeiter dieser Bank. 1978 wechselte er zur Heller Bank AG und war dort zuletzt als Bereichsleiter Technische Dienste tätig. 1992–2000 war Franz Michel Geschäftsführer der DG-Diskontbank GmbH, Frankfurt/Main. Er hat über 25 Jahre Erfahrungen im Factoringgeschäft.

Gabriele Mohr

Seit 1992 bei der HeidelbergCement AG beschäftigt. Neben der Zuständigkeit für das Kreditmanagement Zentraleuropa West betreut sie Projekte im Bereich Standardsoftware Rechnungswesen. Im März 2004 beendete sie das berufsbegleitende Studium zum Certified Credit Manager an der Fachhochschule Bochum.

Donald Pilz

Jahrgang 1963, studierte an der Universität in München Betriebswirtschaft. Nach seinem Studium war Herr Pilz von 1989 an bei der Fonoteam GmbH als Assistent der Geschäftsführung angestellt. Des Weiteren war er bei Price Waterhouse Man. Consultancy und der NET Holding in führenden Positionen tätig. Seit dem Jahr 2001 ist Herr Donald Pilz Vorsitzender der Geschäftsführung bei der TNT Express GmbH in Trosidorf. Zuvor übte er diesen Position vier Jahre lang bei der NET Express Holding GmbH in Mannheim aus.

Autorenverzeichnis

Dipl.-Kfm. Heinz C. Pütz

Prokurist in der Zentrale des weltweit zweitgrößten Kreditversicherers Atradius tätig und befasst sich u.a. als Dozent und Autor seit über 20 Jahren eingehend mit Fragen des Forderungsmanagements. Er ist Vorsitzender des Verband Forderungsmanagement e.v., Herausgeber des Handbuches „Forderungsmanagement im Unternehmen" und Autor des „Lexikon Forderungsmanagement". Er gibt auch den Internetdienst *www. forderungsmanagement.com* heraus.

Werner Sallach

ist Credit Manager in einem international tätigen Unternehmen und aufgrund seiner juristischen Kenntnisse und steuerfachlichen Ausbildung sowie seiner mehrjährigen Tätigkeiten in deutschen und amerikanischen Unternehmen im In- und Ausland verfügt er über umfangreiche Erfahrungen in Aufbau und Leitung des Credit Managements in Unternehmen unterschiedlicher Branchen.

Des Weiteren ist er Regionalkoordinator Süd des Vereins für Credit Management (VfCM) e.v. und Mitglied im Kuratorium des Qualifizierungsprogramms Certified Credit Manager® CCM".

Im Rahmen dieses Qualifizierungsprogramms des VfCM e.V. in Kooperation mit der Fachhochschule Bochum doziert er über die Organisationskonzepte zum Aufbau des Credit Managements und Credit Collection.

Vorträge auf Kongressen und Seminaren, Teilnahme an Podiumsdiskussionen, Veröffentlichungen in Fachzeitschriften und Büchern, sowie Durchführung von Workshops und Leitung von Veranstaltungen zum Thema Credit Management runden sein Profil ab.

Jan Schneider-Maessen B.ec, CCM

ist in der niederländischen Grenzregion aufgewachsen. Er studierte an der Hochschule Arnheim Nimwegen sowie an der Copenhagen Business School International Business. Als Schüler von Professor Dr. jur. Dr. oecon h.c. Ole Lando ist Herr Schneider-Maessen strenger Verfechter des „lex mercatorias". Seine Diplomarbeit zum Thema des "Niederländisch Deutschen Exports – unter Betrachtung des Zahlungsverhaltens Deutscher Unternehmen" wurde im Herbst 1998 mit dem „HEAO Arnheim" Preis ausgezeichnet.

Während seiner Berufslaufbahn arbeitete Herr Schneider-Maessen unter anderem in Dänemark, Deutschland, Niederlande und USA (Mitglied des achten parlamentarischen Patenschaftsprogramms). Herr Schneider-Maessen spricht neben Deutsch, Niederländisch, Englisch und Spanisch auch Dänisch.

Als langjähriges Mitglied der Nederlandse Vereniging voor Credit Management (VVCM) absolvierte Herr Schneider-Maessen im Frühjahr 2000 als erster Deutscher den Lehrgang zum Certified Credit Manager in den Niederlanden.

Als Vorsitzender des Vereins Credit Management e.V. engagiert sich Herr Schneider-Maessen seit Ende 2001 für die Professionalisierung des Credit Managements in Deutschland.

Seit dem Jahr 2000 arbeitet Herr Schneider-Maessen als Credit Manager und Controller bei der Anwaltskanzlei Strick in Kleve.

Die Anwaltskanzlei Strick konzentriert sich auf niederländische Unternehmen, die Aktivitäten in Deutschland entfalten. Weitere Informationen finden Sie unter: www.strick.de

Prof. Dr. Matthias Schumann

geb. 1959, leitet das Institut für Wirtschaftsinformatik der Georg-August-Universität Göttingen. Nach dem Studium der Betriebswirtschaftslehre und einer Aufgabe als wissenschaftlicher Mitarbeiter an der Universität Erlangen-Nürnberg war er nach der Promotion bei der IBM in Los Angeles, USA, tätig. Anschließend war er Akademischer Rat und habilitierte sich an der Universität Erlangen-Nürnberg. Prof. Dr. Schumann hat über 150 Beiträge in wissenschaftlichen Fachzeitschriften und Büchern veröffentlicht. Er ist Gründer der Prof. Schumann GmbH, einem Beratungs- und Softwarehaus, dessen Aufgabenschwerpunkt im Bereich des Kreditmanagements liegt. Prof. Schumanns derzeitige Forschungsinteressen sind u.a. DV-Systeme in der Finanzwirtschaft, DV-gestütztes Kreditmanagement, Virtuelles Lernen, Digitale Medienunternehmen, Unternehmensnetzwerke sowie Wissensmanagement.

Iris Stadie

seit 1998 Pressesprecherin der BÜRGEL Wirtschaftsinformationen GmbH & Co. KG, Hamburg, und dort auch zuständig für die Marktkommunikation.

Thomas Tobschall

Nach erfolgreichem Abschluss der Höheren Handelsschule und absolvierter Ausbildung zum Bürokaufmann arbeitete er zunächst zwei Jahre als Vertriebsfachangestellter bei der WAZ, wechselte im Jahre 1995 zu Talkline, wo er für die Großkunden- und Vertriebspartnerbonitäten zuständig war und diesen Bereich organisierte und aufbaute.

Seit 1999 ist er für das Risk-Evalutation-Module for Risk- und Fraud-Prevention (strategiegesteuertes, automatisiertes Bonitätsprüfungstool) zuständig, welches er mit aufbaute und seitdem fachlich weiterentwickelt.

Dipl.-Wirtsch.-Inf. Gunther Wegner

Nach dem Abitur an der Albert-Schweizer Schule in Kassel nahm Gunther Wegner 1996 das Studium der Wirtschaftsinformatik an der Georg August Universität Göttingen auf und schloss es 2001 mit dem Titel des Dipl.-Wirtsch.-Inf. ab. Während seines Studiums war Herr Wegner als Wissenschaftliche Hilfskraft an der Georg August Universität Göttingen tätig. Von 1999 bis 2002 arbeitete Herr Wegner als Projektleiter bei der Prof. Schumann GmbH und ist hier seit 2003 Bereichsleiter Kreditrisikomanagement.

Prof. Dr. Bernd Weiß

studierte Wirtschaftswissenschaften an der Universität Essen und promovierte dort im Fachbereich Finanzwirtschaft. Nach seiner wissenschaftlichen Qualifizierung leitete er den Zentralbereich Wirtschaftsinformationen bei dem Verband Creditreform. Seit 1997 lehrt er die Fachgebiete Finanzierung und Controlling an der FH Bochum. Er ist Gründer und Leiter des dort ansässigen Institutes für Unternehmensdiagnose und entwickelte die Konzeption des Qualifizierungsprogramms Certified Credit Manager. Neben dem Kreditmanagement stellen das Unternehmensrating und die Unternehmensdiagnose seine aktuellen Forschungsschwerpunkte dar.

Martin Winter

wurde 1967 in Offenbach/Main geboren. Nach dem Abitur und einer Lehre zum Bankkaufmann bei der Deutschen Bank studierte er im Rahmen eines Doppeldiplomprogramms Betriebswirtschaftslehre an der Johann Wolfgang Goethe-Universität in Frankfurt und der Universität „Paris-Dauphine".

Seinen beruflichen Werdegang begann Herr Winter 1995 in der Konzernrevision der Philipp Holzmann AG. Als Prüfer von Großbaustellen war er zunächst hauptsächlich in Asien und Frankreich eingesetzt. Später wechselte er innerhalb des Konzerns für 2 Jahre zu einem Tochterunternehmen nach Frankreich, bevor er dann die Leitung der Konzernrevision der Muttergesellschaft übernahm.

Von 1999 bis 2000 war Herr Winter als Leiter Finanzen bei der SÜBA Bau AG in Mannheim tätig, bei der er den Finanzbereich restrukturierte und professionelle Systeme und Abläufe einführte.

Seit Januar 2001 ist Herr Winter als „Senior Consultant" bei SLG tätig. Er leitet Projekte bei nationalen und internationalen Unternehmen mit Schwerpunkt in den Bereichen Cash-, Liquiditäts- und Risiko-Management.

Herr Winter verantwortet den Seminarzyklus „Credit Management" bei SLG und ist seit 2003 Referent bei der Creditreform Akademie für die Seminare „Debitoren Management" sowie „Cash- und Liquiditätsmanagement im Mittelstand".

Herr Winter ist Aufsichtsrat einer Werbeagentur in Wiesbaden.

Wer ist der Verein für Credit Management e.V.?

Im Zusammenhang mit dem wachsenden Interesse für Credit Management in allen Branchen und verbunden mit der langjährigen Mitgliedschaft in der niederländischen Vereinigung für Credit Management, wurde im Oktober 2001 der Verein für Credit Management e.v. unter der Schirmherrschaft einiger deutscher Kreditmanager in Kooperation mit der Allgemeine Kreditversicherung Coface AG, der Anwaltskanzlei Strick, der NCM Kreditversicherung, BÜRGEL Wirtschaftsinformationen sowie des Verbandes der Vereine Creditreform e.v., gegründet.

Im April 2002 fand die erste Auftaktveranstaltung des Vereins für Credit Management e.V. statt. Seitdem etabliert sich der Verein für Credit Management e.V. in Deutschland. Inzwischen zählt der Verein für Credit Management e.V. mehr als 320 Credit Manager (August 2004) zu seinen Mitgliedern und bildet den größten konzernunabhängigen Interessenverband für Forderungs- und Kreditmanager in Deutschland.

Im Oktober 2002 brachte der Verein für Credit Management e.V. seine erste Fachzeitschrift Der „Credit Manager", gemäß seines Mottos „vom Credit Manager für den Credit Manager" heraus. Des Weiteren ist der VfCM e.V. seit dem 01.01.2003 Mitglied der Federation of European Credit Management Associations (FECMA). Somit können die Mitglieder auf ein Netzwerk von mehr als 14 000 Credit Managern aus allen europäischen Ländern und Israel zurückgreifen.

Durch eine Kooperation mit der Fachhochschule Bochum in Person von Herrn Prof. Dr. Bernd Weiß ist es dem Verein gelungen, schon im März 2003 einen Lehrgang zum Certified Credit Manager® nach internationalen Richtlinien anbieten zu können. Nach der Zertifikatsverleihung an die ersten Certified Credit Manager® im März 2003 läuft nun bereits der zweite Lehrgang zum CCM®

Bis heute kann der VfCM e.V. auf eine Reihe interessanter und gut besuchter Veranstaltungen zurückblicken. So sind die durch den VfCM e.V. ausgerichteten Regionalveranstaltungen und CM Foren stets durch Mitglieder und Interessierte gerne wahrgenommene Gelegenheiten, um

Wer ist der Verein für Credit Management e.V.?

sich untereinander auszutauschen oder interessanten und informativen Vorträgen beizuwohnen.

Auch mit unserer Internetseite *www.credit-manager.de* bieten wir ein umfangreiches Informationsangebot und berichten über aktuelle Themen, Veranstaltungen und Entwicklungen beim Verein für Credit Management e.V.

Sponsoren

ABIT

Die ABIT AG aus Meerbusch ist Spezialist für Kredit- und Forderungsmanagement und nimmt mit ihrem breiten Leistungsportfolio aus Consulting, Software und Dienstleistungen nahezu eine Alleinstellung im deutschen Markt ein. Das seit 18 Jahren im Markt tätige Unternehmen adressiert mit seinen Lösungen Banken, Konzerngesellschaften anderer Branchen, z.B. Energieversorger und Versicherungsunternehmen, sowie mittelständische Unternehmen und Kommunen. Weitere Infos: www.abit.net.

ALLGEMEINE KREDIT coface

Die Allgemeine Kreditversicherung Coface AG (AK Coface), Mainz, zählt zu den großen Drei auf dem deutschen Kreditversicherungsmarkt. Sie gehört zu einem der weltgrößten Kreditversicherer, der Coface-Gruppe, Paris. Über die klassische Kreditversicherung hinaus, die Unternehmen vor Forderungsverlusten im In- und Ausland schützt, bietet die AK Coface über Tochtergesellschaften auch Factoring, Inkasso und Ratingdienstleistungen an.

atradius
managing risk, enabling trade

Atradius ist einer der führenden Kreditversicherer weltweit mit einem Marktanteil von 25 % und einem Prämieneinkommen von 1,2 Milliarden Euro. Das Unternehmen (ehemalige GERLING NCM) beschäftigt 3600 Mitarbeiter und ist in 40 Ländern vertreten. Aktionäre der Holdinggesellschaft Atradius N.V. sind Schweizer Rück (47,50 %), Deutsche Bank (38,36 %), Sal. Oppenheim (7,00 %), Crédito y Caución (7,00 %) und Seguros Catalana Occidente (0,14 %). Atradius hat ein selbständiges Rating von ‚A' von Standard & Poor's und ‚A2' von

Sponsoren

Moody's. Atradius bietet individuelle Lösungskonzepte und umfassende Dienstleistungen rund um das Forderungsmanagement für Unternehmen aller Größenordnungen und Branchen. Weltweit werden Handelsströme im Wert von über 300 Milliarden Euro gegen Forderungsausfälle versichert. Das Leistungsspektrum umfasst neben Kreditversicherung weitere Dienstleistungen wie Factoring, Inkasso und Forderungsverbriefung über Asset Backed Securities. Atradius bietet mit seinem internationalen Netzwerk Service und Betreuung in 40 Ländern sowie einen innovativen Online-Service. Die Unternehmensdatenbank gibt Auskunft über die Bonität von 45 Millionen Unternehmen weltweit. Jahrzehntelange Erfahrung und hohe Fachkompetenz in allen Bereichen des Forderungsmanagements zeichnen Atradius ebenso aus wie seine modernen und leistungsstarken IT-Systeme.

BÜRGEL
Wissen intelligent umsetzen.

BÜRGEL Wirtschaftsinformationen bietet Kunden professionelle Dienstleistungen rund um das Risikomanagement. Mit BÜRGEL Wirtschaftsinformationen über rund 3 Millionen Unternehmen und 11 Millionen Privatpersonen optimieren Sie Ihr Kreditmanagement und sichern Sie Ihre Rendite. BÜRGEL MarketingServices unterstützt mit bonitätsgeprüften Adressen Ihre Direktmarketing-Aktivitäten und Ihr CRM. BÜRGEL Forderungsmanagement stärkt Ihren Cash-Flow effektiv bis in die letzte Instanz. Namhafte Gesellschafter – die Hermes Kreditversicherungs-AG (Allianz) und die EOS-Holding – stehen für unseren Erfolg. Fordern Sie uns heraus.

Creditreform

Mit der weltweit größten Datenbank über deutsche Unternehmen, mehr als 162 000 Unternehmensmitgliedern, einem Netz von 165 Geschäftsstellen in Europa und über 3700 Mitarbeitern gehört **Creditreform** zu den führenden internationalen Anbietern von Wirtschaftsinformationen und -auskünften.

1879 als Wirtschaftsauskunftei in Mainz gegründet, bietet **Creditreform** heute ein umfassendes Spektrum an integrierten Finanz- und Informationsdienstleistungen. Mit aktuellen Firmeninformationen und einem professionellen, effizienten Forderungs- und Risikomanagement gibt Creditreform Unternehmen Sicherheit beim Auf- und Ausbau ihrer Geschäftsbeziehungen.

Sponsoren

Decide with Confidence

D&B ist weltweit führender Anbieter von B2B-Wirtschaftsinformationen, Analyse-Tools und Dienstleistungen rund um die Bereiche Kredit-, Marketing-, und Einkaufs-Management. Firmen jeder Größenordnung und aus allen Branchen rund um den Globus nutzen dieses Angebot zur Einschätzung möglicher Geschäfte und zur Abwicklung entsprechender Geschäftsprozesse. Über D&B Analysetools können Unternehmen in Echtzeit ihre besten Lieferanten- und Kundenbeziehungen identifizieren und analysieren, Prozesse optimieren, Beschaffungspreise senken sowie zusätzliche Markt- und Kundenpotenziale erschließen.

Eine Schlüsselrolle übernimmt die – u.a. von den Vereinten Nationen, der Europäischen Kommission, der ISO oder dem Verband der Automobilindustrie (VDA) als Standard genutzte – D&B D-U-N-S ® Nummer, ein neunstelliger Code zur eindeutigen Identifizierung von Geschäftspartnern auf der D&B Datenbank mit Informationen zu mehr als 83 Millionen Unternehmen aus über 200 Ländern.

Die Dun & Bradstreet Corporation hat ihren Hauptsitz in Murray Hill, NJ, und beschäftigt in 37 Ländern ca. 6600 Mitarbeiter. Ihre ausgewiesenen Einnahmen aus laufenden Geschäften betrugen für das Jahr 2003 1,38 Milliarden US-Dollar. Zum Kundenstamm des seit 160 Jahren bestehenden Unternehmens zählen mehr als 90 Prozent der Business Week Global 1000.

Seit 1. Mai 2004 gehört die D&B Deutschland GmbH zu einem der führenden Medienunternehmen in Europa – der Bonnier AB Gruppe. Bonnier Business Information verkauft und vermarktet als Franchise-Unternehmen die D&B Marke, Produkte und Dienstleistungen.

Weitere Informationen über D&B finden Sie im Internet unter: www.dnb.com/de.

Die EOS-Gruppe bietet integrierte, kompetente und flexible Lösungen für den Bereich der Financial Services. Die ganzheitlichen Dienstleistungen starten mit der Bereitstellung von umfassenden sowie korrekt bewerteten Wirtschaftsinformationen, damit Sie nicht nur irgendeinen, sondern den richtigen Kunden gewinnen. In der intakten Kundenbeziehung tragen unsere Callcenter-Services zur Kundenerhaltung und Pflege bei. Das professionelle EOS-Forderungsmanagement sorgt zudem für die Erhaltung Ihrer Liquidität, sollten in Ihren Kundenbeziehungen Zahlungsstörungen auftreten. Dabei kommt der Erhaltung Ihrer

Sponsoren

wertvollen Kunden eine besondere Bedeutung zu. Zur Zeit unterstützt die EOS-Gruppe 20 Tochtergesellschaften in 11 europäischen Ländern sowie in den USA. Weitere Informationen unter: www.eos-solutions.com.

EULER HERMES
Kreditversicherung

Die Euler Hermes Kreditversicherung bietet zusammen mit den Tochtergesellschaften, der Euler Hermes Forderungsmanagement und der Euler Hermes Risk Management, ein komplettes Dienstleistungsspektrum rund um das Forderungsmanagement. Die Euler Hermes Kreditversicherungs-AG und die PwC Deutsche Revision AG bearbeiten außerdem als vom Bund beauftragte Mandatare im Konsortium die Ausfuhrgewährleistungen der Bundesrepublik Deutschland (Hermesbürgschaften).

Seit Mitte 2002 ist die Euler Hermes Kreditversicherung ein Unternehmen der Euler Hermes S.A., Paris. In dieser Holding haben Allianz und AGF ihre Kreditversicherungsaktivitäten gebündelt. Die Euler Hermes Gruppe ist Weltmarktführer im Kreditversicherungsgeschäft, die größte integrierte europäische Factoring Gruppe und einer der Marktführer im Bereich Kautionsversicherung.

GETPAID

The GETPAID Corporation is the global leader in delivering software and services to support Best Practices across the Financial Value Chain. Companies such as Dell Computer, Cadbury Schweppes and Federal Express use this software and associated services to increase cash flow, reduce administrative costs and improve customer service.

The GETPAID product suite manages the entire Financial Value Chain and interfaces with any ERP or A/R system to facilitate risk management, online invoicing, invoice routing, workflow automation, strategic collections, collaborative dispute resolution, online payments, payment processing and detailed reporting and analysis.

The GETPAID Corporation offers a global professional services staff that brings with them the experience and best-practices of over 550 implementations in greater than 30 countries. GETPAID uses a proven implementation program with project management, installation, configuration, training and ongoing support services.

Sponsoren

InDiag
INSTITUT FÜR UNTERNEHMENSDIAGNOSE

InDiag, das Institut für Unternehmensdiagnose, ist ein In-Institut des Fachbereichs Wirtschaft der Fachhochschule Bochum. Es verfolgt das Ziel, die Unternehmensdiagnose inhaltlich voranzutreiben und praxisnah zu kommunizieren sowie die Existenzfähigkeit von Unternehmen durch eine gezielte und frühzeitige Unternehmensdiagnose zu sichern. Das Leistungsspektrum von InDiag umfasst neben der Grundlagen- und Auftragsforschung das Angebot von Beratungsleistungen, die Durchführung von Aus- und Weiterbildungsmaßnahmen, die Organisation von Symposien zum Thema Unternehmensdiagnose, die Veröffentlichung von Arbeitspapieren, Fachbeiträgen und Fallstudien sowie die Bereitstellung einer Kommunikations- und Informationsplattform im Internet.
Weitere Informationen unter: www.indiag.de.

KSI
KASOLVENZIA

Die KSI Information GmbH – ein Mitglied der EOS-Gruppe – hat gemeinsam mit 4 großen Firmen wie Continental AG, HeidelbergCement AG, Vergölst und Würth eine Lösung zum sicheren, effizienten und erfolgreichen Kredit- und Forderungsmanagement für Industrie und Handel entwickelt. Aus der Praxis für die Praxis: KSI-Credit Management Services® (CMS) – bestehend aus *CMS-Link*, *DebiTEX*™ und *CMS-Pool*. Der CMS-Pool liefert – erst- und bisher einmalig in Deutschland – objektive und tagesaktuelle Wirtschaftsinformationen im Firmenkundenbereich auf Gegenseitigkeit. Zudem ist mit dem SAP-integrierten CMS-Link oder dem plattformunabhängigen DebiTEX® dem anwendenden Kreditmanager die Möglichkeit gegeben, interne und externe Informationen nach eigenen Vorgaben und Richtlinien zu bewerten und automatische Entscheidungsprozesse für das Kreditmanagement zu integrieren. Das CMS-System hat in der Praxis bereits bewiesen, was andere in Vorträgen als „Wünschenswert für die Zukunft" gerne hätten.
Weitere Informationen unter: www.kasolvenzia.com.

OnGuard®
creditmanagement

Wenn Ihr Unternehmen seinen Kreditmanagementprozess verbessern muss, lohnt es sich OnGuard® enger ins Auge zu fassen. Dieses führende Software-Paket kombiniert Kreditmanagement, Qualitätssicherung, Kommunikation und

Sponsoren

Managementinformationen in einem einzigen System. Aus eben diesem Grund ist es bei einer großen Anzahl führender Unternehmen so erfolgreich im Einsatz. Besuchen Sie unsere Website www.ontarget.nl.

SAP

SAP Deutschland AG & Co. KG mit Hauptsitz in Walldorf, Baden, wurde am 1. Januar 2001 als rechtlich selbstständige Tochter der SAP AG gegründet. Der unternehmerische Fokus der SAP Deutschland AG & Co. KG liegt auf den Geschäftsfeldern Vertrieb, Beratung, Schulung und Marketing rund um das Produktportfolio der SAP AG in Deutschland.

Auf Basis der Technologieplattform SAP NetWeaver umfasst das Angebot der SAP die Geschäftsanwendungen der mySAP Business Suite sowie Standardsoftware für den Mittelstand. Darüber hinaus unterstützt SAP mit mehr als 25 branchenspezifischen Lösungsportfolios industriespezifische Kernprozesse von Automobil bis Versorgung. Damit sind Unternehmen in der Lage, ihre Geschäftsprozesse intern sowie mit Kunden, Partnern und Lieferanten erfolgreich zu organisieren und die betriebliche Wertschöpfung maßgeblich zu verbessern.

Neben dem Hauptsitz in Walldorf unterhält die SAP Deutschland AG & Co. KG weitere Standorte in Berlin, Düsseldorf, Hamburg, Hannover, Mannheim, München, St. Ingbert und Stuttgart. Weitere Informationen unter: www.sap.de.

SCHUFA

Mit 317 Mio. Einzeldaten zu 62 Mio. Personen verfügt die SCHUFA über einen einzigartigen Datenbestand in Deutschland.

Die SCHUFA kann von jedem Unternehmen genutzt werden. Voraussetzung dafür ist lediglich, dass ein kreditorisches Risiko aus Warenkrediten oder Dienstleistungen gegenüber natürlichen Personen (insbesondere Verbrauchern, Firmeninhabern etc.) besteht. Die wichtigsten Dienstleistungen sind die Auskunft, der Aktualisierungsservice (Nachmeldung) und die Anschriftenermittlung. Weitere Services sind der Scoring-Service der SCHUFA – z.B. ASS – und Software zur Entscheidungsunterstützung. Weitere Informationen unter: www.schufa.de.

Prof. Schumann GmbH
Innovative Informationssysteme

Die Prof. Schumann GmbH hat sich in Deutschland seit 1997 zu einem führenden Beratungs- und Softwareunternehmen entwickelt. Wir bieten Ihnen Unternehmensberatung, Lösungen für das Kreditrisikomanagement, e-business-Services, Database Marketing, Prozessgestaltung und weitere Serviceleistungen. Prof. Dr. Matthias Schumann (Institut für Wirtschaftsinformatik, Universität Göttingen) ist Visionär und Ideengeber. Realisiert werden innovative Lösungen durch die Kombination von neuen Informations- und Kommunikationstechnologien mit modernen betriebswirtschaftlichen Verfahren. Wir begleiten Sie von der Idee über die Konzeption bis hin zur Realisierung, Wartung und Weiterentwicklung Ihrer Softwareanforderungen.

SCHWABE, LEY & GREINER

Schwabe, Ley & Greiner wurde 1988 gegründet und ist heute eines der **führenden europäischen Beratungsunternehmen** im Bereich Finanz- und Treasury Management.

Außerdem bieten wir **umfassende Ausbildungs- und Trainings-Möglichkeiten**, von eintägigen Spezialseminaren bis zu vierwöchigen Lehrgängen, an. Die Zielgruppe der Aus- und Weiterbildungsveranstaltungen erstreckt sich vom „Newcomer" über den erfahrenen Unternehmens-Treasurer bis hin zu Bankkundenbetreuern.

Durch die **Veranstaltung von Finanzsymposien** mit über 1400 Teilnehmern hat Schwabe, Ley & Greiner anerkannte Branchentreffpunkte und Fachmessen für den Finanz- und Treasurybereich im deutschsprachigen Raum etabliert.

Außerdem unterstützen wir Banken und Systemanbieter bei deren **Marktforschung und Marketing** im Firmenkundengeschäft und bringen mit der Zeitschrift „TreasuryLog" das führende **Fachmagazin** im deutschsprachigen Raum heraus.

Anwaltskanzlei STRICK

Anwaltskanzlei Strick ist eine mittelgroße expandierende Kanzlei, die Rechtsberatung in einem breiten Spektrum des deutschen Rechts bietet. Ein weiterer Schwerpunkt ist die grenzüberschreitende Beratung in Bezug auf die Niederlande im Bereich der Firmengründung oder der Aufnahme unternehmerischer Tätigkeiten. Darüber hinaus führen wir für unsere Auftraggeber mehrere tausend Mahnverfahren pro Jahr durch. Anwaltskanzlei Strick ist Gründungsmitglied des VfCM Verein für Credit Management e.V.